U0523803

厦门文献丛刊

舌击编

【清】沈储 撰　吴辉煌 校注　厦门市图书馆 编

厦门大学出版社

厦门文献丛刊
编 委 会

主　编　林丽萍
顾　问　洪卜仁　江林宣　何丙仲
编　委　陈　峰　付　虹　叶雅云　薛寒秋
　　　　陈国强　陈红秋　吴辉煌

《舌击编》编校人员

校　注　吴辉煌
统　校　陈　峰
编　务　李　冰　张元基

厦门文献丛刊
总　　序

　　厦门素有"海滨邹鲁"之誉，文教昌明，人文荟萃，才俊辈出，灿若群星。故自唐代开发以来，鸿章巨著，锦文佳作，层见叠出，源源不绝，形成蔚然可观的厦门地方文献。作为特定地域之人文精神的载体，这些文献记录了厦门地区千百年来之历史发展与社会变迁，讲述着厦门地区千百年来之政教民生与人缘文脉，是本地宝贵之文化遗产，更是不可多得的地情信息资源，于厦门经济建设之规划与文化发展之研究，具有彰往考来的参考价值。

　　然而，厦门地处滨海扼要，往昔频遭战乱浩劫，文献毁荡散佚颇多，诸志艺文所载之厦门文献，十不存三。而留存于世者，则几成孤本，故藏家珍如拱璧，秘不示人，这势必造成收藏与利用之矛盾。整理开发厦门文献，是解决地方文献藏用矛盾的有效手段。它有利于地方优秀传统文化之传播，有利于发挥地方文献为当地社会和经济发展服务之作用，从而促进地方文献的价值提升。因此，有效地保护、整理与开发利用厦门地方文献，俾绵延千百年之厦门地方文献为更多人所利用，已成当务之急。

　　保护人类文化遗产是图书馆的重要职能之一，而开发利用文献资源更是图书馆的一个重要任务。近年来，厦门市图书馆致力于馆藏地方文献的搜集、整理与开发，费尽心思，不遗余力。为丰富地方馆藏，他们奔走疾呼，促成《厦门地方文献征集管理办法》正式颁布，为地方文献征集工作提供法规保障；为搜罗地方珍本，他们千里寻踪，于天津图书馆搜得地方名士池显方的《晃岩集》完本，复制而归，俾先贤文献重返故里；为发挥馆藏效用，他们更是联袂馆人，群策群力，编纂《厦门文献丛刊》，使珍藏深闺的地方文献为世人所利用。厦门图书馆人之努力，实乃可贺可勉。

余观《厦门文献丛刊》编纂方案，入选书目多为未曾开发的地方文献，其中不少是劫后残余、弥为珍贵之古籍。如明代厦门文士池显方的《晃岩集》、同安名宦蔡献臣的《清白堂稿》等，皆为唯一存世的个人文集，所载厦门、同安之人文史事尤多，乃研究明代厦门地方史之重要文献；又如清代厦门文字金石名家吕世宜的《爱吾庐笔记》、《爱吾庐题跋》等作品，乃其精研文字，揣摩金石之心得，代表清末厦门艺术研究之时风；再如宋代朱熹过化同安时所著的文集《大同集》、明代曹履泰记述征剿海上武装集团的史料文献《靖海纪略》、清代黄家鼎权倅马巷时所著的文集《马巷集》、清代沈储记述闽南小刀会起义的史料文献《舌击编》等，亦都是厦门地方史研究的重要资料。这些古籍文献，璞玉浑金，含章蕴秀，颇有史料价值。更主要的是这些文献存世极少，有的可能已是存世孤本，急待抢救。《厦门文献丛刊》之编纂，不以尽揽历代厦门文献为能事，而是专注于这些未曾开发之文献，拾遗补缺，以弥补厦门地方文献开发利用之空白，实乃匠心独运之举。

《厦门文献丛刊》虽非鸿编巨制，然其整理、编纂点校工作繁重，决非一蹴可就。愿编校人员持续努力，再接再厉，使诸多珍贵的厦门文献卷帙长存，瑰宝永驻，流传久远，沾溉将来。

是为序。

己丑年岁首

文人舌端藏甲兵

——沈储的《舌击编》

鸦片战争以后,西方列强进一步扩张在中国的侵略势力。清王朝由于对帝国主义采取投降政策,对国内百姓则采取强力压制和经济剥削,因而引起了民众极端不满,反传教士、抗粮、拒差、殴官等激烈反抗不断。太平军在广西金田起义,南方各省天地会纷纷起义响应,全国掀起了反清高潮。清咸丰三年(1853年),在太平天国起义和福建小刀会起义的影响下,闽南社会各支武装力量到处举行暴动。清廷军队倾巢出剿,进行镇压。当时,作为封建文人的沈储也被卷入了这段历史巨浪之中。

沈储,字粟山,浙江会稽人。为"浙右名贤,山阴硕彦"。清咸丰三年(1853年),沈储因闽南小刀会在海澄起事,避乱于温陵,被泉州知府马寿祺招做幕僚,在防剿分局裁行批复,奉命出使,参与剿办闽南小刀会、林俊起义军事宜。他自称"专任局务,一切筹饷、调兵皆得与参末议"。经历"首尾三年,地方粗就安贴",他"亦移砚瑞桐、螺阳"。清咸丰七年(1857年),林俊起义军重新活跃,沈储又受邀为端州司徒伯芬观察襄治军书,代拟禀牍,出谋划策,参与机要;"事定后,茌任鹭门公事"。

《舌击编》是作者沈储摘录当时的文移、禀牍和代拟稿,汇编成书。取文书作"以舌击贼"利器之意,将自著书命名为《舌击编》。该书以案牍文书的形式,详细地记载了清咸丰年间泉州府为剿灭闽南小刀会起义和林俊起义所实行的策略和部署,其中包括如何调兵、筹饷、劝办团练及重金悬赏捉拿起义军首领等,也间接地记录了这两次起义的起伏过程。最值得一提的是，书中对林俊、邱二娘事件记载尤其详细。书中原文皆密电存稿，是研究闽南小刀会和林俊起义的难得的史料，也是研究中国近代民间秘密结社的珍贵史料。

《舌击编》共分五卷，卷一收录咸丰三年（1853年）六月至十一月间，泉州分局剿办闽南小刀会的来往文移21篇。卷二、三、四收录咸丰三年（1853年）十一月至咸丰五年（1855年）六月，泉州府剿办林俊红钱会起义的来往文移64篇。卷五收录咸丰七年（1857年）间替司徒观察所拟禀牍，以及代晋江某令、李勋伯、陈庆镛等拟作的禀帖、书信38篇。各卷端标有"会稽粟山沈储稿"、"侄椮子牧、桢子贞，男宝榆、春树校订"字样。

闽南小刀会是清道光三十年（1850年）陈庆真等人在厦门创立的，作为天地会的一个分支。创立伊始，在很短时间内参加者便达数千人，遍及闽南各地，引起了清朝政府的密切注意。咸丰元年（1851年），陈庆真被兴泉永兵备道张熙宁捕杀，小刀会遭到严重破坏。咸丰三年五月，闽南小刀会以黄德美、黄位为首领起事，攻占海澄县城，接连进军漳州、长泰、厦门、同安、安溪、漳浦等地，并将主要根据地设在厦门。闻讯，清军连忙调集多路人马，四出残酷镇压。

从《舌击编》一书中，可以窥知清军当时剿办不利的窘况和原因。

咸丰三年（1853年）五月至八月，清军调拨军队，会剿厦门，与起义军僵持对峙数月。面对既无精良武器又无出色将领的闽南小刀会，清军并没有占上风，而是"自会匪窜踞厦门，时经三月，调集兵勇一万余人，糜费饷银十万余两，而坐守同安，不能前越尺寸"。作者分析其原因是："我兵之不进，非兵之不多，饷之不继也。实缘军无纪律，士乏战心；统驭无方，赏罚失当。以自守为得计，以小胜为奇功。玩愒因循，几于不可救药！今虽新更统帅，而营中锢习积弊成风，骤难整顿；兼之官位相等，无所统慑。各有意见，筑室道旁。行止机宜，迄无定局。"文中透露出清军的败坏情况，他们缺乏得力的将领，意见不一、互相掣肘，军纪废弛，士兵消极怠战，等等。

从《舌击编》一书中，可以窥知当时清军饷银拨解、使用及筹饷大概。

作者于咸丰三年（1853年）七月禀："本月十六日，准委员大田县□典史，押解饷银二万两抵泉，遵即查收贮库。惟查泉属经费支应浩大，截至本月初五日止，库存不及五千两。嗣经提解同安五千两，镏五店三千两。因现款不敷，挪用陆提营寄存饷银暨扣存平余等项凑解。……现到饷银仅存银二千余两……用敢沥情驰禀大人察核，恩赐查照前禀，迅速筹拨饷银二万两，务于本月内委员赶解来泉，庶足以资接济而免贻误。"显而易见，清军剿办费用开支巨大，入不敷出情况严重。

至于筹饷也十分艰难，作者禀道："卑职前因筹饷艰难，亟思办理捐输，以期补救万一。乃始则会同□令按户查传，继则嘱令委员沿门面谕，并恳托团练局绅士广为化导，而殷户等避匿他乡，百呼不应，虽已舌敝唇焦，究竟毫无眉目。"最后，只好盼望省局"迅赐拨银三万两，委员管解，务于本月十六七以前到泉，庶足以资征进而免贻误。"但向上级催拨饷银，未马上得到回应，于是至八月作者再次催饷，并开出需饷清单："总计泉属每月经费，同安须三万两，镏江须二万两，粤艇须一万两，各属须一万两。此时归补漳饷，又须一万两，每月必须此数，方可支柱。"然而，几经屡次催拨之后，才于同年八月廿五日获得省局拨饷银一万两。

由于清军水陆会剿规模庞大，集聚在同安等处的兵勇、船只耗费的饷银十分惊人，虽屡经拨饷，仍不敷急用，以致时常缺饷。作者在数篇文移中，均有防剿分局频繁向省局请求加拨饷银的记录。粮饷是支持战争的物质基础，无饷则兵无斗志。清军组织围剿闽南小刀会半年，而缺粮欠款已达两月。那么，同期省外的太平天国起义和省内的林俊起义，规模更大，耗费的军饷数额更是不可胜数。这对清朝统治阶级是一个沉重的负担，迫使清廷一方面通过发动富户捐输来缓解，另一方面加重对百姓的剥削，加速了清王朝走向衰落。

从《舌击编》一书中，可以窥知清军剿灭闽南小刀会战役的具体过程。

闽南小刀会屡被攻剿，虽然凭借地势较高，据城固守，又奋勇拒敌，但困守孤城，终未能持久。咸丰三年（1853年）九月廿二日，清军福建水师会同广东水师、部分帮船从水上对闽南小刀会守城义军发起攻击。作者于咸丰三年（1853年）九月禀镏五店大营盐道宪札中，详细记载了当时战况："二十二日午刻，水提宪会同粤省□□二将统带帮船，驶至古［鼓］浪屿。贼先开炮，红艇回击，贼船避匿虎头山边，不敢驶动。红艇击坏大盗船二只，犁沉七只，轰毙、淹毙贼匪不计其数，各路贼匪均奔逃入城。二十五日辰刻，□提军带兵进剿麻灶乡，将该庄店屋拆平，贼匪逃散不少，杀死数百。我兵已驻札将军祠，红丹艇亦进泊源通口。将军祠与源通口距厦门十里二近，指日水陆并进，可望一鼓收复。"

十月十二日，作者又禀报："本月十一日卯刻，厦门在事文武将领员弁，督率兵勇，奋力攻击，杀毙贼匪无数，擒获逆匪三百余名，当将厦门收复。"记录了从陆上攻剿厦门的战况，并在禀牍中提到"续于十六日，据同安县□令禀，据候选训导黄伦、生员黄永梧等禀报，逆首黄德美逃匿龙辖之乌屿桥，备船欲遁，经伦等纠同族人密往搜获，并获伊胞叔黄光箸（即大箸）、逆伙黄光扬二名"、"知海澄、石码等处，均已克复"等的战绩。从中我们可以了解到，闽南小刀会义军在守城数月后为清军所破、起义军首领黄德美被捕等较详细的情况。

《舌击编》还是研究林俊起义以及太平天国对闽影响的重要

资料。

　　林俊起义军自清咸丰三年（1853年）攻占永春、德化州县城起，至清咸丰八年（1858年）林俊牺牲止，共持续五年之久，有不少时间转战于南安、惠安县等闽南地区。《舌击编》卷二至卷四的来往文移，主要集中反映泉州府如何调用兵马、劝办团练来围剿林俊起义军的情况。

　　清咸丰七年（1857年），在太平天国军队入闽消息的鼓舞下，蛰伏无声的林俊起义军又重新活跃起来。其时，沈储受端州司徒伯芬观察邀请，入幕为其襄治军书。这些文稿对研究林俊起义后期活动具有较高的史料价值。

　　从《舌击编》一书中，可以较清晰地梳理出林俊起义军的行踪及清军的对策。

　　据书中记载，清咸丰三年（1853年）十二月，林俊转移至永春、安溪、漳平交界的帽顶山"筑寨屯粮，据险自守"。咸丰三年（1853年）十二月三十日（除夕），安溪练总李维霖收买的内奸放火，将林俊"所积米谷草篷尽行烧毁"，并从永春、德化、安溪三路集中兵力围剿帽顶山寨。林俊起义军因粮草被焚，帽顶寨给养困难，被清军于咸丰四年（1854年）三月初九日攻破。不过，林俊已于前一天夜间率部下二百余人由山后峭壁撤退。随后林俊等安全转移到南安，并有仙游乌白旗部众七八十人和黄有使部百余人"前来附和"。林俊起义军隐蔽溪东、炉内等乡休整，而地方官寄希望于借地方团练来镇压起义军，假意对当地的潘姓、黄姓长老厚加抚慰；潘宗达等潘姓长老亦假意表示愿意"团练助官"，为起义军赢得了休整的时间。当清军发现起义军"踪迹杳然"时，急忙调集兵力前往南安搜捕，却始终没有发现起义军的具体位置。四月廿四日，林俊派胡熊和邱二娘等人率领千余人攻打惠安县城，"围击甚力"，清军赶忙抽调在南安围剿的兵勇，回师惠安抵御。在清军和惠安团练力量的协同防守下，胡熊等攻打惠安县城没有成功。不过,由于各路清军赴解惠安之围,减轻了南安起义军的压力。

五月十五日,清军进攻隐蔽于顶潘、内潘等乡的起义军。起义军固守内潘的一座土堡,从土堡内"开枪拒敌",致使清军哀报"我兵毙者一名,伤者四名"。而后林俊等乘连日阴雨、清军停止进攻之际,移军至仙游,与当地朱三领导的乌白旗部众联合,在盖尾乡坚持斗争。咸丰四年,清军在仙游厚集兵力七千余人围剿起义军。十月攻破界尾,才迫使林俊起义军转移到晋江、南安交界的云峰山,藏匿于八都、炉内等乡。

纵观林俊的活动轨迹,他在力量较弱时隐蔽山区,力量强大时便占据府县,先后转战于晋江、惠安、仙游多地,并不固守一地,深得游击战术之精髓。因此,清军虽多次倾巢围剿,却无法扑灭林俊起义,遂改用依靠团练、重金悬赏、追捕首领、挑拨离间等多种手段,从其内部攻破堡垒,以达到瓦解起义军的目的。比如,《舌击编》中记载,清军对拿获林俊者许以重赏,赏格不断提高,竟达"钱二万串,银三千元,并加五品翎顶"。类此丰富的史料,为后人研究"林俊起义"专题提供了方便。

沈储在当幕僚期间,也替一些泉厦地方官绅士撰写文移信札。这些文移记录下当时泉州等地方的许多社会现实、官场现象,颇具史料价值,可补近代地方史乘之不备。比如,咸丰五年(1855年),他代晋江县令捉笔操刀,在禀告上司关于收缴晋江地丁银情况的公文中反映:"下游钱粮之疲,莫甚于泉属,而泉属钱粮之坏,莫甚于晋江。"并分析了个中缘由:一是前任官员降低银钱折价后,征收情况并未好转;二是截至当年九月,前任官员已征地丁银,尚不及应征数目的十分之一;三是承担征缴具体任务的当事人相互推诿;四是作为征缴地丁银凭据残缺不全;五是现征银价每两贵至三千余文,而前任官员所订的钱银折价仅二千六百文,差额部分都须自行垫付,征额不减反增。由此不难理解为何当时的官员不愿赴任晋江县令,而在上级催请下才勉强承担的史实。这篇公文反映了清中期以来晋江地区的入不敷出的税收情况，其原因一方面是由于道光以来银价腾贵、人民负担日益加重无力缴纳赋税，另一方面是由于晋江县吏治腐败、互相推诿欺瞒所致。此外，文中有些记述也反映了当时清朝官局财政的内幕，比如，在厦兵饷，实赖于永丰官局兑换，而永丰官局厦门分局的经费，又来源于厦门海关税银等。《舌击编》所载的种种史料价值，不是一篇文章所能尽述的，实有待专家进一步发掘。

《舌击编》今尚存，有藏于中国国家图书馆、福建省图书馆、中国科学院图书馆的清咸丰九年（1859年）刻本，有藏于厦门市图书馆的清光绪四年（1878年）厦门文德堂刻本（仅存三卷）、1957年的油印本（由福建师范大学图书馆馆藏抄本翻印）。尚有藏福建师范大学图书馆的旧抄本，收于《四库未收书辑刊》影印自清咸丰九年（1859年）刻本的丛刊本等。该书以清咸丰九年（1859年）刻本为最早，且为全本。

编　者

2014年5月

目　录

厦门文献丛刊总序/罗才福
文人舌端藏甲兵
　　——沈储的《舌击编》/编　者

卷　首

沈　序···[清]沈　琦 1
陈　序···[清]陈维汉 4
自　序···[清]沈　储 6
杨　序···[清]杨凤来 8

卷　一
（咸丰三年六月至十一月）······························· 10

卷　二
（咸丰三年十一月至咸丰四年四月）················· 39

卷　三
（咸丰四年四月至六月）····································· 71

卷　四
（咸丰四年六月至咸丰五年六月）····················· 103

卷 五
（咸丰四年十月至咸丰八年四月） ……………………… 134

附 录
咸丰年间福建会党起事录
——《清实录·文宗实录》节录 ……………………… 168

后 记 …………………………………………………… 207

舌击编卷首

沈　序

[清] 沈琦[1]

往余读鹿洲山人书，深叹平台一役，左提右挈，实出陈少林[2]、蓝玉霖[3]两奇士。鲸鲵就戮，二子长揖归田。而总督满公、总统蓝公[4]勒鼎铭钟，勋业照天下，未尝不私揶揄之，谓彼因人成事，坐享其佳名者也。咸丰七年，余以书记从军温陵，新知山阴沈粟山先生。先生出历年佐军禀牍，勒为成书。自嫌纸上谈兵，无补于世，题之曰《舌击编》。余始读而弩目，再读而低眉，则又叹少林、玉霖之获，借杯浇垒，犹其幸附青云；恨不遂起满公、蓝公于前，买丝绣之而铸金事之也。夫三军之事，谋勇交相须，朱察语杨珉曰："诸君击贼以舌，察惟以力。"[5]此自为道谋无成者下针砭耳。若留侯儿抚秦项，邺侯弹残安史，类皆谈笑指挥，未尝特将舌击，曷可少耶？

国家太平日久，翩翩裘带之夫，类以不战屈人为上策。今先生舌虽敝而言之无听，纵以少林、玉霖处此，胸有数万甲兵，又出何道以击贼耶？昔淮阴侯以背水出奇，不终朝破赵二十万众，用兵犹龙也，而气折于广武君李左车；颜鲁公以平原遮贼，复朝廷十七郡，用兵犹虎也，而胆落于少年李萼。古人量愈大则其心愈虚，今之用兵求之古，未审何如？然未闻草茅贱士得进一议、行一策者。将山海，崇深原，不烦求助于细流土壤。抑世乏骏骨，持千金走遍天下求如郭隗者,未获一遇也。假令起满公、蓝公于今日,躬擐甲胄,誓不与贼俱生;礼贤下士,言听计从。则《舌击》一编果第为纸上经济否?又不得知也。

近者地方赖文武之福,大事化小,小事化无,书生饶舌似乎已赘。然兵燹之余,民物凋敝,州县方自苦焦头烂额之不暇,其于亡羊补牢之计,或有马腹不及之虞。万一漏网之徒,数合寻死,而熊罴之士,间出奇男,取是编而读之,其于贼情之虚实、兵机之得失,膏肓洞见,症结了如。虽不必据是书为六韬、七略,庶几乎前事之不忘后事之师也夫!

三山沈琦拜题

[1] 沈琦,福建侯官(今福州市)人,沈葆桢的二弟。清道光二十九年(1849年)拔贡。

[2] 陈少林,即陈梦林,字少林,福建漳浦诸生。清康熙五十年(1711年),诸罗知县周锺瑄初修地方志,聘陈任笔政。康熙六十年(1721年),台湾朱一贵起义,佐蓝廷珍平台,事平归里。雍正元年(1723年),复游台湾,数月乃去。后卒于家。著有《台湾后游草》等。

[3] 蓝玉霖,即蓝鼎元(1680—1733),字玉霖,号鹿洲,福建漳浦县人,清诗文家。康熙六十年(1721年),台湾朱一贵起义,佐其族兄蓝廷珍平台,功授普宁县,后升广州知府。躬亲察勘同安县海道,如高崎、集美等,寓厦门最久。著有《鹿洲全集》、《东征集》等。

[4] 总督满公,即觉罗满保(1673—1725),字凫山,满洲正黄旗人。进士出身,清康熙五十年(1711年)任福建巡抚,康熙五十四年(1715年)升闽浙总督。康熙六十年(1721年),指挥南澳镇总兵蓝廷珍、水师提督施世骠率水路军,由澎湖赴台,镇压朱一贵起义,以功加兵部尚书。总统蓝公,即蓝廷珍(1663—1729),字荆璞,漳浦县湖西人。康熙三十四年(1704年)任浙江定海营把总,升温州镇右营游击。康熙五十八年(1719年)升澎湖副将、南澳总兵。康熙六十年(1721年)上书自荐,出师台湾征战朱一贵义军。

[5] 杨珉,东晋江夏太守;朱察,《资治通鉴》作朱伺,字仲文,安陆(今湖北云梦)人。东晋将领,任骑督将。《资治通鉴·晋纪八》载:"西阳夷寇江夏,太守杨珉请督将议之。诸将争献方略,骑督朱伺独不言,珉曰:'朱将军何以不言?'伺曰:'诸人以舌击贼,伺惟以力耳。'"

陈 序

[清] 陈维汉[1]

高帝有言："运筹帷幄，决胜千里。"文人舌端固不钝于武士锋端也。余弃儒从戎，枕戈待旦者数载，思挟智谋之士，与偕风尘中，卒未获一遇。虽藉爪牙死力所向，克有成功，而发踪指示之劳，余亦几于唇焦舌敝矣。

今春三月，观察鹭门幕宾沈粟山先生，出所著《舌击编》以示余。余观其发愤太息似贾长沙[2]，议论风生如陈同甫[3]，自山川要害、民俗驯悍以及用兵险易、事后当成败，靡不若烛照数计而龟卜。窃恨见先生晚。使早遇先生于倥偬戎马间，安在三寸之舌不强于十万之师哉！

余独怪兵兴以来，白面书生目不曾睹古，口不能道今，一旦系籍军中，转瞬之间，云蒸龙变[4]者指不胜屈。而先生胸藏无数甲兵，伏处幕中，卒不能自显其光气。今年过半百，行将老矣。他日余或有事驰驱，为问先生伏枥之余，犹有千里云志乎？先生当笑而起曰："视吾舌尚存足矣！"

咸丰己未六月既望
南海陈维汉拜题

---

[1] 陈维汉，广东南海（今佛山市南海区丹灶镇）人。由茶叶商蒙捐官职起家，募广勇参与福建剿匪。咸丰七年（1857年），任福建建宁府同知。以婴城固守并援剿有力，赏花翎。咸丰八年（1858年），以候补道员，率兵勇驻防将乐。同治三年（1864年），驻防光泽、邵武，于南平西芹剿王贵生等。光绪十一年（1885年），因所带防兵恃强扰民，被革职。其弟陈翀汉亦至闽，捐得候补知府。咸丰己未，即咸丰九年（1859年）。

[2] 贾长沙,即贾谊(前200—前168),河南洛阳(今河南省洛阳市)人,西汉初年著名的政论家、文学家。

[3] 陈同甫,即陈亮(1143—1194),婺州永康(今浙江省永康市)人,南宋思想家、文学家。

[4] 云蒸龙变,云气兴起,神龙飞动。比喻英雄豪杰遇时奋起。

自　序

[清] 沈　储

余于癸丑[1]季春，就馆龙溪。未逾月而会匪[2]之乱作起海澄，破漳郡，连陷漳浦、长泰、厦门、同安、安溪诸厅县。余避难温陵，适祝阿马小峰太守[3]权郡篆，邀余入幕。维时贼踞鹭门，上游土匪闻风响应，由延平、永春窜陷仙游，攻兴化。温陵三面受敌，民心皇皇[4]，几无固志。春岩王大中丞[5]移节督剿，就泉州府奉设防剿分局。余专任局务，一切筹饷、调兵皆得与参末议。首尾三年，地方粗就安贴，余亦移砚瑞桐、螺阳[6]。

丁巳[7]春夏间，晋南余孽复揭竿群起，围攻郡城。端州司徒伯芬观察统师剿办，邀予襄治军书。事定后，莅任鹭门公事。少暇，因取当时禀牍，录而存之，以志一方时事。昔东晋时，江夏太守杨珉集寮佐议御贼之策，功曹朱察独无言，珉曰："朱君何故默然？"察曰："诸君击贼以舌，察惟以力耳。"今四郊多垒，古所谓将帅之臣有力如虎者，不可得见。而余手无尺寸之柄，亦欲以舌击贼，可哂也夫。

咸丰九年己未上元
会稽粟山氏识于兴泉永道之署斋

[1] 癸丑，即清咸丰三年（1853年）。
[2] 会匪，官方文书和某些私人记述对民间秘密结社及其成员的蔑称。此指小刀会。
[3] 祝阿马小峰太守，即马寿祺，号小峰，山东祝阿（今德州市齐河县祝阿镇）人。举人出身，咸丰初年署泉州知府。咸丰八年（1858年）调任汀州知府，因剿匪不力，被革职。

［4］皇皇，同"惶惶"。
［5］春岩王大中丞，即王懿德，字绍甫，号春岩，又号雨坡，河南祥符人。清道光三年（1823年）进士，授礼部主事，历郎中、襄阳知府、山东盐运使、浙江按察使、陕西布政使。咸丰元年（1851年），擢福建巡抚。为镇压小刀会，坐镇泉州亲自指挥。
［6］瑞桐，即古代福建泉州府的首城晋江县，今泉州市城区。以城中多刺桐树，故称瑞桐。螺阳，即福建惠安县城区。
［7］丁巳，即清咸丰七年（1857年）。

杨 序

[清] 杨凤来[1]

盖闻陈琳草檄风声，走笔于军中；定远宣猷露布，作书于马上。时艰蒿目仓皇，写郑侠之图；靖逆表忠安危，扬魏公之绩。此其运筹帷幄，书生而与戎谋；决策疆场，文士而襄武略。夫岂同于寻常记室，仅修尺素于河鱼；检点邮筒，特寄寸丹于云雁。此沈粟山先生手著《舌击编》所以寓口诛之意，而伸舌战之权者也。

先生浙右名贤，山阴硕彦。十年积学，曾织锦绣于文闱；廿载幕游，遂佐申韩于史席。好客扬鞭莅至，列侯倒屣争迎。乃以小丑跳梁，致烦文雄筹笔。温陵太守，司分局以待匡襄；闽海镇军，膺专阃以商进止。适当上下游同时起事，遂使南北路各旅齐兴。羽檄云飞，军书雨集。深宵秉烛，手八义而不停其披；永昼挥毫，目四顾而不留其睫。凡夫整队分兵之请、飞刍挽粟之需、里闾守望之资、士卒堵御之策，莫不待宣承于莲幕，定指挥于柳营。是则一禀一牍之纷驰，悉关百战百胜之全局也。

今夫材非盘根错节，不足彰其器之奇；地非鸟道蚕丛，不足显其骑之骏。向使带甲百亿，手一招而火聚云屯；仓箱万千，令一出而崇墉比栉。则投鞭而流可断，何虞甲丁之不强；聚米而山可为，何患庚癸之呼急。惟是变起仓卒，兵虽多而旗调未遑；事在倥偬，糈虽富而鞭长莫及。危直同于累卵，机每迫于噬脐，而乃筹之于无可筹之间，策之于无可策之地。徬徨[2]案牍，焦劳簿书。招练乡兵，得成城于众志；捐纳输饷，竟集腋而成裘。易危而安，转败为胜。东山棋局，谈笑而靖兵戈；西陇麑兵，洒扫而却寇敌。是盖事事皆可实验，非同纸上空言；处处皆赖参谋，无异行间效力也已。

又使政由己出，则张弛独任其肩；事便身图，则牵制无虞其肘。陈书各抒所见，无事揣摸；举笔直吐其词，岂甘嚅嗫？兹则代人立说，以旁观而深当局之忧；橐笔从戎，以先机而炳继事之烛。是非浸淫乎典籍，阅历乎坎埏，备采吕管之虎略龙韬，详悉狄蔡之鹳军牛陈。洞舆情于象鞮重绎，遐迩周知；识治体于鸿策纪纲，古今共览。乌能镜无蓄影运在握之智珠，著有先知摅在胸之成竹。布筭而缕缕百计，星罗于心；树议而洋洋万言，河悬诸口。而且权衡功过，春秋多责贤者之词；赏罚严明，摘指不徇私逆之见。

逮至铙鼓喧，拯民于水火；壶浆载，慰望于云霓。虽经力扫妖氛，犹虑谋为鬼蜮。誓扑燎原之火，难逭复然[3]之灰，而后知老成之洞照靡遗，参机之料事多中也欤！来有怀投笔，曾经烽火之余生；无路请缨，愧乏记珠于往事。斯篇示我，睹时务而粲若列眉；问序于余，对琳琅而惭滋枵腹。既承刍荛是采，敢辞桃李无言。自揣蓬衷，未识鱼丽之阵；幸开茅塞，得窥豹管之斑。良以揆时势以立言，非同凡响；切利弊以指事，不饰浮华。政有关于国计民生，功实侔于编年纪月。从兹洛阳纸贵，曹仓增未睹之书；沧海名传，邺架备求治之谱。修其志于知己知彼，士元真非百里才侪；其事于立德立功，平原重兹三不朽。是为序。

咸丰九年仲春望后三日
龙溪杨凤来紫庭氏拜书于鹭江半舫

[1] 杨凤来，字紫庭，晚号止庭，清代人。龙溪附贡生，居住厦门。其生平慷慨，乐善好施。地方有警，凡筹饷、保甲、团练、防海等均赖谋划。工琴能画，尤善篆刻。著有《柏香山馆印存》四卷。
[2] 徬皇，同"彷徨"。
[3] 然，同"燃"。

舌击编卷一

敬禀者：窃查漳厦会匪滋事[1]之初，郡城民心极为震动。经前守来护道暨卑职等，雇备壮勇，分派员弁，协同防守。复经绅士举行团练，联络保护，并蒙盐道来护道分路进剿。故一月以来，民心颇为安谧。不料同安一路，相持月余，仅能婴城自守[2]，虽少有斩获，总未能大加惩创。不但贼匪肆无忌惮，即匪类之未从贼者，亦有藐视官兵之意。又因来护道进兵厦门，失利退回，以致讹言四起。各乡匪徒，无不跃跃欲动。如郡城东南数十乡，前经绅士□提军、□观察等，联庄团练，均已领受团旗，约定助官杀贼。迨厦门失利之后，□提军等亲诣该乡，申明前约，各乡局面大变，欲视我军之胜负以为向背。□提军等反复开导，总不能踊跃如前。察看情形，实为可虑。

至郡城及同安一带驿路，从前虽有匪徒抢劫行旅，经各县派饬丁勇，按段巡查，均已敛迹。乃此数日内，附近匪徒，竟敢结伙持械，公然拦抢。甚至带兵员弁，并兵勇号衣器械，无不洗抢。现蒙盐道提解饷银，虽拟多拨兵勇护送，沿途耽耽[3]，实属可虞。若再如此旷日持久，兵气愈衰，匪胆愈炽，不特同安一路驿站不通，恐匪类乘机蠢动，达省道路亦虞梗塞。

十一日，团练局绅士与卑职等，再四商榷，均称厦漳贼势虽属鸱张[4]，其实不难扑灭。实缘统军无人，兵将不肯出力，以致劳师糜饷[5]。探闻宪驾不日按临，合属绅民无不欢欣盼望，如庆更生。缘同安声势孤危，郡城人心惶惧，两处情形，均有岌岌不能终日之势。惟求宪节[6]星速莅泉，一切更新号令，使行间[7]将士，振其积衰之气，鼓其勇往之心，斯良善者益切同仇，反侧者潜消异念，庶厦岛可克期收复，而漳州亦可一鼓荡平矣。卑职身任地方，目击情势危急，并据该绅士等异口同声吁请转禀，用敢据实驰禀大人察核，即日启节荣临，以慰泉南士民之望，地方幸甚！生民幸甚！

再查拨解盐库银五万两，除奉札拨解漳州饷银二万两，提还借用水师寄存饷银四千两，提给□副将银二千两，暨盐道随营支应，并各属请领外，现在库存仅止银三千余两。查大营每日支应，及各属办理兵差，给发口粮，为数甚巨。若不预为筹备，一旦饷银告匮，立有溃散之忧。累经卑职禀请盐道，早为筹拨，未蒙示复。合行沥禀宪台察核，俯念军饷紧急，恩赐筹拨银数万两，委员兼程护解来泉，以济兵需而免贻误，实为德便[8]。卑职谨禀。

咸丰三年六月　日

[1] 漳厦会匪滋事，指咸丰三年（1853年）五月，以黄德美、黄位为首领的闽南小刀会起事。
[2] 婴城自守，语出《汉书·蒯通传》，就是围绕着城墙防守的意思。
[3] 耽耽，同"眈眈"，瞪目注视的样子。
[4] 鸱张，亦作"鸥张"。像鸱鸟（一种凶猛的鸟）张翼一样，比喻嚣张、凶暴。
[5] 劳师糜饷，语出唐·陆贽《收河东后请兵状》，指徒劳兵力，空费军饷。
[6] 宪节，指持有符节的上级官员。
[7] 行间，行伍之间，指军中。
[8] 德便，惠予方便。旧时对人有所请求时的用语。

敬禀者： 窃查南安县属大盈一带之朴兜、新营[1]等乡，时有土匪伺抢行旅。自会匪滋事以来，该匪徒等因地方官无力查办，心胆愈炽，党类愈多。凡来往官员以及解送军装等项，无人不抢，无物不搜。该乡久著强恶，平时官府下乡，动辄拒捕。此时若仅令地方官轻身往办，势必别滋事端。计惟镇以兵威，庶足以慑凶顽而靖奸宄[2]。

查大盈地方为南北通衢，离郡城五十里，南距晋邑之大宅、太昌[3]等乡，北距南邑[4]之新营、小盈等乡，均止十余里。而朴兜一大乡，横亘南北。大盈正与朴兜对峙，且为住宿正站。四面匪巢，耽耽环伺，情形极为险迫。该处本有巡检[5]一员，因无衙署，借住南安公馆。现被匪徒毁拆，无可栖止，在府当差。此时匪势鸠[鸱]张[6]，亦非巡检微员所能弹压。兹卑职等议请于大盈驻兵二百名，统以守备一员，并由南安县选雇壮勇二百名，同在该处驻札[7]。如有土匪抢夺，即由该县会带兵勇，立时查拿，严办一二乡，以示惩创。凡遇饷银军装，并商客人等往来住宿，即可就近防护迎送。第该县须兼顾县城，不能常川在彼，应饬令巡检前赴本任，协同办理。卑职等与陆中营□参戎、陆后营□参戎商酌，均以为然。

惟郡城现在兵丁仅敷防城之用，难以调遣。伏查同安调集各营兵丁，为数不少。现在□镇军、□协戎已齐抵同邑，若就中抽调二百名移驻大盈，似与剿大局无碍，且驻札在由郡至同适中之区，声势亦较为联络。兵丁应给口粮，即照同安一例给发。此增彼减，于经费亦无虞虚縻。卑职等再三商榷，意见相同。合亟禀明宪台察核情形，恩赐移请镇台，就同安酌拨精兵二百名，派守备一员管带，饬令前往大盈驻札，会同南安县暨康店[8]巡检，巡缉查办。似此一转移间，则既可壮同邑之声援，又可作郡中之保障。而大盈地方得此兵勇镇守，则数乡匪徒自可敛迹，道途亦藉以肃清，实于军务、地方均有裨益。卑职愚昧之见是否有当，伏乞裁酌示遵，实为公便[9]。卑职谨禀。

咸丰三年七月十二日

[1] 大盈，今福建南安市水头镇大盈村，为大盈古道的终点。大盈古道建于宋代，自同安城关向东，越过县境的双塔，进入南安县至大盈，全长18公里。朴兜、新营，今南安市水头镇朴里村、新营村，在大盈南面。
[2] 奸宄，指违法作乱的人。
[3] 晋邑，指晋江县，清代管辖范围包括今晋江市、石狮市和泉州市的鲤城区等。大宅、太昌，今福建晋江市磁灶镇大宅村和太昌村，均位于磁灶镇东南方向。
[4] 南邑，指南安县。今改设南安市。
[5] 巡检，古代官职。明清时，在镇市、关隘要害处设巡检司，归县令管辖，一般秩正九品。有的地方还有文武巡检之分，有县派出机构之职能。
[6] 鸠，应为"鸥"。鸥张，像鸥鸟张翼一样，比喻嚣张、凶暴。
[7] 驻札，同"驻扎"。
[8] 康店，福建南安康店驿，清雍正十二年（1734年）置康店巡检司于此，并兼办理驿事。是从福建前往广东等地的重要驿站。
[9] 公便，便于公事。旧时上行公文的一种行文格式，结束语多为"实为公便"。

敬禀者：本月初一日，兼护汀漳龙道[1]□守、委署漳浦县□令自同安回郡。行至沙溪[2]、新营一带地方，被匪徒将行李扛抢去，□令轿内衣服盘费，并被抢掠罄尽。并云"该处土匪百十成群，屯伏路隅，声称伺抢饷银"等语。

查自贼匪窜扰同安、安溪之后，附近匪徒无不乘机思逞[3]。幸各属防堵，同安又有大兵驻札，并经各绅士劝谕团练，该匪徒等稍为敛迹，仅在各乡路口伺抢行旅。虽经叠饬查拿，而各该乡素称强悍，动辄拒捕。若仅恃地方官往办，势必别滋事端；若欲统兵勇围拿，又苦费用无措。该匪等因未经惩创，又见同安顿兵日久，不能前进，以致匪胆愈炽，匪党愈多，竟至来往官员无不放胆抢夺。兼以风雨之后，田中积水未消，失业贫民亦复随同附和，乘势伺抢。窃思涓涓不息将为江河，此等顽民必须早为剪灭。在此时不过诛戮数十百人，即可以消弭祸患。若任其勾结蔓延，将来不与逆匪同群,亦必流为另股,办理更为棘手。

然现在郡中无兵无饷,而□署镇等三起,又不能缓赴厦漳,先办此处,再四筹思,迄无善策。现惟与□提军、□观察等会商,传集各乡绅耆,重申约束,藉以暂安。目前解送饷银,多派兵勇逐程护送。一面分饬各属,查明被水受害之家,妥为抚恤,以安贫民。然此时经费不充,何暇更议抚恤。恐各属虽奉札饬,亦不过视为具文而已。伏睹泉属情形,正如蚁穴溃堤,东穿西漏,无处不需兵需饷。卑职身任地方,点金乏术,无米难炊。虽复竭尽图维[4],究属毫无补救。合将现在地方情形据实具禀大人,俯赐察核,相机调度,未雨绸缪,俾得足食足兵,足以御外侮而靖内乱。则卑职与泉属士民,均蒙覆帱[5]之恩于靡已矣。卑职谨禀。

咸丰三年七月　日

[1] 汀漳龙道,清雍正十二年(1734年),清朝廷设汀漳龙道,管辖汀州、漳州两府和龙岩直隶州。
[2] 沙溪,今南安市翔云镇沙溪村。地处安溪、南安、同安三地的交界处。
[3] 思逞,"狡焉思肆"、"狡焉思逞"的略语。指怀贪诈之心妄图逞其阴谋。
[4] 图维,谋划;考虑。
[5] 覆帱,亦作"覆焘"。语出《礼记·中庸》,好像盖被一样。指施恩、加惠。

敬禀者:本月初八日,接奉宪札,同、厦兵勇云集,饷项最关紧要。前经饬于莆、仙二县应解咸丰二年分地丁项下,各动拨五千两,共银一万两,解泉需用。惟恐军营待饷孔亟,诚恐兑运需时,缓不济急,由省再酌拨银二万两,委员星夜解交分局收储,撙节支用等因[1]。

遵查卑职前奉饬知动拨兴属地丁银两。因同安需饷孔殷[2],窃恐该县不能即时应付,有误要需,当经禀请,另行筹拨。兹蒙宪台察核机宜，另筹接济，俾行营士饱马腾，得以立时征进。捧札之下，曷胜欣幸！惟是奉拨银两，奉饬专款存储，专给同、厦兵粮，所有各属请领经费，不准于此内滥给分毫，有干赔咎等因。则有事关大局，势难奉行，不得不覼述情形，仰祈明察。

缘会匪窜扰同、溪等处，各属仓卒戒严。惫惫[3]招募乡勇，当时惟知以多为贵，并不计及后来，冒滥浮开，在所不免。卑职抵任后，饬据各属开具清楚[4]，业经分别饬令裁汰，以节虚縻。惟此时大局未定，所有扼要之区，防堵巡查，实不能统令裁撤。至晋、南、惠三邑，地属冲途，均须承办历次差事。而溪邑则现有兵勇驻札，晋邑则更须置办军装，在在急需，均属刻难延误。前奉札饬各属请领经费，必俟通详核准，不得擅给。嗣以卑职并不遵办，致蒙申饬。

案查先奉盐道札饬前因，业经卑职据实禀复。实缘分局给发各款，有例应支给，毋庸请示者；有立需支应，不及请示者。至如制办军装等项，则均经卑职查照营移，再三核实，发价赶办。而办理差务，则又系察看情形，临时增减，实不能预定数目，遥遥请命。现在各起兵勇，均已前抵同安，军装亦经办竣，自可少为节省。惟乡勇一项，一时既不能裁汰，则仍须计日授餐。若概不给发，任其溃散，势必成群结队，抢夺横行。外患未平，内变迭起。职此厉阶[5]，谁任其咎？卑职谬承委任，具有天良，当此经费万分支绌之时，何敢以有限之帑金，任听滥支妄领？见好属官，自罹赔咎，虽愚昧者，必不出此。况卑职受事以来，凡有请领经费，无不觙觙较量[6]，业已身为怨府。若竟遵奉札饬，不论巨细款项，概令详请示遵，卑职得以脱然事外，不任劳怨，亦何乐而不为？

然窃念身任地方，目睹事势艰难，祸变之来，间不容发，不得不通融调剂，消患未萌。若避专擅之嫌而置缓急于膜外，不特下辜职守，亦且上负宪恩，清夜扪心，实所不忍。兹蒙札拨前项银两，将来解到时，自当专款存储，专给同、厦兵饷，断不敢滥费分毫。

至各属有实在应发之款，卑职惟有照旧酌量给发，亦不敢避违命之愆而蹈贻误之咎。合亟沥情禀候宪台察核，俯赐批示祗遵，实为公便。干冒尊严，尚祈鉴宥，不胜急切惶悚之至。卑职谨禀。

咸丰三年七月　　日

[1] 等因，旧时公文用语。常用于叙述上级官署的令文结束时。但叙述平行机关及地位在上的不相隶属机关的来文，为表示尊敬，也间有使用。在引述来文之后用此二字，接着再陈说己意。
[2] 孔殷，繁多、急迫。
[3] 忿，同"匆"。
[4] 楚，原文缺，据清光绪四年厦门文德堂刻本补入。
[5] 厉阶，祸端；祸患的来由。
[6] 觔，"斤"的异体字。觔觔较量，即斤斤计较。

敬禀者： 窃查南安县属之大盈地方，距郡城五十里，为南北往来住宿正站。该处附近之朴兜、新营等乡，素称盗薮[1]，时有土匪伺抢行旅。自会匪滋扰以来，各乡匪徒乘机思逞。因地方官办理兵差防堵，无力查办，以致肆无忌惮，百十成群，凡有官员、商客及军装、行李等项，竟至无人不抢，无物不搜。现在解赴同、镏[2]两处饷银，络绎不绝，设被抢去，关系匪轻。惟该乡丁多族大，强悍成风。平时官府下乡，动辄拒捕。此时凶焰鸱［鸮］张，若仅令地方官轻身往办，势必别滋事端；若任其日久蔓延，梗塞驿路，更属不成事体。计惟镇以兵威，庶足以慑凶顽而靖奸宄。

卑职等会同商酌，议就陆提五营各城防兵内，每营抽十五名，共七十五名。又于城守营派兵七十五名，合兵一百五十名。并由晋江县选派在城壮勇二百名，前赴大盈驻守。惟大盈公馆前被土匪折毁，该处店铺无多，未便日久露宿。查安海地方离大盈不及十里，本有都司一员在彼驻防。兹议现派之兵勇三百五十名，亦驻札安海，即交该都司统领。另派把总一员协同管带，如遇饷银军装等项住宿大盈，即由县先期移会该都司带领兵勇，至中途接护。夜间留驻该处巡防，次早仍护送至沙溪地方，点交大营接解委员，分别解赴同、镏交收。所需口粮，仍照数由分局给发。若该处复有匪徒滋事，即可由县会同查办，庶桀骜知所敛戢[3]，而驿路亦不致疏虞矣！

至安海[4]与厦门一水相通，地方亦甚为紧要。若有此项兵勇常川在彼驻守，似于防诸事宜亦大有裨益。卑职等为保固地方、慎重军饷起见，再三商榷，意见相同。理合将派拨兵勇缘由，禀候大人察核批示祗遵，实为公便。

再防城兵丁，向给口粮三分，今派赴安海，议酌加二分，合并声明。卑职谨禀。

咸丰三年七月　日

[1] 盗薮，强盗聚集的地方。
[2] 同、镏，指同安城和刘五店两处。刘五店又称"镏五店"、"镏江"、"浏江"等，在厦门浔江港东北岸，原属同安县，今属厦门市翔安区。清代时，是与厦门东北角的五通对渡的渡口。
[3] 敛戢，收敛，止息（兵戈）。
[4] 安海，即今福建省晋江市安海镇，为福建省三大名镇之一。位于福建省晋江市南部围头湾内，扼晋江、南安两县的水陆要冲，为古代泉州海外交通的重要港口和避风良港。

敬禀者：窃自会匪窜踞厦门[1]，时经三月，调集兵勇一万余人，糜费饷银十万余两，而坐守同安，不能前越尺寸。幸蒙宪台洞察情形，将玩误员弁分别参办，并委□副将前往接署。又奏请前任浙江提督□袭伯、北路协□副将统带壮勇会同剿办，各属士民莫不踊跃鼓舞。卑职等亦意以矫矫武臣，率桓桓劲旅，自当霆奔电奋，迅扫长驱，蠢尔幺麼[2]，何难灭此朝食[3]？乃□署镇等分抵同、镏。又经旬日，尚无进兵日期。探闻剿抚事宜，一切尚无端绪。顷卑职接准□提军来函，有"事不从心，又多掣肘"之语。逖听之下，实深焦灼。

窃查漳、厦会匪，真所谓赤子弄兵潢池[4]中耳，非有奇材异能、深谋秘计与坚甲利兵也。我兵之不进，非兵之不多，饷之不继也。实缘军无纪律，士乏战心；统驭无方，赏罚失当。以自守为得计，以小胜为奇功。玩愒[5]因循，几于不可救药！今虽新更统帅，而营中锢习积弊成风，骤难整顿，兼之官位相等，无所统慑。各有意见，筑室道旁。行止机宜，迄无定局。前车可鉴而覆辙偏循，睹此情形，真堪忿懑。夫此行间将士释甲而嬉之日，正漳、厦士民延颈望救之日也！困守孤城，一筹莫展，馁士气而长寇心。国家经费几何？能堪此数万人泄泄坐食耶！

卑职等展转思维，若不仰藉钧威，严为整饬，断不能破其二三之见，而祛其畏葸之心。前经卑职等禀请宪节莅泉，适当贼犯尤溪[6]，上游军务尚无头绪，蒙谕以俟续报捷音，立即启行。兹查尤溪业经收复，上游军事少缓，用敢竭诚吁请，伏祈大人俯赐察核，星速按临。秉节钺[7]之威严，申风雷之号令；鼓其积衰之气，作其勇往之心。事权专一，而进止悉合机宜；统率不纷，而战守胥归节制。将士同心用力，兵勇效命前驱。斯踞岛游魂，可以崇朝扑灭；而负嵎小丑，无难一鼓荡平。固疆圉于金汤，救黎民于水火，斯不特漳、泉恩隆覆帱，而卑职等亦戴荷生成矣。不胜急切待命之至。卑职谨禀。

咸丰三年七月　日

[1] 窜踞厦门，咸丰三年（1853年）五月，闽南小刀会起事，攻占海澄。后进军漳州、长泰、厦门、同安、安溪、漳浦等地，在厦门建立根据地。

[2] 幺麼，微小，指起不了什么作用的人。

[3] 灭此朝食，语出《左传·成公二年》。消灭敌人以后再吃早饭，形容急于消灭敌人的心情和信心。

[4] 弄兵潢池，弄，玩弄；潢池，积水塘。在积水塘里玩弄兵器。旧时对农民起义的蔑称，形容捣乱分子无能。

[5] 玩愒，"玩岁愒日"的略语。指贪图安逸，旷废时日。

[6] 贼犯尤溪，咸丰三年（1853年）五月，林俊领导红钱会在福建永春起义，随即攻陷德化、永安、大田、尤溪、沙县、仙游等县。尤溪令金林全家被杀，后清军参将李煌等收复尤溪县城。

[7] 节钺，符节和斧钺。古代授予将帅，作为加重权力的标志。

敬禀者：本月十六日，准委员大田县□典史，押解饷银二万两抵泉，遵即查收贮库。惟查泉属经费支应浩大，截至本月初五日止，库存不及五千两。嗣经提解同安五千两，镏五店[1]三千两。因现款不敷，挪用陆提营寄存饷银，暨扣存平余等项凑解。续奉盐道札饬，候省饷解到，即提银一万两解镏应用。

又奉□护道提解五千两，除分别提解，暨归补营饷外，现到饷银仅存银二千余两。而各属请领乡勇口粮，又不能不酌量拨给。且同安一处日需千金，镏江支应较省。然加以主客水师，所提万金，亦仅敷旬日之用。此后再奉行提，已属无可拨解。

窃意兵贵神速，若两路兵勇能即克复厦门，则人心稍定，各属防堵之需，即可量为裁省。乃自□署镇等抵同以后，又历月余，日望进兵，查无声息，并闻一切进止机宜，尚无头绪。坐一日则费一日之粮，守一日则缺一日之饷。当此匮乏之时，何堪此数万人坐食耶？况顿兵日久，情见势绌，兵心愈玩，贼势愈张。现竟遍散伪示，纷布讹言，以致良善者日益惊惶，反侧者潜图附和。杌陧[2]之形，不可终日。万一粮饷不继，内外交讧，则败坏决裂，真有不堪设想者！

卑职因筹饷艰难，力图补救。现在延集绅士，商办捐输，并向名殷户借贷。然察看人情，办理殊难应手，且恐缓不济急。用敢沥情驰禀大人察核，恩赐查照前禀，迅速筹拨饷银二万两，务于本月内委员赶解来泉，庶足以资接济而免贻误。一面檄移催□署镇等，并力和衷，克日进剿，实为公便。卑职亦深知省地重地，不得不留顾根本。然窃思泉州为省南之保障，泉州保则省垣亦安，泉州危则省垣亦殆。且此时兵在半途，势成骑虎。缓则顾本，急则治标。尚祈仁明裁酌示遵，不胜急切之至。卑职谨禀。

咸丰三年七月　日

[1] 镏五店，即刘五店。
[2] 桅杌，即"杌陧"，指局势倾危不安定。

敬禀者：窃卑职前因泉属经费支应浩繁，叠经禀蒙先后筹拨接济在案[1]。

兹查上月二十八日解到省饷一万两，又提到莆、仙二县地丁银三千两。除提解镏五店，暨归还八月分营饷，并营县支领外，截至本月初五日止，仅存银一千二百余两。其奉拨漳州饷一万两，已经□守于初三日带赴同安，前于初三、四等日连奉盐道□护道札饬提解。卑职因库存已罄，当经禀请就近向□守挪用漳饷，以济要需。查续拨之饷银三万两，已奉饬知委员于初三日起身。此项解到后，计以一万解还漳饷，以一万分解同、镏，以三千余金归还九月分营饷，所存不过数千金。永春暨各属又须支领，而同、镏两处日费不赀，转眼即须提解。似此前去后空，实属万难支拄。

伏查镏江兵勇进剿厦门，近日连获胜仗，可望克期收复。同安则以贼匪据险设防，我兵在下仰攻，厄于地势。又因兵勇以战无赏犒，均出怨言，故连次攻剿，不能得利。闻从前□镇每战必赏，功过不分，士卒因而解体。今又惩滥赏之弊而尽反之，因噎废食，亦非胜算。并闻有人情愿自备赀本，限五日内尽破三社。每社责赏银千员，先立结状，成功后领赏。在事文武均因顾虑经费，不肯身任其事。窃思顿兵日久，情见势绌，惟有急思变计，购募勇力，许以重赏，责以成功，庶抗拒者迅即歼除，而反侧者亦渐可安戢。若犹是凭城坐守，时而出队一攻，时而分兵一战，虽少有斩获，而贼匪反得增筑墙垒以自固，纠合匪类以自强。贼逸而我劳，贼主而我客。累月不决，师老财匮，是自毙之道也。筹思及此，实为寒心。

今幸蒙大人秉钺[2]南来，军民之心已为之一振。乃无如宪驾将临，而饷银又已告罄，虽临以节钺威严，亦断难驱枵腹者荷戈出战。约计续拨饷银，解赴同、镏两处，仅可支持至月望左右。设尔时无款接济，则急迫之情，又将不堪言状。查前此挪用九月分营饷尚未归还，此外库藏如洗，实属无可挪移。卑职前因筹饷艰难，亟思办理捐输，以期补救万一。乃始则会同□令按户查传，继则嘱令委员沿门面谕，并恳托团练局绅士广为化导。而该殷户等避匿远乡，百呼不应，虽已舌敝唇焦，究竟毫无眉目。现在前委员□已赴惠安署任，改委之□经历，尚在镏江。近因永春失利，人心皇皇，窃恐激成事端，只可从缓办理。

卑职身膺艰巨，日切庚劳。叹无米之难炊，恨点金之乏术。况当剿办吃紧之时，不得不作未雨绸缪之计。用是缕陈实情，禀请大人察核，俯念军饷关重，迅赐拨出饷银三万两，委员管解，务于本月十六七以前到泉，庶足以资征进而免延误。卑职谨禀。

咸丰三年八月　日

[1] 在案，公文用语。表示某事在档案中已有记录，可以查考。
[2] 秉钺，持斧。借指掌握兵权。

敬禀者：窃卑职前因经费告罄，业经备述情形，禀请筹拨接济，计已仰登钧鉴。

查上月抄解到饷银一万两，除分别提解归还，当经罄尽。而宪台随带之三万两，尚未解到，计同、镏两处于月初已经缺饷，自初三、四至今。叠奉盐道□护道函札催提，情迫词危，一日数至。库中实已无款可挪，幸漳饷一万两，先经□守带赴同安，不得已禀请就近挪用。□守始犹坚执不允，继因势将决裂，始肯通融。同安数日内藉此支持，而盐道处叠准厦门各营告急，即向镏江居民、铺户及驻守兵勇等，零星借凑三百金，解往济急。叠次飞札饬催，实有万难支持之势。幸于初九日准委员□丞、□经历管解银三万两抵泉，当即先后提解同、镏各一万两。又拨解永春三千两，暨各属请领兵差防堵等费，截至十三日止，仅存银五千五百两零。

伏查□提军自渡江后，叠获胜仗。现已迫近厦门，贼匪避匿城内，为数无多，指日可期收复。只以兵勇悬釜嗷嗷，不能不坐待接济，一篑之亏，不克迅速收功，实堪惋惜。现在宪节已莅泉郡，正当督饬行营将士奋力前驱，而无如饷银又将告匮，虽莅以节钺威严，亦断难使兵弁枵腹从事。况为日愈久则为费愈多，即明知筹拨艰难，断不能不勉强接济。军务一日不能竣，即饷银一日不能少。且此坐以待饷之日，是皆虚糜经费之日也。曷若稍宽筹备，并日收功之为得乎？且当剿办吃紧之时，万一缺乏日久，接济不及，兵丁脱巾而呼，乡勇攘臂而起，贼匪乘势进迫，则溃散决裂之状，真有不堪设想者！筹思及此，实为寒心。

卑职职司分局，约计现在经费，不敷旬日。支持下游，全局攸关。不得不急切陈请合再驰禀大人察核，恩赐札饬总局司道，迅速查照前禀筹拨饷银五万两，委员管解，于本月二十四日以前抵泉，以济军食而免他虞，实为公便。卑职谨禀。

咸丰三年八月　日

敬禀者：窃卑职以泉属剿捕方殷，饷银又罄，业经两次禀请筹拨接济，未蒙钧示。

伏查同、镏两处，于月初已经缺饷，函札交催，急如星火，而宪台随带之三万两，于初九日始行解到。适土匪滋扰，因不敢冒昧起解。旬日以来，镏江则挪借支持，同安则通挪漳饷，经于十二、十六等日每处各提解银一万两，而前去后空，大约数日之内又须告急。顷复奉盐道札饬头二帮粤艇借支一月口粮，共银一万两零。饬就解到省饷内，预为筹拨等因。查此次解到之三万两，除分解同、镏二万两、永春三千两，各属请领二千余两，仅存五千余金。现拟进兵永春，一切均须支应，实属无可拨解。

夫顿兵愈久则费饷愈多，计自数月以来，行间将士每以缺饷藉口迁延，甚至盐道督催进剿，而将弁答以"兵勇不散，已为万幸，何暇攻战"等语。军事如斯，实堪愤懑。窃思帑项充盈，不妨从容从事，而经费支绌，则必须计日收功。现蒙宪台亲临剿办，正当督饬将士并力齐驱。计惟有悬示重赏，勒限成功。如有玩违，即依军法。似此赏罚并行，庶可克期奏绩。然师行粮从，古今定例。现在经费仅止区区数千金，虽临以斧钺之威，而兵勇又复藉词枵腹，反唇相稽。万一号令不行，未免损威失重。

总计泉属每月经费，同安需三万两，镏江需二万两，粤艇需一万两，各属需一万两，此时归补漳饷，又需一万两，每月必需此数方可支拄。惟有仰恳仁明，通筹全局，宽为筹拨，一起管解来泉，俾得分别源源接济，而行营兵士得以一意进剿，不致羁迟时日。若仅蒙拨给二三万两，则后饷未到，前饷已空。凡此卑职呼吁禀请与营中坐待接济之日，皆是虚糜粮饷之日也。此中迟速之机，实于大局所关不浅，况溃散之形、危迫之状，更有非言词所能尽者。用再沥情禀请大人察核，俯赐飞檄总局司道，迅速筹拨饷银八万两，委员兼程管解来泉，以收实效而免虚糜。不胜急切待命之至。卑职谨禀。

咸丰三年八月　日

敬禀者：窃卑职前因同、厦军务，兵勇众多而攻战不力，经费短绌而接济不时，迁延愈久，事势愈危，业经备述情形，叠次禀请筹拨，计已均邀明鉴。

伏查同、镏军饷，支应浩繁。此次宪台随带之三万两内，虽经分解同、镏共一万两，而两处缺乏多日，均藉挪借支持。此项解到后，一经找补归还，转眴又已告罄。窃计数月以来，剿办未能得手，每因饷银不继，兵丁释甲而嬉，壮勇枕戈而待。行间文武，仰屋咨嗟，多方筹垫，惟冀兵勇不散已为万幸，何暇谋及攻战？幸而分局提解接济，方期整饬前驱，而无如数日之间，又复支用罄尽。似此展转迁延，安得不老师[1]糜饷？譬之贼犹病也，兵犹药也，而饷银则人之元气也。以药攻病，必藉本身之元气，以转运而灌输之，然后药达而病去。今所用之药既不能良，而元气复奄奄一息，一旦澌然绝灭，且有无病而亡者，况百孔千疮非瞑眩不瘳者乎？

卑职非不知省库支绌万分，然正惟其支绌愈甚，更不能不拚此孤注，以求速效。若犹是拘牵顾惜，则兵气愈玩，贼势愈骄，四处匪徒闻风蜂起，如火燎原，办理更为棘手。现计分局经费，截至二十日止仅存数百余金，同、镏两处昨已叠来告急，并淮粤艇支索一月口粮，需银万两。查粤艇器械精良，会剿极为得力，所需口粮万不可缓。现虽蒙宪台饬拨银五千两解来应用，杯水车薪，实属不敷支应。卑职前请筹拨银八万两，亦缘通筹全局，必实需此数，方可收实效而责成功。若仅蒙拨解银二三万两，则后饷未到，前饷已空。于帑既属虚糜，于事毫无实际，且此时各营兵勇嗷嗷坐待，势难刻延。若数日之内，犹可多方抚谕。倘久经旬日，则土崩瓦解之势，实有非威令所能禁止，言词所能挽回者。

卑职目睹此危急情形，不得不冒昧渎请大人察核，俯赐飞檄，饬催总局司道，迅速查照前禀，立即筹拨银八万两，委员兼程管解。务于本月二十五日以前到泉,以便分别转解接济,庶足以资征进而弭祸患。不胜急迫待命之至。卑职谨禀。

咸丰三年八月　日

[1] 老师,即"劳师",疲劳军队。

敬禀者: 窃查漳、厦会匪滋事,业经陆续调发兵勇,分路进剿,前后筹拨饷银十八万余两。数月以来,剿办迄无就绪,一由于号令之不肃,再误于赏罚之不明。展转因循,几于不可收拾。现蒙宪台亲临剿办,正当督饬将士灭此朝食,而无如军饷告匮,不特不能前进,且有退散之忧。叠经卑职禀请筹拨饷银八万两,先蒙宪台批饬拨银五千两,又蒙局宪续拨银五千两,复蒙宪台札饬就省库凑足银三万两解泉接济。顷奉总局宪札,以省库实止存银二万余两,浙省拨解银三万余两尚无到闽日期,移拨盐道库储亦未准解到,实属无可拨解各等因。捧札之下,不胜惶急。

窃计同、镏兵勇云集,支应浩繁,前虽分解银各一万两,而时已逾旬,早经支用罄尽。连日函札催提,情词激切,其岌岌之情,实有不可终日之势。现在分局库存告罄,而奉拨之一万两未知何日到郡?万一接济不及,则溃散决裂,实有口不忍言、笔不忍书者。

卑职等会同商酌,因思台饷数万两前因在洋折回,解回省库。现闻因台湾急需支放,仍由五虎出口解往。伏查台郡之紧急,尚远在海外,而同、镏之危迫,则近切目前,且台地贼匪闻已平定,该处民物殷富,尚可勉力支持。度事揆情,似应先其所急。计此时台饷虽已登舟,守风放洋尚须时日,惟有仰恳将此项截回,转济内地。俟解到后,并请宪台饬发令箭悬赏克期,严饬统带将官督饬将士,依限立功。如有违玩退缩,不论偏裨兵勇,即在军前正法数人,以振其积衰之气,而厉其敢往之心。俟他拨饷解到,或捐输稍有成数，即行赴解归款。似此一转移间，庶可弭患于未萌，而收功于指日。卑职等再四商酌，意见相同，理合沥情禀请大人察核，俯赐飞檄总局司道，迅速将台湾饷银截留回省，即由省委员管解，兼程来泉，转济同、镏兵需，实为公便。

卑职等从事戎行，实见同、镏两处情形，危若累卵。计惟截留此数万金，以博一战收功之举。否则饷银一断，旬日之间，势必土崩瓦解。卑职等目睹存亡呼吸之机，不忍束手坐毙，用敢冒昧陈请，务求恩准迅速施行。不胜急待命之至。卑职谨禀。

咸丰三年八月　日

敬禀者：窃卑职以泉属经费缺乏，叠经禀请筹拨饷银八万两，业蒙先后拨解银一万两，于二十五日准委员管解抵泉。当即分解同、镏各四千两，其余支应抚宪随营兵勇口粮，及各属请领防堵等费，顷刻间即经罄尽。且同、镏两处早已短缺，前蒙盐道函示，以厦门兵勇立有溃散之忧，卑职因情形迫，随即挪借铜山营寄存饷银五千两，解赴济急。而前借陆提各营九月分兵饷三千余两，不日即须支放。

又，同安借用漳饷一万两，均属无款归还。同安行营连日函札告急，而悉索之余，实已无可挪应。即现解之四千两，计已前去后空，不过数日之间，又须嗷嗷索哺。况现在贼匪窜扰仙游[1]、枫亭[2]一带土匪蜂起，惠安壤地毗连，办理防堵亟须经费，不得已将兴化解到奉拨永春饷银二千五百两，暂行挪用，以济眉急。然此区区数千金，杯水车薪，无裨实济，窃惟省饷支绌万分。

卑职之请八万两，非敢虚务铺张，以多为贵也，实缘通筹全局。同、镏两处各须解银二万两，粤艇每月口粮一万两，归还营饷、漳饷共二万两，各属经费计一万两。必实有此数，庶于剿办事宜，少可着力。盖自军兴以来，行间将弁无不以粮饷不继，藉口玩延。兹幸蒙抚宪亲临，严颁军令，督饬前驱。然必须军有余粮，士皆宿饱，而后可责其逗遛[3]之罪，以收克复之功。若犹是因循故辙，不思变计，则后饷未发前饷已空，兵士坐待之日多，出战之日少，累日经时，伊于胡底[4]？卑职前因筹饷艰难，亟思办理捐输，稍资补救。无如民鲜好义，俗务贪财。劝之者已舌敝唇焦，应之者总悭心吝手。现蒙抚宪委员会同办理，乐输者总觉寥寥，且亦缓不济急。

窃意目前情事如蚁穴穿堤，在在均须补塞，而同、厦聚集数万人，兵尽悍丁，勇皆游手。每日给发口粮，尚可弥缝安戢。一旦军饷告匮，则戈矛起于肘腋。寇盗近在门庭，祸变之来，不俟终日，真有不敢想于心、不忍出诸口者。卑职身膺委任，目睹艰危，不得不于无可如何之时，作万不获已之请。合亟沥情驰禀大人察核，恩赐飞檄总局司道，迅速筹足饷银八万两委员管解，务于九月初五前后，分起拨解到泉，方敷接济而免延误。

再，卑职日前会商营县委员禀请截留台饷，原以事在燃眉，自应先其所急。如已蒙允准，务望将此项先行赶解，以济要需。若旬日之外，不蒙拨解，则溃散决裂，实有非空言所能挽回者。万祈明察情形，速赐救济，则卑职与下游士民，均戴再生之德于靡已矣。卑职谨禀。

咸丰三年八月　日

[1] 贼匪窜扰仙游，咸丰三年（1853年）八月二十四日，仙游黑、白旗首领陈原、朱玉引导林俊所部义军，由永春小路入仙游，占领县城。
[2] 枫亭，即福建仙游县枫亭镇。在仙游县城东南面，是联系湄州湾北岸和南岸的中枢。
[3] 逗遛，同逗留。
[4] 伊于胡底，语出《诗经·小雅·小旻》，是一种对不好现象的感叹。意为究竟要走到哪里去，结果不堪设想。

敬再禀者：正在肃禀间，接奉宪札，以卑职因饷需不继，叠次禀请，具有微词，并不计及筹拨艰难，并蒙明示司库支绌情形。捧诵之下，实深惶悚。

卑职备员末秩，供职省垣，仰蒙逾格栽培，委权郡篆，一切军事与参末议。非不知帑项之短绌与筹画之焦劳，实缘军兴以来，同、厦两处已糜费饷银二十余万，并不能收尺寸之功。在事员弁惟以接济不时，归咎分局。自恨不能亲援枹鼓、执殳前驱，只以愤郁于心，遂不觉激切于口。然军务一日不能竣，则粮饷一日所必需。倘以无可转输而竟不转输，无可筹画而竟不筹画，则惟有上下束手、坐视决裂而已。蒙宪台明论所及，此卑职所为痛心搔首、深抱隐忧者也。

现在厦门则功在垂成，兴郡则贼方滋甚，情势比往日为更危，需饷较往日为更急。卑职身膺盘错，目睹艰危，虽复竭尽图维，其实毫无补救。惟当此呼吸存亡之际，不能不痛哭流涕以陈。伏望宪台通筹全局，亟赐救济，不特卑职感荷生成，即下游士民，亦共戴再造之恩于无已矣。干冒尊严，尚祈矜鉴。卑职谨再禀。

敬禀者：窃卑职等近奉□镇军来函，叙述连次攻战情形，虽屡有斩获，总未能大挫贼锋。因贼匪居高临下，设守甚固。我兵望上仰攻，不能得力，须另行设法等语。

伏查该贼匪于附城近地，踞险负嵎，公然抗拒。若不亟予剿除，即厦门攻复之后，而同、漳大路依然梗塞，办理仍为棘手，且附近各乡莫不视此举以为向背。必能扫穴犁巢，庶足慑凶顽而靖反侧。今以堂堂总镇，调集兵勇万余人，糜费帑金十数万，历时三月有余，尚不能破一小乡、擒一剧贼，为日愈久则兵气愈馁、贼焰愈张，如火燎原不可扑灭，又不仅师老财匮为可虑已耳。

顷接随营委员□大使来信云："廿六七八等日，连日进剿，贼匪舍命抵拒，兵勇多有避至草深处睡卧。经□镇军发令箭督饬，兵勇以有战无赏，多出怨言。惟□协戎之泉勇上前苦战，同邑兵勇断难得力。镇军等自经费支绌，奉大宪从俭之谕，不肯给赏"等语。

窃思赏罚严明最为行军之要道，故古来有"杀人如草，挥金如土"之论。盖锋镝交加之际，非贪重利，谁甘蹈白刃而不辞？前闻□镇军每次出战回营之后，逃回之兵勇与接仗者一律给赏，兵士因之解体。今若惩其弊而反之，是又因噎而废食也。伏查现奉上谕，颁发□给谏陈奏《守城方略》十二条，内有重赏一条。此湖南近事可为明证，即因经费支绌，只可节意外虚縻之项，岂可革临机鼓舞之需？窃计同邑兵勇万有余人，似可严加简阅，将老弱不堪者酌量裁汰，即将所裁之口粮，简精锐者厚给之，而责其效力，庶期收一战之功。今惟聚集多人，喧嚣杂乱，功过无别，勇怯不分，其不沦胥以败[1]者几何？

□大使来信又云："现有人情愿自备药铅，不用兵力，五日内尽破莲湖[2]等三社。每社要赏银一千元，破后方行领赏，并预先立结状"等语。窃惟重赏之下必有勇夫，如果有人不领公帑，情愿自出资本出力效劳，自应许以重赏，责其成功。且事成之后始行领赏，于事更无所损，亦何惧而不为？现计同邑兵勇口粮，每口需银千两，设相持旬日，所费又需万金。今若捐三日之口粮而可以收旦夕之速效，较之旷日持久，奚啻事半而功倍？

第恐□令现奉参革，该大使人微言轻，不敢身任其事。卑职等既有所闻，不敢不据实上达。伏祈宪台察度机宜，运筹决策，并传□令、□大使，详询情形。如果实有其人，似可准令试办，庶捐小费而成大功，出重赏而收实效。则负嵎群丑既可克日歼除，而待抚良民亦可就我驱策，似于地方军务两有裨益。卑职等愚昧之见，尚祈察核办理，实为公便。卑职谨禀。

咸丰三年九月初三日
禀同安军营来道宪

[1] 沦胥以败，语出《诗经·小雅·小旻》："如彼泉流，无沦胥以败。"大意是，相率沦丧与败亡。
[2] 莲湖，原福建泉州府同安县从顺里霞露保莲湖，今厦门市同安区祥平街道祥桥村莲湖社。

敬禀者：正肃禀间，接随营委员来信云："厦门贼匪连日散去千余人，贼首派八杆旗，约数百人札吴仓社[1]，亦多有散去者。二十二日午刻，水提宪会同粤省□、□二将统带帮船，驶至古[鼓]浪屿，贼先开炮，红艇回击。贼船避匿虎头山边，不敢驶动。红艇击坏大盗船二只，犁沉七只，轰毙、淹毙贼匪不计其数。各路贼匪均奔逃入城。二十五日辰刻，□提军带兵进剿麻灶乡[2]，将该庄店屋拆平，贼匪逃散不少，杀死数百。我兵已驻札将军祠，红丹艇亦进泊源通口[3]"等语。

即此扫穴犁巢，已足稍伸国法。而将军祠与源通口距厦门[4]十里而近，指日水陆并进，可望一鼓收复。惟同安至漳州大路一带、灌口、角尾等处，尽属匪乡。似须知会漳郡三路会剿，方可歼除丑类。否则厦门克复之后，贼匪逃回各乡，遗孽蔓延，终非善策。

□镇署自抵同后，虽获有胜仗，然仅能凭城应敌，办理总不能得手。且旷日持久，日费千金，此后恐难为继。卑职盼望捷音，日深焦急。今此进兵得利，足为灭贼先声。得信之下，实为欣幸。知关芘廑，合肃附闻。卑职谨禀。

咸丰三年九月　日
禀镏五店大营盐道宪

[1] 札，同"扎"。吴仓社，即梧村，今厦门市思明区梧村街道梧村社区。
[2] 麻灶乡，即文灶，今厦门市思明区梧村街道文灶社区。
[3] 源通口，即厦门岛的筼筜港口。

[4] 厦门，此指厦门城，即中左所城。在今厦门市公安局一带，距将军祠与筼筜港约5公里。

敬禀者：本年十月十二日，奉盐道宪传牌，本月十一日卯刻，厦门在事文武将领员弁，督率兵勇，奋力攻击，杀毙贼匪无数，擒获逆匪三百余名，当将厦门收复。并饬知于十三日，前赴厦门筹办善后事宜，及攻剿匪巢，搜捕余匪名等因。续于十六日，据同安县□令禀，据候选训导黄伦、生员黄永梧等禀报，逆首黄德美[1]逃匿龙辖之乌屿桥，备船欲遁。经伦等纠同族人密往搜获，并获伊胞叔黄光箸（即大箸）、逆伙黄光扬二名，禀请派兵押解。又据禀，同邑从贼各乡，现已纷纷具结投诚，从前被贼据禁之龙溪县□□□、长泰县□□□、江东巡检□□□、灌口巡检□□□，并武员二人，俱已一并救出各等由[2]。嗣又奉传牌，知海澄、石码等处，均已克复。数日之内，叠获凯音，实深雀跃。

伏查该逆匪等，自四月间纠众滋事，蔓延漳、泉两属，胆敢戕害镇道大员，占踞城池，实属罪大恶极。前蒙宪台调拨兵勇前往剿办，并蒙抚宪移节泉州亲临督饬，兹幸将士用命，逆渠授首，所有失守各城，均已一律收复。其附和匪徒，亦皆悔罪归诚，重瞻天日。现奉抚宪饬将该逆犯黄德美等，就近解赴厦门，凌迟处死，传首示众，实足以彰国法而快人心，远近士民莫不欢欣鼓舞。

惟林逆[3]占踞仙游，声势猖獗。该处乌白旗[4]虽不从贼，实欲留贼自卫。泉郡自枫亭失利之后，将寡兵单，无可调遣。南安县□令请雇募本地义勇，由罗溪小路进复仙游。卑职因该令胆识颇优，力请抚宪俯允所请，现已挑雇壮勇二千名，以各该乡武举生监，分队管带。一面密约仙邑绅耆，临期内应，已于十一日由县起身。现尚驻扎洪濑[5]，约束整齐，相机前进。

昨据禀称，乌白旗在仙邑抢掠，被傅围[6]等乡民人，聚集男妇万余人，连日拒敌，击杀数百人。现已逃散，林逆惟据城自守。查该令所约内应,即系傅围等乡。今果能纠众杀贼,其机实有可乘,业经饬催□令作速进剿。惟查该令勇敢有为,实可独当一面。然孤军深入,总觉势单力薄。万望宪台体察情形,迅速调派弁兵,或由兴化,或由永福[7],分路夹攻,以保全胜。

再,自八月至今饷道阻绝,就郡城一处张罗,分供五路之用。两月以来,万方罗掘,已不下七八万金,藉以敷衍支拄。本月初,夷船汇到饷银一万两,当即解赴镏江。嗣蒙盐道派艇船赴兴化,提回省饷三万两,厦门留存二万一千,解回泉州九千两,当经分解同安六千、永春二千,郡中仅留用一千两。现在捐输一事已成强弩之末,分局存项,悉索无余,而厦门因抚恤犒赏,并搜捕余匪,前饷已空,连日复严催提解。此外进剿防堵所需,均属刻不可缓。计分局仅有已捐未缴万余金,已属有名无实,即能如数催齐,亦不过支持数日。

窃念南路大局稍定,北路剿务方殷,万一再因缺饷致滋事端,实属有碍全局。惟有仰恳台宪,俯念机宜,恩赐筹拨饷银二三万两,仍交署福防□丞,迅速由夷船汇寄来泉,以济急需而免贻误。衔戴鸿慈,实无纪极。至厦门收复之后,伪公司[8]等尚在漏网,恐其奔投林逆,或潜匿各乡。现已分饬各属,遍谕绅耆,悬赏购线[9],严密搜捕,务期悉数就擒,以副宪台除恶务尽之至意。卑职谨禀。

咸丰三年十月十二日

[1] 黄德美(?—1853),又作黄得美,福建同安人,清末闽南小刀会首领。清咸丰三年(1853年),在海澄领导闽南小刀会起义,并在厦门建立政权,自称"汉大明统兵大元帅"。同年十月,清军攻陷厦门,被俘牺牲。
[2] 等由,旧时公文用语。各种事由之义。凡叙述平行官署的来文到末了,常用此二字来终结。
[3] 林逆,指林俊(1829—1857),字士孝,号万青,福建永春人。清咸丰三

年（1853年）五月，林俊在福建永春举行反清起义，联合红钱会、乌钱会和莆仙地区的乌白旗等组织，攻克了德化、永安、大田、沙县、龙溪、仙游、安溪等县，并在仙游屡次击败清军的反攻。次年，又在南安大败清军。清咸丰五年（1855年），林俊被太平天国领袖洪秀全封为烈王，称三千岁。清咸丰七年（1857年），林俊率军北上，拟与太平军会师。同年七月，路经顺昌县仁寿桥时遭遇团练袭击，负伤牺牲。

[4] 乌白旗，为清代莆田、仙游地区械斗派系的民间组织。当时，乡间经常发生村民械斗，对垒双方分别以"乌旗"、"白旗"自号。其各属组织成员多以乡村或宗姓、宗族关系为纽带。林俊起义时，调解乌、白旗之间的矛盾，联合一致反清。

[5] 洪濑，今福建南安市洪濑镇。

[6] 傅围，即今仙游县赖店镇罗峰、龙兴等村，位于福建省仙游县城南郊，史曾称为傅围乡。乡民以傅姓为主。

[7] 兴化，即今莆田市，旧称兴化；永福，即仙游县永福里，今莆田市仙游县凤山乡前县村。

[8] 伪公司，是清朝官员、封建文人对厦门小刀会的称谓。厦门小刀会最早使用"公司"一词。"公司"一词在闽南小刀会中，有着它以前在其他会党中所不曾具有的多义功能，不仅可作组织的称谓，也可作个人的头衔。在后一种情况下，"公司"的地位也是因人而异，各不相同。

[9] 购线，征求破案的眼线。

敬禀者： 二十七日，接奉钧函，祗聆一切。

自漳厦军兴以来，宪台躬膺艰巨，露处海滨。时经半载，筹办军务，已极烦劳，而于一切支用军需，更不肯丝毫假借，凡在属吏，无不共仰荩衷。而抚宪因经费支绌，各处剿办事宜未能得心应手，责备贤者亦是不得已之苦心。然彼此体国公忠心，事如青天白日，莫不昭昭共睹，正不必以公牍虚词稍存介蒂耳。

抚宪前因厦门、海澄既经收复，拟将□令、□县丞分委同安、海澄二处。经卑职面禀宪台，内幕无人，所有文案支销，未便乏员办理。故将海澄一缺，饬漳州就近酌委。

嗣卑职因感受湿热，右腿肿痛，不便行走，自二十三日请假医治，至今未愈。二十七日奉到禀函，因不能晋见，当即将来信并呈宪览，当蒙传谕。以同安□令糜烂之后，非廉干之员不能整顿，郡中实属无员可委。□令实心任事，不避嫌怨，既为宪台所深知，谅必不负委任。行营现有□县丞经理一切，可饬□令赶紧赴任，以专责成等谕。尚祈宪台察核办理，是所至祷。

林逆占踞仙游，所有探报早晚不同，或云"来扰惠邑"，或云"往攻永春"。总缘我军不能迅速前进，致该逆匪得从容布置，谣言亦因此愈多。□协戎本拟二十六起身，兹因兵勇未齐，又改期初一、二。□令进至罗溪[1]为土匪所阻，退驻洪濑。现在南邑匪徒纷纷窜动，讹言四起，不得不先顾根本。我军节节耽延，贼匪步步猖獗，睹此情形殊为可虑。惟望□协戎以矫虎臣，殪[2]此虫虫豸寇，一战成功，斯为幸耳。

前次附解苏士荣汇票番银四千元，知已发交□勋伯处支用，未识向该行户支领作何折算？计核实纹银若干两？务祈查示，以便向该捐户销算。日前叠奉函札催提饷银，局中实无可拨解，殊深焦急。幸省局拨银一万两，仍由夷船汇寄。本日已至臭涂[3]，现已派员驰赴提解，俟到郡后即当转解接济。知关荩厪，先此肃禀。恭请勋安，伏祈垂鉴。卑职谨禀。

咸丰三年十月二十八日
禀厦门大营盐道宪

[1] 罗溪，即今福建南安市罗东镇罗溪村，在洪濑镇之西北。
[2] 殪，杀死。
[3] 臭涂，今惠安县秀涂古港，是古代泉州海外交通的重要港口之一。

敬禀者：窃卑职前因泉郡饷银匮乏，禀请筹拨接济，未奉钧示。嗣蒙抚宪批饬省库存款万分支绌，台饷尚难补还，岂可复请筹拨。查粤饷六万六千两，续又到漳，现已札饬口盐道委员守提。漳州留用二万两，厦门留用一万两，共三万六千两，解赴泉州备用等因。满望此项不日到泉，分供各路支应。兹闻盐道以前项粤饷，业经漳郡用罄，分毫无可提解等因，具禀抚宪。卑职闻信之下，不觉手足失措。

伏念自八月间枫亭失守，驿路梗塞，前后蒙拨银二万两，由夷船汇寄来泉，其余均系就地捐输及办理退商，并提用生息等项。三月以来，总计已不下十万余金。此时所有各项罗掘已尽，而捐输一事，又成强弩之末，纵使势迫刑驱，亦复缓不济急。查兴郡现在大兵云集，又蒙拨解饷银二万两，至今尚未进兵会剿。口协镇于十六日进兵，于十八日直抵仙游，当将县城收复。惟林逆闻风先遁，连日分兵进捕并剿办附贼土匪，亟需饷银接济。又因南邑绅士口丞，探知林逆窜匿南邑之云峰山[1]，现已派拨兵勇，备带赏银前往购拿。兼之余匪四窜，各属防堵之需在在亟如星火，仅向各处告贷，逐日支持，无米为炊，实属筋疲力尽。现当大功将成之际，若因饷银不继，任其溃散决裂，在卑职一身无足重轻，而宪台焦劳半载，功隳垂成，实于大局所关匪细。

卑职非不知省库支绌情形，但此地已无可搜罗，粤饷又无指望，不得不仰求宪恩于无可筹画之中，曲施援救。用是冒昧禀请大人俯念事关全局，恩赐飞饬总局司道，迅速筹拨饷银二三万两，即日赶解来泉，以救燃眉而免贻误。不持卑职感戴生成，而下游士民亦蒙再造之恩于靡已矣。惟枫亭大路尚未疏通，务祈饬交口丞，仍由夷船汇寄，庶期迅速。不胜急切待命之至。卑职谨禀。

咸丰三年十一月　日

[1] 云峰山，位于福建永春、南安交界处。北临今永春县东平镇，南接南安市诗山镇、码头镇。

初八日接奉来函，得悉一切情形，实深懊闷。

自日前台旌旋县之后，又费千金。延今旬日，始自洪濑进驻彭口[1]，尚未越南安尺寸之地。窃观阁下安坐本境，拥众徘徊，似欲俟□协戎进兵得手，再行乘机前进。因人之力以为己功，在阁下处心积虑，诚谓计出万全。然亦思举事之初，如何立议，如何自任，言犹在耳而忘之耶？不谓扬厉铺张，浪掷五六千金，仅仅作此举动；谓非畏葸退缩，冒领经费，其谁信之？弟承乏[2]半年，自信尚无过举，乃以阁下之夸张诞妄，谬许为果敢有为。此时上蒙宪诘，下受众讥，实属抱愧无地。

兹承嘱拨给饷银，无论抚宪不肯再发，即使弟强颜护短，终始成全，而现在局中铢两无存，已属无可筹拨。况□协现驻惠安，拟将就近土匪先行剿办，使道路肃清，以便长驱直进。是何时可至仙游，尚难期以时日，此间经费万分支绌，又何能另筹数万金为阁下坐待会剿之资耶？且近日南邑匪徒纷纷蠢动，屡奉抚宪批饬，先顾根本。尚祈阁下度德量力，自为善后之谋，勿为君子所惜，而为小人所笑，则弟亦与有荣施矣。弟身在局中，不得不直言以告，务望熟思而审处之，万勿再以虚词宕延。幸甚！幸甚！

咸丰三年十一月初八日
致南安令

[1] 彭口，在今福建南安市九都镇。
[2] 承乏，在任官吏常用的谦词，谓职位一时无适当人选，暂由己充数。

敬禀者： 窃自林逆占踞仙游，乌白旗从而附和，官兵两次失利之后，贼势颇为猖獗。尔时厦门尚未收复，泉郡兵力单薄，无可调拨。适署南安县□令进郡面禀，请选雇本邑壮勇一千六百名，即以各乡武举八人自行分带，由小路直攻仙游，并约仙邑各乡临时内应，来往以半月为期。请领经费三千两，不须一将一兵，由该县自行督率等语。

卑职因贼氛未净，恨不灭此朝食，又因该县平日公事尚属干练，即据所禀办理情形具有条理，谅必实有把握。随即力禀抚宪，俯允所请，并由分局给发饷银三千两，谆嘱该令妥为办理。讵料该令并未布置妥洽，贸然前行，以致在洪濑耽延多日。迨取道晋辖之大罗溪[1]，因该乡民人不肯假道，随折回南辖之小罗溪[2]前进。复为土匪所阻，仍行退驻洪濑。展转两旬，先后复给领饷银一千五百两。

嗣因本境土匪纷纷扰动，蒙抚宪批饬："先顾根本。"卑职以该令始则率忽粗疏，继则畏葸退缩，叠经函饬其确察机宜，自定行止。该令随复来郡面禀，现在各乡约束已定，从永春乌洋径进仙游，可无阻滞，惟需饷银接济。复经禀蒙抚宪，准给银一千两。该令自领回之后，又及一月，仅从罗溪进驻彭口，并未越南安尺寸之地。兹据该令以现奉督宪札饬，赶赴罗溪，严密布置，俟□协镇订期会剿。复奉抚宪札饬回顾本境，不可粗率，并以口粮久缺，乡勇溃散，具禀请示前来。

伏查该令慷慨请缨，毅然自任，满望其长驱直进，收复仙游，故不惜此重费。若仅就本境防堵，又何必如此张皇？兹自举事至今，历时经月，糜饷五千五百两，而徘徊歧路，进退趑趄[3]，辄归咎于口粮不继，藉掩其玩忽之非，冒昧贪功，实为有辜委任。

惟是该令心存悒怯，即使勉强策令前进，亦断难望其成功。若令其驻守罗溪，俟期会剿，则乡勇多人，当此经费匮乏之时，安能另筹数千金供其坐食？卑职既经误举于先，断不敢回护于后，惟有禀请抚宪札饬该令，将原带乡勇撤遣归农。一面饬该令亲赴罗溪、彭口一带，劝谕绅耆联络各乡，设法堵御，以靖内患而御外侮，庶可稍赎前愆。俟军务告竣时，听候宪台分别查办。理合将该令带勇会剿始末情形，据实具禀大人察核训示。不胜惶悚之至。卑职谨禀。

咸丰三年十一月初十日

[1] 大罗溪，今福建泉州市洛江区罗溪镇。位于泉州市北端，东与仙游县相连，西和南安市毗邻，南与马甲镇交界，北和永春县接壤。
[2] 小罗溪，今福建南安市罗东镇罗溪村。
[3] 趑趄，亦作"赵赳"。且前且却，犹豫不进。

舌击编卷二

敬禀者：日前唐令回郡，交到钧函，祗聆一切。

日昨晋谒抚宪，将唐令所述厦门乡勇支领口粮情形，详悉转禀。宪意以现在经费万分支绌，厦门既经收复，所有乡勇自应分别裁撤。即酌留防堵，亦应将口粮量为减省，断不能仍照接仗之例，加倍支给。至大员子弟[1]，每月请领薪水，并轿价等项，不特有伤大体，且恐难于报销。第径由此间函致，未免太露形迹，谕即转禀宪台，便中婉为风示[2]，使其自行裁节，庶彼此毫无介蒂。尚祈酌量办理，是所至祷。

闻林逆为土匪阻留，困守仙游，势颇穷蹙。仙邑西乡民人团练甚固。□协戎因尚须察看情形，进兵尚无的日。顷据惠安来信，□部郎与□武进士招抚枫亭一带乌白旗匪，现已解散其半。此事如果成功，则林逆势孤援绝，无难一鼓荡平。然匪徒知法不知恩，诚有如明谕所云者，恐非大振军威，终不能一劳永逸。惟此时官兵为所牵制，果能暂时就我范围，自当先其所急，俟林逆歼灭之后，再行料理若辈，亦一时权宜之计也。未识宪台以为是否？

□令进兵经月，糜饷银五千余两，进退趑趄并未出南安寸步，反致境内土匪纷纷扰动。现已禀蒙抚宪饬令回顾本境。卑职因该令慷慨请行，自当确有把握，是以于抚宪前力主其事。讵料夸张孟浪，有始无终，竟为众人所窃笑。知人不明，实深惭忿。

郡中经费悉索无余，叠经禀请筹拨，至今未奉批示。粤饷闻尚存三万余金，顷据□守禀请留用，大干宪怒，并以□守种种办理不善，官幕绅民交相为恶，已将□守撤任，委□道宪兼理。此时北路剿务方殷,惟望粤饷一项少救眉急,否则竟束手无策矣。奈何!奈何!卑职谨禀。

咸丰三年十一月十三日
禀厦门大营盐道宪

[1] 大员子弟,泛指清廷高官的子弟。清代之大员是指王公世爵、四品以上宗室和现任三品以上满汉文武官员。
[2] 风示,暗示,用言语示意。

敬禀者: 前日接准永春□牧函称,林逆窜匿永春、安溪、漳平交界之覆鼎乡[1]。现拟派兵追捕,嘱即分饬合力堵剿。并据安邑具禀,探查林逆在覆鼎乡之帽顶山筑寨屯粮,因永春大兵追蹑,不敢复往。传言欲攻扑安溪,禀请添拨精兵,并委员支应粮饷等情[2]。卑职因郡中无兵可拨,飞饬该令会同练总,多雇壮勇,严密堵御,并札饬漳平县严守要隘,以防窜逸。

昨复传闻,有厦门童生郑班,邀结晋属之大罗溪、山顶坪等乡匪徒附逆,欲先行抢毁仙邑之张姓、朱姓等乡,再夺仙游,并声言于除日攻扑泉郡等语。时值岁暮,讹言四播,民心复觉皇皇。幸提宪于十八日旋郡,外间稍为镇定。卑职现经会督营县委员绅士,照旧严防,不敢稍有疏懈。惟是林逆一日不除,地方一日不靖。该逆现已据险设守,以逸待劳。若俟养成气势,剿办更为费力。尚祈宪台俯察机宜,选拨勇将劲兵前往围剿,勒定限期,信赏必罚,务期扫穴犁渠,毋使滋蔓。地方幸甚!生民幸甚!

至安溪所需饷银,拟俟省饷到后,酌拨解往。惟该处迫近贼氛,所有兵勇一时未便撤防。此项饷银又须陆续接济,计省库情形万分支绌,此间罗拙半载,亦复水尽山穷。从前仰赖仁威,得以集事,今自宪节凯旋之后,呼应已觉不灵。此时大局虽定,而逆首尚在逋逃,土匪复怀反侧。恐开春以后,各属防堵经费未能尽行裁省，万一别有警急，无米之炊从何措手？查永春饷银，近日均由分局筹拨，年内俟省饷到后，再拨一千两解往接济。窃恐将来悉索之余，势难兼顾。明春该州所需兵饷，可否请由总局筹拨，由兴化转解？卑职非敢故分畛域，实恐支应不及，贻悮事机，不得不预为禀达。倘分局进项稍可通融，自当照旧酌拨。尚祈察核办理，实为公便。

同安□令前赴锦宅乡清查叛产，现已回县。据禀，劝谕黄永梧等捐输得一万四千元之数，而现缴仅有八千，余俱限于明夏早谷收成后具缴。至同邑所欠乡勇口粮，年内必须清还，以免滋事等情。现拟于省饷内拨银三千两，解交该令，并黄姓现缴之项，约可得钱一万八千余串，以之清理口粮、恤赏两项，所欠已属无多。其另欠药铅等项，只可从缓归还。已饬□令于明春催取捐项，并另行设法清理。至厦门三都捐项，已蒙札委□巡检前往守提。惟闻漳州亦望此项应急，能否分润此间，殊难逆料。

卑职赋性迂疏，谬膺艰巨，自抵任至今，于应办公事，无不小心谨慎，不敢偶涉偏私，而寅属之间各有意见，卑职若随声附和，实觉内顾怀惭。若遇事较量，又虑外观不雅，一切情事早在宪台聪鉴之中。现在大局虽定，而所有善后事宜，在在均关紧要，卑职断不敢以五日京兆[3]，稍涉颟顸[4]。而事不从心，人多掣肘，设或少有磋失，不特尽弃前功，抑且大负委任。清夜扪心，如芒在背。惟有仰恳大人垂鉴苦衷，并念地方重要，迅赐遴委实缺干员接署斯缺，以重职守而责专成，卑职亦得早释仔肩，获免咎戾。则感戴生成，不啻恩同再造耳。

莆、仙乌白旗久为巨害，此番荼毒良民极为惨酷，若不乘我兵威暴其罪状，大加惩创，实不足以彰国法而安众心。今闻在事文武一以和解为主，仍是办理械斗故习，将来民心愈愤，匪胆愈张，不久激成事端，必致重烦兵力，办理更为棘手。兹幸宪台驻节办理，自蒙俯察情形，指授方略，必能除暴安良，为地方造无穷之福。卑职岂荛末议，妄效一得之愚，未知有当于采择否？临颖不胜皇悚之至。卑职谨禀。

咸丰三年十二月二十日

[1] 覆鼎乡，即今永春县横口乡福鼎村，是福中村、环峰村、福联村的统称。位于永春、安溪、漳平三县交接处，四面群山环抱，地势十分险要，有一条古大道横贯南北，自古是永安、大田通往安溪、漳州、龙海的必经之地，故历为兵家必争之地。其地势奇特，宛如一口大鼎（闽南人称锅为鼎）覆盖其顶，故又称覆鼎。
[2] 等情，旧时公文、文契用语。常用于叙述下级机关等的来文终了时。
[3] 五日京兆，典出《汉书·张敞传》。比喻任职时间不会长或即将去职，亦指凡事不作长久打算。
[4] 颠顸，糊涂，不明事理。

敬禀者：本月二十二日，卑职接奉宪批代理安溪县□令具禀，林逆窜扰情形，恳请拨兵筹饷等由。奉批，现据该代理县会禀请调兵拨饷，业经咨请陆提督，就近调拨精兵，选派得力将领，管带起程驰往安溪，协同剿办。仰泉州府分局转饬知照，并将应需粮饷筹拨支应，毋误要需，切切等因。并蒙札饬前因，遵查前据该县等具禀，林逆窜踞安、永交界覆鼎乡之帽顶山，筑寨屯粮，窥伺县城等情。并传闻，该逆复勾结晋属之大罗溪等乡匪徒，围攻仙游，并有攻扑郡城之信。卑职以郡中现兵无多，无可调拨，况该县所禀并非确信，亦未便遽事张皇。惟时值岁暮，讹言流传，民心颇为皇惑，不可不严为防范。当经会同在事文武，督饬原委员弁，暨本城绅士人等，格外严密巡防。一面飞饬□守备、□令督率兵勇，驻守要隘，相机堵剿，并由分局移行永春、漳平，合力围捕，以防窜逸。

复查安邑湖头乡[1]练总李维霖、李建勋，团练防守最为出力，且该乡密迩贼巢。现经卑职等发给印帖，谕令多备壮丁，协力守御,并就近设法侦拿林逆。如能擒杀送官,即查照分局前发赏格,给予奖赏。本月十八日提宪自兴化旋郡,卑职等连日晋谒禀商,蒙谕以昨准宪台咨请察看情形,添差协剿等因。缘安邑近日并无信息,自可暂缓调拨。惟该邑迫近贼氛,窥伺骚扰,均所不免,一有警急,即须驰往应援。而郡中兵力甚单,自当预为筹备。

查前在厦门之提标营兵二百五十名现已调回郡城,兴化尚有提标兵四百余名。现在乌白旗将次就抚,可将此项兵丁撤回,即令原带之□游击管领回营,一可镇守郡城,一可免支行粮,稍省经费。设安溪或有警报,即可酌拨前往。拟由提宪咨复宪台察办。至应需粮饷,卑职自当随时筹拨接济,不敢迟误。伏念卑职等身任地方,前此贼情孔亟,幸蒙台旌莅止,诸事面承训诲,藉免陨越[2]。今此节钺凯旋,攀留无术,而地方所有应办事宜,在在均关紧要。卑职等惟有和衷商榷,妥为办理,断不敢草率颟顸以辜职守,而负委任。

再,大盈、朴兜一带,业经该乡绅耆严立规条,禁止抢剥。近日商客往来甚属安静,缘关茋厘,合并附陈。卑职谨禀。

咸丰三年十二月廿三日

[1] 湖头乡,即今福建泉州市安溪县湖头镇。位于安溪县西北部,为安溪的交通枢纽和商贸重地。李姓为当地大姓。
[2] 陨越,比喻败绩,失职。

除夕接奉琅函,聆悉种种。

林逆尚踞帽顶山,闻足于银钱而艰于粮食,附从者亦多有逃散。恨此时并无兵将前往剿办,实属失此机会。

兹有提标□、守戎□□前在厦门征剿,现在回郡,自称"家住龙溪,与帽顶山相近,该处地道极为熟悉,附近亲族亦多情愿前往设法购拿。惟须预备粮银，就近听候消息。如能得手，须立刻支应"等语。其言颇中窾要[1]，日内即带兵六十名潜回本乡办理此事。弟处已酌备饷银，饬委安溪□典史收存管理，并帮同办理，随机支应。虽未知能否得手，惟略尽人事，少胜于坐视而已。

中丞已于嘉平廿四日，由兴旋省。乌白旗一事，虽经两邑绅民力求剿办，而在事文武总以和解为主。□协戎初到仙游时，与□镇军分路出战，因□镇军失利，遂亦按兵议和。闻中丞启程之次日，即有旗匪八百余人至兴郡城外，藉称向乡民索取前次攻城时，寄放药铅器械等物，实欲乘机攻扑郡城。幸被兵勇赶杀，始行逃散。即枫亭一路，亦尚未疏通。似此情形，目前尚不能苟安，又安望久安长治耶？且漳泉所有著名逆首多未就擒，此辈潜匿各乡，造谣煽惑。而所办军务则又缓于剿贼而急于捐输，匪胆因之愈张，民心因之愈散。即使刻下颟顸了事，恐下游地方从此永无起色矣！此如人患疮疡，毒气未除而强令其收口，余毒愈陷愈深，不久必四处溃烂。弟身任艰危，深切杞忧。前虽面禀中丞早赐交卸，未知何日方能脱此重担耳。盐宪约于何时凯旋，尚祈便中示悉。

咸丰四年正月初四日

[1] 窾要，要害或问题的关键。

十一日，两奉初五、初七所发钧函，聆悉一切，并承关垂真切。悔慰殷勤，循诵之余，感深肺腑。

林逆攻扑德化，经官兵击败，窜回帽顶。闻黄有[1]复自永安窜来合伙，亟当乘此挫败之后，迅速扑灭，以免养成气势。安溪本有□守备带兵一百六十名在湖头堵御，近日叠请添兵。兹拟将随同盐宪晋省之义兵二百余名派往协剿，但鸟道崎岖，兵行不易，且恐贼匪据险坚守，一时未能制胜，攻拔需时，粮饷不继，为可虑耳。

杨商捐项，弟虽非经手，然职司分局、泉郡此时专恃此项，岂敢坐视。月初杨商由厦回郡，经□参戎当面议定，先拨钱五千串解赴仙游，其余分限解交分局。该商立有亲押限状，弟即经具禀抚宪，并经□参戎派弁随同该商回家拨解，一面函致□协戎拨兵迎护。讵料该商将钱项备齐，正欲起解，乌白旗闻风前来截抢，复行中止。此系□参戎委弁目击情形，凿凿可据。弟鞭长莫及，办理实为掣肘。惟□协戎顿兵仙游已经二月，积欠口粮，为数不少，屡称剿办而屡易师期，不知何故？弟前因粮饷支绌，叠次函请其移营沙溪，就近移用杨商捐项，并可疏通泉郡饷道，刻下尚未奉答复。

至此间催缴欠课，实属万分为难，催并经旬，心力交瘁，而所得不敷一二日、一二处之用。剿者不剿，办者不办，而饷银则日短一日，如此情形，不知何以善后？

弟前次与营县因公事意见不同，致相龃龉[2]，并无私意。至郡中绅士，不过平日少为款洽，别无开罪之处。惟办理捐输催课二事，操之过严，伊等瓜葛相连，未免招尤取怪。然稍一松宽，则诸事瓦解。暑雨祈寒，实无两全之策。自问于心无愧，虽有谗言，听之而已，阁下谓有防口之善法否？

弟之急求交卸，实系万不得已，并非为一己之私。缘弟以一介闲曹，骤膺繁剧，又蒙宪恩保奏，幸晋一阶。虽在下愚，亦当感恩图报，况现在地方虽未大定，较之去年已有安危之别，更无庸畏难退避。实缘腿疾复发，急不能痊，兼以素有痰疾，在省时无岁不发，阁下向所深悉。近因过用寒凉，牵动痰疾，经月以来，足不能履地，手不能握管，困卧筲斋，实觉五中[3]焦灼。琴舫刺史[4]现已晋省，务望阁下妙施鼎力，从中斡旋，俾弟得早脱泥涂，完全肢体。感受鸿施，实深没齿！

咸丰四年正月十二日
复福州府

[1] 黄有，即黄友（？—1854），史称黄有使，福建漳平人，是天地会支派的红钱会会首。咸丰三年（1853年）四月十五日，黄友在永安率众起义。义军攻占县城，开仓济贫，开监放人，纪律严明，深得民心。咸丰四年（1854年）十一月，黄友在永春大乡山被捕就义。

[2] 龃龉，牙齿上下对不上。比喻互相抵触，格格不入。

[3] 五中，即五脏。这里指内心。

[4] 琴航刺史，即王肇谦，字琴航，直隶深泽（今河北省深泽县）人。道光十四年（1834年）举人，授福建海澄知县。咸丰二年（1852年）任上杭知县，抵御林俊进犯。擢永春州知州，破林俊于城南山，擒首领邱师、辜八等，擢漳州知府，又升延建邵道。时太平军入境，誓以死守，以劳卒，诏赠光禄寺卿。刺史，知州的别称。

敬禀者： 正月十九日，接奉总局司道札，转奉抚宪批永春州禀请添兵拨饷等由。查该州现有□参将一军，并昨令□副将派拨弁兵饬擒逆首，尚敷防剿。惟饷用实在支绌，恐泉属以非其属邑，藉词推诿。若由兴郡拨解，又恐险阻耽延。饬即将永春军饷，由分局随时接济。一面由省速等银两解泉，转运永春。大兵云集，需用孔殷，万勿拘泥隔属之见，缺乏贻误，致干重咎等因。

伏思卑职以一介庸愚，谬承委任，目睹逆贼负嵎[1]，恨不能灭此朝食。且职司分局转输粮饷，分不容辞，况前奉抚宪批饬。泉郡饷糈空乏，有杨姓商人捐输退办一项，可催应用，更何敢故分畛域，贻误机宜？惟杨姓退商一事，系绅士林□□与陆中营□参将经手。迨卑职奉到抚宪批，发光、邵帮商人杨瑞元呈词内，系捐输银四万二千两，分四期完缴，并未声明月日。当询□参将，据称以一月为一期，并称"该商家仅有铜钱，若向郡城兑换银番，则脚费钱价耗折甚多。永春山路险远，更难运往，惟拨解仙游最为近便"等语。嗣因仙邑需饷，由卑职处委员协同中营差弁暨林□□家丁，前往该商家拨解钱五千串。

至正月初，复饬令拨解钱五千串，该商人家即不肯应付，只得由局筹解银一千两。正在委员催提间，该商家属于十八日来郡，向□参将声称："乌白旗凶横如故，因该商人供给兵饷，欲相仇杀，不敢再行应付。且伊店业均在各匪乡内，所有铜钱亦不能挑运出乡。伊等往厦门与林□□商定，方肯措缴"等语。卑职以该商人既经呈请捐输，现在仙游军需专指此项支应，岂容藉端宕延。正拟提案押追，而该商等已起身赴厦。惟仙邑缺饷计已经旬，即该商等由厦回仙，设法措缴，已属缓不济急，而分局悉索之余，无可挪拨。现已飞致□副将会同该县委员先行设法挪垫，一面筹款赶解，以免决裂。

再前据□参将禀请，就该商捐款内，划扣营饷二万两。蒙抚宪批饬分局核议，经卑职面议划扣一万两。查此项，亦仅收到番银四千元、钱一千串，计一期已逾，而所缴尚不及六千两。今复节外生枝，正不知何时方能缴清。

再查永春饷银，除从前提解外，于腊杪[2]接准□署牧函，嘱备银四千两，分两次领解。卑职以局库并无余盈，不能如数措备，随于省饷到后，拨解银一千两。复于正月初五、十五，先后解银二千两，并约十日内再解银一千两，余俟二月内再行陆续酌解。窃计此时泉属经费虽为减省，而分局进项则惟恃催缴王、陈二商欠课。该商等以伊等旧欠实已无多，前奉盐道札开数目并非实数为词，借口支吾。卑职谕以数有舛错，应自向经承清算，分局惟知遵札催缴。无如该商等于疲乏之后，只能按限分交，故往往舌敝唇焦，宽严互用。积至经旬半月，始能凑集一二千金。

卑职原拟杨商捐项专给仙游，所追商课即可陆续解赴永、德，兼济本属兵糈。不料杨商一项忽成画饼，即将来议定照旧捐输，亦不能济目前之用，而分局所收商课则杯水车薪，不敷支应。至厦门三都捐项，已委□委员前往守提。昨盐道凯旋回郡，谕悉该处捐输及厦门支绌情形，恐此项更难指望。

现计仙、永兵勇云集，剿办方殷，万一因饷银缺乏致生他变，不特尽弃前功,且恐贻留后患。仰屋筹思,实深焦急。用敢覼叙实情,驰禀大人察核,俯赐檄饬总局司道,迅速筹拨饷银,即日委员兼程赶解来泉,以便分济而免贻误。不胜盼祷之至。

至杨商捐项,卑职仍当会同□参将商办,能否定局,另行禀闻。惟仙邑乌白旗未经惩创,匪徒不畏威并不感德,而良民反因之解体。似宜稍加剿办,再用招抚,庶威立而后知恩,令行而后守法。若一以和解为主,恐总非长治久安之计耳!刍荛之言,尚冀采纳。地方幸甚!卑职谨禀。

咸丰四年正月二十日

[1] 嵎,通"隅"。
[2] 腊杪,即十二月末。腊,即腊月,指农历十二月。杪,年月的末尾。

敬禀者:窃卑职于上年四月间,蒙饬派随同盐道行营办事,嗣蒙委署泉州府篆,兼办防剿分局。受事之时,正值泉、漳军务紧急,郡城迫近贼氛,战守之备一无可恃,加以讹言四起,民心皇皇。卑职禀蒙盐道,会督营县绅士,团练防堵。筹备军饷以及一切大小公事,无不实力实心,任劳任怨,不敢稍涉张皇,亦不敢稍存欺蔽。复蒙抚宪亲临督办,卑职得以躬承训诲,面禀机宜。自抵任自今,幸无贻误。

惟卑职于去年十月间,因感受湿热,右腿肿痛,不能步履。经请假半月,医治稍愈。因当时厦门甫经收复,逆俊复窜踞仙游,目击宪虑焦劳,勉强销假供职。讵料湿热未净,近日因春气发动,以致右腿复有肿痛,步履维艰。据医者云,"湿气流注下部,药力不能骤达,一时难望痊愈"等语。伏思卑职谬膺繁剧,建树毫无,渥蒙宪恩,甄录微劳,列名荐剡,正当竭尽涓埃,岂敢故为退避。

惟念下游军务大局初定,而逆首林俊、黄位[1]等尚在逋逃,各属土匪尚怀反侧。此后筹办剿抚及一切善后各事宜，在在均关紧要，断非跛躃[2]病躯可以安然卧理。万一稍有陨越，不特大辜委任，抑且贻误地方。为此不揣冒昧，据实沥情，禀请大人察核，恩赐即日委员接署，俾卑职得以交卸回省，赶紧医治痊愈，听候驱策，勉图报效。感戴鸿施，实同再造。临禀不胜激切屏营之至。卑职谨禀。

咸丰四年正月二十一日

[1] 黄位（？—1877），又名黄威，福建同安县人。初以贩牛皮为业，咸丰初年秘密组织小刀会，于咸丰三年（1853年）四月率众起义，攻破海澄、漳州、厦门等地。推拥他的养父黄德美为首领，并在厦门建立政权，他自称"汉大明统兵元帅"。同年七月，小刀会攻金门受挫，转入防御，清军大力反攻。十一月，他率众从厦门突围，转移海上继续坚持斗争。他的归宿不详，一说往安南（今越南）谋生，直至1877年病故。

[2] 跛躃，亦作"跛躄"，意为两足不能行。

敬禀者：林逆窜踞帽顶寨[1]，险阻天成，骤难攻取。□守备驻札湖头，尚无入手之处。顷接□署牧来信，知□协戎已派□游戎带兵赴永，兴化□镇军又派□游戎带兵到永，永安□、□二都阃[2]，亦带兵至大田，克日即可合兵进剿。惟饷缺乏，支应为难，殊深焦急耳。

崇、獭艇匪[3]近日驶赴湄州，卑职已叠次咨呈□提军，暨移海坛镇，请发兵剿捕。迄今两旬，未闻一船到彼，水陆营务如一邱[4]之貉，安怪贼匪之猖獗无忌耶！

卑职素性愚直，于大小公事无不实心经理，不能随众浮沉，并因经费支绌，于支发等项，诸从节省，并与营县意见不合，积相龃龉，以致怨集一身，谤兴众口。中丞在泉时，已蒙洞鉴。现在地方虽称平定，而逆首在逃，土匪未附，一切筹防善后事宜，正须妥为办理。卑职谬承委任，在职一日则当尽一日之心，断不敢少存退避。然孤立无助，万一意见参差，致有贻误，在卑职一身获咎何足重轻，而上烦宪忧，下贻民患，所关实非浅鲜。兼因去冬右腿旧疾因春感发，步履艰难，医治兼旬未见痊可。前经具禀大宪请委员接署，以便回省就医，尚未奉到批示。

昨知新任延守业经到省，正喜脱身有期。顷复闻延守有护理厦门道之信，则不知何时方能脱此重任？卑职此时公私交困，日坐针毡。因前禀未奉宪批，不敢再行烦渎[5]，自念久依仁宇，素沐栽培，用敢缕述下怀，沥情禀恳。务望宪台垂念苦情，恩赐于大宪前婉为转达，或迅饬延守赴任，或另委贤员接署，俾卑职得早脱樊笼，获免咎戾。感戴鸿施，实同再造。

再卑职于盐务情形尚为熟悉，回省后情愿在宪辕当差，藉图报效。临禀不胜祈祷之至。卑职谨禀。

咸丰四年正月二十七日
禀盐道宪

[1] 帽顶寨，在福建永春县横口乡姜埕村远厝洋，是座海拔800多米的高山。历为绿林盘踞。清顺治年间，即有林日胜占山为王。
[2] 都阃，指统兵在外的将帅。
[3] 崇、獭，指崇武与獭窟。崇武，即崇武半岛，在福建惠安县东南海滨，泉州港北岸。今为惠安县崇武镇。獭窟，即獭窟岛，在崇武半岛西面。今为惠安县张坂镇浮山村。艇匪，指海上武装。
[4] 邱，即"丘"。清代为避孔子名丘之讳，改"丘"为"邱"。
[5] 烦渎，冒昧干扰。

敬禀者：窃查逆匪林俊，自去冬窜踞安、永交界之帽顶寨，筑寨屯粮，据险自守，并分遣贼伙攻扑德化县城。虽经官兵杀败，而贼首未擒，难免养成气势，四出滋扰。亟应乘此困守之时,迅速扑灭,以绝根株。前经卑职移行永春、漳平等处,合力堵剿,一面飞饬安溪□署,令会督营弁暨练总武举李维霖等,严密防御。

嗣有陆提标、前营守备□□□,由厦护解军需来郡,自称祖居龙溪县辖之梁村乡[1],距帽顶山仅三十里,向于该处地道、人情极为熟悉,情愿潜赴本乡,设法购拿。查帽顶山羊肠一线,真有一夫当关之险。山顶宽平,周围约有二里,可容万余人驻札。现在探闻逆俊匪伙,虽止二千余人,若用大兵围剿,未免旷日持久,兼恐损伤士卒。该守备勇敢慎密,所论事势颇合机宜。今此不动声色,购觅眼线,约为内应,该逆匪猝不及防,庶可出奇制胜。当经卑职会同中营□参将,禀蒙提宪派饬前往,并由分局拨银五百两,饬委安溪□典史管带,会同办理,随时支应,定于正月初九日起身前往。

查前蒙抚宪饬派守备□□□,管带兴化营兵丁三百名,前赴安溪防剿。兹查团练李维霖、李建勋所练义勇极为得力,前经□署令按乡查办,拿获逆匪邱师等正法。各乡道路均已疏通,现在分拨练勇扼要堵御,可保无虞。业经卑职会同□参将,禀明提宪,将前调兵丁三百名撤回郡城,仍饬□守备带回兴化本营归伍,以省虚縻,均经先后详报在案。

兹于正月初六日,据□署令禀称,探查逆俊抢掠各乡粮食,不下万余石,尽运帽顶山寨,用稻草编席为囤,并用稻草覆盖。当与练总李维霖密商,潜购贼伙,伺便纵火。随于十二月三十日夜放火焚烧,将所积米谷草蓬尽行烧毁。近日贼心皇惧,散去者多。恐贼势穷蹙,必由桃州、大深、蕉坑一路,窜入漳平地面等情。伏查帽顶山险峻难攻,历朝为贼匪巢穴。今逆俊窜踞此山,必有米粮方能坚守。兹经该练总李维霖设计焚烧,实足制其死命。当此贼情仓皇失措,亟宜因势利便歼此么麼。且恐该逆匪不能久驻,势必豕突狼奔,扰害他邑。理合将办理逆匪情形,禀候大人察核,迅赐飞檄永春、漳州、龙岩、延平等处,各于要隘处所,分头截击,务期净扫贼氛。地方幸甚！卑职谨禀。

咸丰四年二月　日

[1] 龙溪县辖之梁村乡，清代龙溪县管辖范围至今华安县一带，与安溪接壤。故梁村乡当在华安与安溪县交界处。

敬禀者：本月十七日，据惠安□令禀报，探闻十五日□协戎带领兵勇，剿办旗匪，在仙岭地方被贼冲散，军装器械尽行抢失，兵勇受伤多人，□协戎回城固守，势甚危急等情。并据把总□□□专差兵丁回郡禀称，"该把总奉委驰赴沙溪，拨解杨商捐项。十三日在石马典铺拨钱一千串，挑运出乡，被乌白旗匪千余人抢去"等语。复准中营□参将接据守备□□禀同前情，并称，"失去铜礟炮三尊、义勇三名，器械铅药一并遗失，□令暨都司□□□均受重伤，□协戎现已收兵到县，旗匪朱三等现复竖旗"等语。

伏查仙邑乌白旗，久为民害，历年地方官查办，因恐激成事端，无不颟顸了事。上年勾匪林逆占踞城池，焚毁庙署，甚至攻扑府城，毁掘坟墓，奸淫妇女，劫掠乡村，败官兵者三次，戕文武官十余人，其罪实浮于林逆。乃□协戎督师剿办，不能剿一匪乡、枭一贼首。我以招抚自愚，贼即以受抚愚我。顿兵三月，屡易师期，贼匪得以从容勾结。迨官兵一出，即入其阱中，并久经归附。现为乡导之白旗，亦复倒戈相向。此等乱民，非禽狝草薙[1]，剿洗一二乡，断不能伸法纪而定祸乱。然□协戎遭此挫衄，恐一蹶不能复振。现在贼势鸱张，各处匪徒闻风响应。枫亭驿跕[站][2]梗阻如前，兴、泉两郡情形又复危如累卵。务望宪台调拨精兵，简派文武大员，迅速剿办，以保地方。实深盼祷。

查杨商捐项，自正月至今，屡次推宕。经卑署府会同□参将并力严催，甫有成议。不料初次拨解，即被抢失。惟闻该商家向系白旗匪首，察其反复情形，难保非贼匪诡计。此时官兵败散，道路不通，该商捐项已全无指望。至分局经费捐输一项，早已罗掘罄尽，上年抚宪在泉，均蒙鉴悉。刻下仅有林一枝一户，捐钱一万串，已缴钱一千六百串，系分二、三、四三个月缴清，不能藉以济急。此外，惟恃催缴商课。

顷准署福防□丞专函，转奉宪谕，永春需饷孔殷，饬即就泉郡捐输项下，或就地挪措，务得二三千两之数，即日解往，以济急需等因。查王德盛、陈建祥所欠课项，尚有一万三千余两，卑署府勒令该商于二三日内，各先缴二千两，以便解赴永春。正在委员催提间，即于本日接奉盐道宪札，以该商等应完课项。前奉抚宪札饬，当经查明该商等名下，欠完上年正溢奏销课款，同积欠未经届限之带征银数，开折呈送，饬发该府严追。兹据该商等具禀，饬即查照单开，将该商等应完本届造报各项，先行扫数勒追，以凭入册奏销。其尚未届限之咸丰五年带征各款，应另行由省饬追办理等因。卑署府遵札查核商等已缴银数，除未届限各款外，陈建祥名下，尚应缴银一百九十两零；王德盛名下，已长缴银四百余两。当此急需之时，不特捐项忽成画饼，而此后分毫不能再向着追。通盘筹画，实觉手足无措。

伏思永春大兵业已进剿，亟需饷银接济，而安溪迫近贼氛，现在黄友、苏笃等著名匪首，均盘踞安溪地界。该邑饷缺兵单，诚恐乘虚窜扰。现与□参将会商，拟即日添拨兵饷，前往协剿。至仙邑兵勇众多，前此已缺饷半月。此时杨商捐项不能就近接济，新败之后，溃散可虞。且泉郡民情浮动，惠安近接枫亭，土匪复乘机蜂起，防堵之费，在所急需。而分局瓶罍皆空，无米之炊，实惟束手。即惠安、安溪两处经费，尚属无款可筹，更何暇兼顾仙永。卑署府谬承委任，际此山穷水尽之时，虽复竭力图维，实属一筹莫展。理合沥叙实情，驰禀大人察核泉郡危急情形，俯赐迅速分别筹拨接济，以免贻误而固疆圉，实深恩便。卑署府谨禀。

咸丰四年二月十八日

[1] 禽狝草薙，即"草薙禽狝"，语见（唐）韩愈《送郑尚书序》。薙：除草；狝：杀戮。意为如同割除野草，捕杀禽兽一般。比喻肆意屠戮，无所顾惜。
[2] 跕，当为"站"。

敬禀者：近日永、德、安溪三路兵勇，均已迫近贼巢。闻贼匪势颇穷蹙，我兵若有一军鼓勇先登，无难立时破灭。惟虑贼匪力不能支，潜图窜逸，则又须跟踪搜捕，未免多费周章。现已飞饬□守备等密为防范矣。

至乌白旗情事，本与林逆窜扰者不同，当时如将界尾、塘边[1]等乡先行剿办，则各乡可不劳而定。只以剿抚倒施，致逆匪肆无忌惮。此时官兵屡经挫败，抚则群情疑贰，剿则兵力不胜。张弛之间，颇难措手。然如朱三、陈尾等著名匪恶，非痛加剿洗，总不足以儆凶顽而定反侧。□□□侍御已于日前回郡，拟即日邀同□□□部郎，前往仙游办理剿抚。两君品望如景星庆云，或能藉其声威，消彼桀骜，亦地方之大幸耳！惟兵则剿抚方殷，饷则支绌愈甚。杨商捐项节次反复，卑署府既鞭长莫及。□参戎虽屡经催缴，亦苦于呼唤不灵。现在道路不通，更属无从着手。兹拟嘱□□侍御顺道催提，未识该商肯如约措缴否？

此外，捐借为难情形，上年宪驾在泉，悉蒙洞察，故自二月以来，零星搜括，均属无米之炊。迄今水尽山穷，实已一筹莫展。窃念卑署府一介闲曹，渥荷栽培，滥膺繁剧。首尾几及一年，一切公事，幸无陨越。惟是春间因足疾复发，又牵动旧日痰疾，手足拘挛，几成偏废。虽竭力医治，总难全[痊]愈。刻下地方虽稍为平静，而所有善后事宜，办理更为棘手。私心自揣，精神材力实难支持,现在军务未竣,卑署府夙受宪恩,万不敢藉病推诿。第恐仓促之间,万一稍有疏忽,贻害地方,获咎更非浅鲜。用是不揣冒昧,沥叙实情,禀求大人俯垂怜念,始终保全,俾得早释仔肩,获免咎戾。感戴生成,恩同再造。卑署府谨禀。

咸丰四年二月　日

[1] 界尾,即福建仙游县盖尾镇。位于仙游县东南部,木兰溪中游。塘边,即福建仙游县郊尾镇塘边村。位于郊尾镇西南部。

敬禀者: 二月三十日,接奉钧函,聆悉一切。并以兴、永两属离厦较远,现办军务得信较迟,饬将近日剿办情形,随时具禀等因。仰见宪台轸念地方,筹度机宜之至意,曷胜钦佩!

查上年军兴以来,羽檄纷驰,各属所禀,均系就探报情形,仓卒转报,诸多舛错。嗣经卑署府在南北二路,选派书差,专司查报。至去腊业经裁撤。

查仙游乌白旗两造纠结,械斗抢掳,久为巨害。历年地方官拿办,因恐激成大事,无不颠顶了结。上年竟敢勾合逆匪,占踞城池、戕害官吏,正可乘机痛办,永除名目。乃□协戎自抵仙以后,并未剿一匪乡、戮一匪首,一味以招抚和解为主,致匪徒窥破底蕴,视若儿童,玩诸股掌。顿兵三月,縻饷数万,迨成师一出,即入阱中。兵勇见贼,尽弃军装,纷纷逃窜。□令等均各受伤。该匪徒并不加戕害,惟洗剥衣服,赶逐出乡。此等情形,实堪悲愤。现在困守仙游,一筹莫展。然该匪徒尽属土著,聚则为贼,散则为民,虽顾恋室家,不敢公然谋逆,而枫亭一带抢掠横行,道路不通,总非了局。此时欲剿则不可胜诛,欲抚则彼不知畏。缓急之间,殊难措手。昨准□协戎来函,知已具禀大宪。欲先办永春,俟事竣后再回办此处,日来并无动静,未识大宪如何调度?□协戎约须奉到批示，再定行止耳。

林逆窜踞帽顶寨，匪伙盘踞附近各乡。现在永春、德化、安溪三路进兵，叠获胜仗，已迫贼巢。惟该处险峻难攻，歼灭恐需时日，粮饷不继，深为可虑。分局经罗掘之后，鼠雀皆空，分毫无从筹措。业经叠次禀请筹拨接济，尚未奉到批示，而各处要需，均属急如星火。昨闻二都捐输，颇有成数，已委□巡检驰赴提解数千两，以救眉急，未识能如愿否？

惠安、晋江洋面，时有匪船游奕。卑署府叠经咨移水提宪，并金门、海坛各镇，速为剿捕，迄今未闻作何办理。兹承示□游戎于二十二日开洋日来，此间并无信息，恐师船尚未至彼。现已饬惠安□令探查禀复矣。至现在逆首未擒，各属匪徒尚怀反侧，勾结煽动，均所不免，如潘涂、官浔[1]之事，既有传闻，自当即为查办，以免滋蔓。现经札饬□令确查实情，妥为办理，以副宪台保艾抚绥之至意。卑署府谨禀。

咸丰四年三月初二日

[1] 潘涂、官浔，今厦门市同安区西柯镇的潘涂村和官浔村。

昨奉手书，并抄信一纸。欣悉已会同□守府等，从东山进兵。鄙意以剑斗一带从逆者多，故前于复函中略为商榷。

第长坑既系小路，不利师行，自应由大路前进。想抵彼后，阁下必能确察情形，善为防范耳。惟帽顶向称天险，闻林逆已将路口堑塞，黄有、苏度[1]各匪札营山下。我兵虽近迫贼巢，若徒恃兵力攻取，既恐多伤士卒，又恐多费粮粮，似非别用机谋不能制胜。

察林逆前致湖头人信中语气，似有悔心。昨接省报，知永春已饬□□□刺史赴任，□□□侍御已于日昨抵泉。弟意可令湖头人于复信中，告知此事，并以伊之冤仇，已经府县转禀大宪，故将□刺史先行撤任。至童参[2]、苏度等残害良民,既非伊之本意,若能将黄有、童参等有名贼首一并杀却,自当将伊之仇人林备、邱言,亦为究办。此信复后,一面购觅与黄有、童参等熟识土人,即将林逆有悔过投诚、杀害伊等之意,故为漏泄,使彼此自相猜忌,我即可乘机进取。此亦出奇制胜之一道也。

阁下胸有甲兵,还望会商□典史、□练首等,相机筹画,俾得迅扫妖氛,奠安黎庶。不特地方仰赖生成,而弟亦身荷鸿施于靡已矣。

咸丰四年三月初七日
复绅士　司马

[1] 苏度,一作苏卓,安溪乌钱会首。乌钱会是清代以农民为主要会员的民间帮会组织。
[2] 童参,即童森,清代福建德化人。林俊手下的一员战将。

敬禀者: 二月望日,接奉钧函,聆悉一切。当于月杪肃泐寸禀[1],恭伸贺悃,谅登慈鉴。

闽省盐务,败坏已极,上年捐办退商,虽急则治标,未免损伤元气。此时悬额过多,招商承充,谈何容易。若一概归官,又无此巨本,至就场征税、按包抽课诸条,虽不能有利无弊,然使措置合宜,未始非补敝救偏之良法。只以事属改创,头绪纷繁,狃旧习者必称不便,徇近利者必多阻挠。此非统筹全局,洞悉利害,决以定识,行以大力,正未易更易旧章耳。

永、德、安溪三路官兵叠获胜仗,已于初九日攻破帽顶寨,仅存米数十石。拿获贼匪多名,即时正法。惟逆俊先于初八夜,带伙贼二百余人从山后峭壁缒下,身骑划马,初十日窜至永春都溪地方,现尚未知下落。帽顶素称天险,此次兵勇进攻,尚称迅速。惟逆首未擒，又系不了之局。现闻永春已回兵追剿，谅金底游魂，不日自可授首耳。仙邑乌白旗猖獗愈甚，枫亭驿路竟成异域，殊属不成事体。□侍御于日昨回郡，拟即日偕□部即前往招抚。两君品望如景星庆云，或能藉其声威，消彼桀骜，亦地方之大幸也！惟是分局经费鼠雀皆空，无米之炊，实惟束手。

卑署府因腿疾复发，又牵动早年疫疾，手足拘挛，几成偏废，虽经极力医调，总未能全[痊]愈。前经禀请委员接署，未蒙允准，窃计此后情形日难一日。一则自揣精力不支，一则实因赔累难继，公私交迫，日坐针毡。日前信嘱二小犬晋谒崇阶，面陈下悃。昨接家信，知蒙大人逾格关垂，并荷殷拳慰谕，私衷衔结，莫可言宣。惟此时身膺重任，万不敢以苦累私情上干清听，惟念卑署府久依仁宇，素荷栽培。用敢沥叙实情，冒昧禀渎，尚求大人俯加怜察，曲赐矜全，便中于各大宪前，婉为缓颊，俾卑署府得以早释仔肩，保全身命。则感戴生成，实觉恩同再造矣。卑署府谨禀。

咸丰四年三月十三日
禀盐道宪

[1] 月杪，每个月的最后几天，月底。寸禀，书简的谦称。

敬禀者：窃卑署府接奉督宪牌，敬悉钦奉谕旨，购买台米三十万石，由海道运送天津交纳。蒙宪台以台郡兵燹，甫经有无余米可以拨运，尚须察看。且采买米石，雇备船只，需费甚巨，藩库匮缺万分，并无余款可借。不如仿照成案，劝捐米石，以救目前之急。饬即传宣各绅士，妥为劝谕，或将已捐之银改为捐米，或令未捐之户以米易银，务令飞速遵办，尽数运津交收等因。仰见宪台上体主忧，下念民瘼之至意，捧诵之下，钦佩难名。

伏查漳、泉两府民间粒食，全赖台米接济，自去夏台内土匪同时滋事，泉郡米价踊贵。经卑署府劝谕绅士郊商，设法转运，幸无缺乏。嗣因厦门收复后，会匪余孽窜泊晋、惠各海口，累劫米船，商贩裹足。入春以来，郡城米粮渐形短缺，幸水师剿捕，匪船逃窜，船只通行，民心赖以安定。卑署府于奉札后，传集各郊商绅士，细询台地情形。据称台属先因土匪，继因械斗，各属村庄多遭抢毁，民间盖藏，未能充裕。现值青黄不接之时，即使尽发帑金前往采买，三十万石之多，恐于内外民食不无妨碍。

至捐输一节，业与在郡绅士连日商办，佥称郡城富户本属无多，上年劝办军需，均已极力报效，现在再令续捐，实属力难为继。惟城外各乡尚有未捐殷户，可以劝令捐输。惟该殷户等僻处海滨，鲜知大义，若骤尔查传，势必坚行避匿。惟有嘱令熟识亲友前往开导，庶期踊跃输将。第辗转需时，诚恐缓不及急，且泉郡素少积谷之家，始则难于劝捐，继更难于得米。现在□部郎已往厦门与□爵守商酌办理，□侍御在郡中商办劝捐事宜，俟有端绪，再行具禀。

卑署府一介庸愚，谬承委任，当此圣躬宵旰，宪虑焦劳，惟有殚心尽力，自竭驽骀，以期补报于万一，断不敢畏难推诿，自干咎戾。理合将奉札办理情形，先行禀请大人察核，训示祗遵。不胜惶悚之至。卑署府谨禀。

咸丰四年三月　日

敬禀者：窃查林逆踞帽顶寨，负隅自固，几及三月，亟应迅速剿除，以免养成气势，死灰复燃。惟该山羊肠鸟道，险阻天成，徒恃兵力攻取，该逆必拒险死守，不特糜费糇粮，且恐多伤士卒。且我兵此时未及进剿，卑署府计且四面分布网罗，以期弋获。前已议遣陆提标、前营守备□□□、安溪典史□□□前往安溪湖头，协同练总李维霖等，并饬南安训导□□□驰赴大田，各自就近设法团练丁壮，购觅内应，乘机掩捕，均经禀报在案。

嗣据该典史绘具帽顶寨图说，禀送到府。查该寨在万山之中，距安溪、永春、德化均一百三五十里，距大田七十里。险峻崎岖，师行不易。卑署府复谕令晋邑举人陈钟琦，前往安溪密探情形，确查路径。兹据该举人备具说帖，呈缴前来，与□典史绘图，彼此参核，颇觉委屈详尽。计该寨在永春属三都地方，离覆鼎乡二十里。寨在山顶，四面峭壁，无路跻扳，唯东南有路为寨门。入门三折，始到寨内。山顶平坦，纵横各五里。寨东西各有山泉，可供千人汲饮。林逆在寨内盖屋囤粮，自膡[1]月三十日被焚之后，伙党逃散甚多，林逆亦窜匿覆鼎乡数日。近复招集匪类，仍回寨内。

今若进兵，似宜分两路夹剿，一路从永春直抵船山头。查船山[2]，离寨不及二里，而山顶高于寨顶一里。我兵若屯驻其上，俯瞰贼巢，以大炮飞击，可立为虀粉。此兵法所谓胜地也。现闻林逆并未据守，我兵到后必先据此山，方能制胜。一路从安溪仙瀛直攻船尾寨[3]。查船尾寨有匪首苏度踞守，仙瀛离该寨十余里。该处平地高爽，四外民居环绕，便于屯兵。俟大兵到彼后，再分兵在各要隘埋伏邀截。查林逆亲丁只三四百人，其附从各土匪，不过借为劫掠之计，若大兵一至，各匪自散。或再赦其亲族，许其回家安业，则釜底孤魂，无难立时授首。

惟泉郡提标仅防兵七百余名，安溪亦仅有兵二百名，实属无力会剿。查永春本有兵一千余名，德化有□参将带兵一千一百名，现在兴化派□游击带兵五百名、仙游派□游击带兵六百名赴永，闻永安□游击、顾都司亦带兵七八百余名，前赴大田。是永春一路兵力已厚，无须添拨，似可移□镇军一军，从安溪进兵会剿，较为便捷。卑署府愚昧之见是否有当？理合将查明情形并备具图说，除飞移永春、仙游统兵将士查照筹办外，谨特驰禀大人察核机宜，檄饬剿办。地方幸甚！生民幸甚！

惟此时不难于筹兵，而难于筹饷。计仙、永两处已缺饷多日，虽蒙总局拨解永春银三千两尚未解到，分局仅恃催缴欠课，而零星催并，实属万分为难。杨商捐项虽尚有三万六千余两，现在尚未定局，即使将来照旧完缴，又系分为四个月缴清，断难借以救一时之急。若仅陆续筹拨二三千金，则前欠未清后欠复积，仍须顿兵坐待接济，而玩将骄兵得以缺饷为词，自掩其逗挠[4]之罪。为日愈久，糜饷愈多。为今之计，应请每路宽筹饷银，一面严饬统兵各员，以一月为限，务平逆贼。如有将弁恇怯退沮，及兵勇违令骚扰，一概按照军法从事，不得徒托空言。似此军粮充足，赏罚严明，于以殄去幺麽，正无异摧枯拉朽耳。卑署府有鉴于上年同厦之事，见现在仙、永情形，又将蹈其故辙。

近因右腿旧疾复发，步履艰难，又因连日催缴课银，心力交瘁，蒿目痛心，不禁发其狂瞽，未知有当宪衷于万一否？临禀不胜惶悚之至。卑署府谨禀。

咸丰四年三月　日

[1] 臘，同"腊"。
[2] 船山，位于永春县城西北的横口乡福德村，由船头岩和船尾岩组成。船头岩当即船山头。
[3] 仙瀛，即今福建安溪县剑斗镇仙荣村。仙荣，古代称为"仙瀛"，又称"小横"、"瀛洲"。因该地山清水秀，瀛水清邻，环境优美，景色迷人，素有神仙洞府之称，故名"仙瀛"。船尾寨，当在船山的船尾岩上。
[4] 逗挠，曲行避敌以观望。

敬禀者：窃卑署府前将安溪叠获胜仗，暨分局缺饷情形，具禀均鉴在案。嗣据□典史禀报，贼匪自长坑[1]败走，谢论、苏笃等分股窜踞水口、左槐[2]两乡，各招匪类，声言报复。随于二十、二十三等日，会同□守备、□外委暨各乡练勇，先后攻破各乡，将匪屋土堡全行焚毁，余匪俱奔入小横、横口[3]屯聚。

查该乡距帽顶不远，若从长坑进兵，均系荒僻小路，菁深林密，恐有贼匪埋伏，现已撤回湖头。会商李绅士等从大路，直抵东山、剑斗[4]一带扎营，订期会剿等情，并准绅士李同知牒同前由，复准永春来函。两路官兵叠获胜仗，□游击一路已抵陈吴乡[5]，□游击一路已抵吕坪[6]，距覆鼎均各二十里。□都司等带兵亦到科理，距陈吴乡十五里，嘱即饬安溪进兵会剿等因。

伏查三路兵勇云集，近迫贼巢。贼匪屡败之后，虽称穷蹙，恐未必弃险奔窜，势必负嵎，自固以逸待劳。该处鸟道羊肠，夙称天险。若以实力夺隘斩关，既恐多伤士卒；若以大队合围久困，又虑多费糗粮。计惟有广运机谋，密筹方略，或间道潜攻，或伏人内应，或剪其羽翼，或离其腹心，但使贼匪有隙可乘，斯我兵可乘虚而入。此惟在行间文武察度机宜，妥速筹办，庶可迅奏肤功，不致蹈老师糜饷之弊耳。

惟此时之兵，则有进而无退，此时之饷则愈用而愈多。顷准永春复函，以兑解省饷三千两到州，当经分给德、大二邑[7]，暨解赴两路行营接济。适□镇带兵抵州，即赴吕坪一带督剿，给发夫价口粮等项。所兑之项将次告罄，嘱即转禀请拨，或设法筹解等因，并接安溪告急禀函，亦复急如星火。分局窘迫情形，卑署府于前禀中备陈一切。连日百计搜罗，所得无几，实不足以济两路急需。窃念此番永安进兵，一路极为得手，现已分据要地，与贼相持，既不便因乏饷退兵，又不能令枵腹坐待，万一粮饷不继，兵勇内溃，贼匪外乘，不特尽弃前功，抑恐震动全局。其溃散决裂，实有不堪设想者。卑署府职守分局，目击危机，仰屋徒嗟，半筹莫展，抚躬引咎，五内如焚。惟是事机危迫，不得不犯冒渎之愆，再行沥情，驰禀大人察核，俯念胜败所关，恩赐檄饬总局司道，迅速筹拨饷银一二万两，星飞解泉，以便分别转解接济，实为公便。

再，近因仙游失利，各属匪徒造谣煽惑，致复有约期攻扑郡城之说，虽属讹言，亦不能不严为防范。卑署府现已会营督县，商同绅士，添拨兵勇，分城巡缉，断不敢懈怠偷安，有负委任。卑署府谨禀。

咸丰四年三月　日

[1] 长坑，即今安溪县长坑乡。位于安溪县西北部，距县城58公里。
[2] 水口，今福建安溪县长坑乡山格村水口自然村。左槐，今安溪县感德镇槐植村。
[3] 小横，即今福建安溪县剑斗镇仙荣村。横口，即今安溪县横口乡。两处相距约七八里。
[4] 东山，即今福建省安溪县长坑乡云二村的东山自然村。剑斗，即今安溪县剑斗镇，在东山村北面二三十里处。
[5] 陈吴乡，即今福建三明市大田县的吴山乡。因古时吴、陈两姓人居住此地，故又叫陈吴。
[6] 吕坪，即今福建安溪县剑斗镇御屏村，古称吕坪。清代隶属安溪县金田乡常乐里。
[7] 德、大二邑，即德化县与大田县。今分别属泉州市、三明市。

　　敬禀者：窃自官兵攻破帽顶寨，逆俊等窜匿南安各乡，连日布散谣言，或云"往投乌白旗"，或云"攻扑泉郡"，或云"欲图下海"，讹言流传，纷纷不一。查南邑土匪，多其旧党。然若辈贪利忘义，胁时若追拿紧急，胁以兵威，则贪功邀赏之徒，必有乘其穷蹙而因以为利者。无如旬日以来，并无一兵追捕，卑署府叠经函请□镇军、□协戎派兵会剿。乃盼望经旬，杳无信息。郡城苦于无兵可调，现与营县会商，抽拨防兵二百名，交□游戎管带，会同□令前赴洪濑一带，相机剿捕。绅士李司马亦由安溪带领义勇，折回南安，协同购捕。第合计兵勇，不及四百人，声势实为单薄。

　　顷闻该逆等在埔头乡[1]勾结匪类，意图窥伺滋扰。埔头族大丁多；为南邑第一恶乡。闻近日乌白旗有七八十人，永安余匪百余人前来附合，并闻有先攻洪濑行营之信。语虽出自传闻，然该逆等无路求生，势不能不铤而走险。□游戎等兵力单弱，实为可危。现经禀请督宪，飞檄永春、仙游，出师协剿。诚恐文札往返，辗转逾旬，缓不济急。兹已具禀水提宪，请派拨水师精兵五百名，兼程来泉，以资救援。泉郡安危在此一举，惟恐水提宪有为难之处，务祈宪台察核情形，鼎力赞襄，并祈促令赶紧起程，万勿稽迟。是所至祷。

再，近日分局经费悉索无余，倘水师兵抵郡，即须支应口粮。无米之炊，正不知是何筹措，如三都捐项可以通融，尚望宪台酌拨接济，衔戴无已。卑署府谨禀。

咸丰四年三月二十二日

[1] 埔头乡，今南安市丰州镇西华村埔头自然村。

顷奉来牒，并信稿等件，备悉一切，具征运筹决策，胸有甲兵，实深钦佩。弟蠡测管窥，何敢妄逞臆见。然细察情形，有不得不为商榷者，惟阁下图之。

查剑斗虽系入帽顶之扃钥，闻该处左右乡村尽属从逆，倘我军悬军深入，万一该匪徒等四面包裹，枫亭覆辙前鉴非遥，实为可虑。兹长坑一路，经□守备等连获胜仗，道路渐就肃清，民心亦皆感奋，官兵至彼则各乡义勇从者必多。现在□守备等已驻长坑，该处距帽顶与湖头道里相等，似不必再回湖头，致多周折。况□守备处仅有兵一百六十名，阁下处亦仅有新兵二百名，兵力无多，更不可分以示弱。且分局经费支绌，供应县城、湖头两处已觉为难，若再分兵剑斗，则转运更属不易。愚见拟请阁下统带兵勇，径抵长坑，与□守备等合兵并进，并就近调集各社壮丁，协力齐心，与永春兵三面会剿，亦足夺贼之气势，较之分兵孤进，似觉妥便。㫒莪之言，尚祈鉴纳为祷。

　　至□令身任地方，若令其赴湖头督办一切，自属分不容辞。惟顷据该令禀，据南乡练首禀报，逆匪林亮、陈械等率千余人，在永安交界各乡滋扰，并谋从小路径扑郡城等情。该处离城仅五十里，贼势叵测，县城根本重地，不可不严为防范。□令似不宜轻出，且□典史为弟详明委办之人，该典史自奉委后，并无贻误，未便平空更易，兼之彼此调换，往返需时刻。当饷银缺乏，多延一日则多一日之费，无米之炊，不能不镏铢较量耳。承谕应给新兵二百五十名口粮等因，自当遵照转饬。惟分局鼠雀皆空，万难支应，嗣后望勿再增乡勇，以节糜费。盖不增则人无觖望，既增而欠给口粮，则怨讟纷腾，事后更多一番周折。同安之事可为殷鉴，想阁下公忠体国，必能鉴谅于格外耳。

咸丰四年三月廿七日
复绅士　司马

　　日前泐复[1]一缄，亮邀霁照，比维履祺安吉为颂。逆俊等窜匿南邑各乡，已及两旬，仅由郡中拨兵二百名，前往剿捕。□镇军自帽顶寨径回永春，竟不遣一师追剿，弟叠次函催，不啻秦庭之哭。嗣因□□兄连接弟信，以贼匪既有着落，未便拥兵坐视，力催镇军，始于廿七八等日分起前来，已至埔头驻札。

　　惟南邑各乡多系从逆旧匪，尤以罗溪之六甲、七都[2]等乡为最恶。现在逆俊踪迹，总不出潘、黄二乡。若能乘此大兵甫到，即向该绅耆严究匪踪，并将附逆恶乡痛剿一二处。兵威一振，不特逆匪克日成擒，即附和各乡亦可不劳而定。只以官兵怯懦，已为匪徒窥破底蕴。闻大兵一到，即有匪徒扑攻营盘，幸被兵勇击退。此等逆迹昭彰，若不跟踪剿杀，更无以彰国法而振军威。乃该处绅耆护恶庇凶，并有藉此从中射利者，藉以团练助官为词，希图缓我剿办，颟顸了事,向镇军处甘言欺哄。镇军因受此一惊,心存悁怯,并不追究逆匪藏匿何处,亦不查闻拒捕是何乡土匪?竟用好言抚慰,并有退驻洪濑及郡城之意。似此情形,必蹈仙游覆辙。然乌白旗尽系土著,不思他扰,而逆俊等则如人患痈疽,其毒必溃烂一处。且顷接□镇军来函,以不得该逆确踪,未便轻率进剿,其大意又与仙游同一办法。旷日持久,在所不免。际此经费万分支绌,安得如许饷银,供其坐食?弟目睹情形,实深焦灼,本拟据实具禀,因虑事涉冒昧。兹附呈□□□兄来信一函,务祈阁下察照,将此等情形密禀大宪,速赐严札训饬,勒限奏功,庶不致陷老师縻饷之弊。地方幸甚。

至现在南邑兵勇,计有五千余人,每日约费三百余金。分局自二月以来,窘乏已不堪言状,正虑兵勇云集,无可支应。幸日昨夷船汇到省饷二千两,永丰票银三千两。旱苗得雨,实深欣戴。惟官票一时无从行用,现银亦不敷旬日支应,弟连日会同营县,劝办捐输。第叠经罗掘之后,所得无多。且恐缓不济急,此时剿办吃紧,所输饷银未便缺乏,致行间将弁得以藉口。弟拟于日内禀请筹拨,万望阁下先为回明大宪,迅速筹拨一二万金,解泉接济,以免延误。不胜盼祷之至。

再,弟前因贼氛密迩,郡中仅拨兵二百名,未免单薄。当经禀请水提宪护道宪,派拨水师五百名来南协剿。顷奉复函,以水师兵额除分哨换班之外,现存无多。近日灌口等处匪徒复图蠢动,拟即日前往剿办,并派拨出洋,追捕逃回逆匪,实属无可调拨等因。计此时兵力,足敷剿捕,水师不来,亦可稍省经费。惟此事前经具禀,尚祈阁下便中代为回明,以免宪廑为祷。

再,晋邑山顶坪、大罗溪两处,一通仙游永福[3],一通惠安崇武。并探闻山顶坪尚有逆首林凉踞札。若围拿紧急,该逆必由此两路窜逸。第郡城实在无兵可调,叠次函致□协戎派拨弁兵,赴彼堵御,总未见照办。昨接复函,知仅在仙邑附近之龙华宫、大阪头防堵。此两处守御空疏，总非善策。但弟已极力言之，我尽我心而已。

咸丰四年三月二十九日
复福州府

[1] 泐复，用于复信的用词。
[2] 七都，在今南安市罗溪镇西面，乐峰镇炉中村一带。
[3] 仙游永福，即仙游县永福里，今莆田市仙游县凤山乡前县村。

敬禀者： 二十九日申刻，接奉钧函并奉大札，聆悉种种，并谂[1]台驾驻节埔头，殊深欣慰。

惟自上年军兴以来，各处剿办太松，致匪徒至今尚图蠢动。南邑各乡多系附逆旧匪，而尤以六甲、七都为最恶，现在逆匪踪迹，总不出潘、黄二姓。该处绅耆护恶庇凶，借口团练助官，希图缓我剿办，颟顸了事。若误受其欺，则玩弄迁延，饷乏师疲，必致又蹈仙游故辙。况闻大兵甫到，即有匪徒攻扑营盘，似此逆踪昭彰，若不痛加诛戮，何以彰国法而振军威。且此地民情虽刁而实怯，只须剿洗一二乡，兵威一振，其余自能摇尾乞怜。尔时勒令捆送匪犯，可以不劳而定。倘我先堕其计中，则该匪等肆无忌惮，日久情见势绌，非别滋事端，即逆匪他窜。务祈阁下察度机宜，乘此兵威锐进之时，速行剿办，万勿为该绅耆甘言所绐，是所至祷。

至应需兵勇口粮，现已筹备银两，委□巡检驰赴行营，办理支应。此后或钱或米，自当源源接济，断不使缺乏。惟是筹措饷粮，弟任其责，而剿办事宜，则全杖钧威，督饬行间将弁奋勇前驱，务须逆匪克日就擒，以免老师糜饷之弊。不特地方再造，而弟亦深荷荣施于无既矣。

再，晋、仙交界之山顶坪、大罗溪两处，必须堵截。并闻山顶坪尚有匪首林凉在彼踞札。前因郡中无兵可拨，叠经函请□镇军派兵前来防堵。昨承函示，知仅在附近之龙华宫等处堵御。而此两处总属空虚，难保逆匪不从此窜逸。顷奉照会，已饬晋、惠二邑加意防范，第无兵前去，总恐无济于事耳。

咸丰四年三月二十九日
复镇军

[1] 谂，知悉。

敬启者：顷奉钧函，并黄姓甘结二纸，聆悉一切。

查南邑土匪，积恶多年，而尤以黄、潘二姓为最。上年从贼者实繁有徒，现在复敢窝藏逆匪，攻扑大营，罪恶滔天，法在不赦。日昨旌麾莅止，不啻如大旱之得云霓，满望乘此锐气，向该绅耆跟究匪踪，将从逆乱民诛杀数千百人。则逆匪既除，地方亦可从此平定。至该处绅耆，均系护恶庇凶，藉以团练为词，缓我剿办，名为助官，临时实系助贼。仙游覆辙，岂不寒心？且逆匪现在该乡，如果该绅耆实心助顺，即不能自行擒获，何不确指匪踪、领兵剿捕？又何不将此次攻扑营盘，及从前作恶之人捆送一二送案惩办？乃仅以一纸搪塞了事。若误堕其计中，则匪徒愈无忌惮，良民反因以解体，毋乃为点贼所窃笑乎，况阁下总统师干、专司剿办。

今逆匪近在咫尺，不能迅速歼除，亦无以副大宪委任之心，慰下民来苏之望。至七都、六甲等乡，安分良民百无一二，诛之适以除害。若既收其结状，再剿则失信于民，不剿则为患更甚。迁延日久，师老饷空，非逆匪潜逃必别生变。故筹思及此，实切隐忧。行营应需粮饷，自当极力筹备，源源接济。倘有缺乏，弟任其咎。若顿兵坐食，劳师縻饷，或逆匪他窜，别滋事端，则不能代阁下任此重咎耳。

鄙意似宜将各结掷还，勒令该绅耆，查指逆匪藏匿所在，引兵搜捕，或先将各乡著匪捆送数人，然后再行具结，毋许以一纸空言，希图朦混[1]。总之，阁下重兵在握，一意奋扬威武，逐处剿除。至团练一事，则委之在事绅士，原可并行不悖。盖兵威一震，则凶顽震慑，自能摇尾乞怜。威立而后知恩，诸事自可不劳而定。成败所关，不敢不以直告，戆言冒渎，亮公忠体国者，必能鉴原于格外耳。

咸丰四年四月初二日

复镇台

[1] 朦混，即蒙混。

朔日泐奉一缄，甫经封发。即于初二日接奉环云，聆悉一切。

自军兴以来，行间将弁，无不借口缺饷，掩其玩延。即□镇军于初九日攻破贼寨，十六日回抵永春。七八日间，既有口粮回州，何不可跟踪追剿？至回州之后，直至廿七八，始起程前来。此旬日中，兵勇岂皆坐馁耶？弟因大兵将至，委员携带银钱米石，驰赴支应，渠抵埔头时，委员尚未到。因被土匪攻扑，心存怯怯，即以缺饷为词，欲卷帐退驻洪濑。经□□、□□两兄力阻而止。嗣准来函，谆谆以乏饷为忧，弟当以筹饷系分局专责。倘有缺乏，弟任其咎。若顿兵坐食、老师糜饷，或逆匪他窜，则统兵者亦不能诿罪云云答复。顷间复接来信，于剿办事宜不及只字，仅以七都黄姓业经具结、团练助官，以结状二纸送弟备案。以堂堂总镇统带兵勇四五千人，穷蹙逆匪近在咫尺，不能迅速剿除，仅取具各乡团练一结，实属令人愤懑。且各乡尽属匪类，既收其甘结，再剿则失信于民，不剿则后患更甚。此等办法，已蹈仙游覆辙。弟已于复信中力言其谬，不知能听从否？

现在兵勇计五千有零，养夫八百余名，□镇军、□游戎等轿夫均九十余名，折轿至二十把。此等滥费，少加裁减，即怨声载道。每日约需银四百两左右，夷船解到之二千两，日内已陆续解往接济。承示蒙大宪复拨永春饷三千两，计永春兵勇已尽数前来，自应留此支应，惟银票竟无处行使。闻营中搭放兵饷之项，至今分毫未用。现虽多方设法，恐未能如愿。察看此次军务，必不能迅速了结。约计现拨饷银暨此间捐输等项，仅敷两旬支应。弟现已禀请筹拨二万两，伏祈阁下察照，将此实情代禀大宪，求速赐拨解，以免借口，是所拜祷。并密请宪札严饬□镇军，迅速剿办搜拿逆匪，毋听绅耆浮言欺骗。地方幸甚！

咸丰四年四月初三日

舌击编卷三

连日接奉禀函，所论办理逆匪情形按切机宜，洞若观火，与鄙意不谋而合，团练数语更为确切不磨，殊深钦佩。无如招抚之议，异口同声，牢不可破，懦帅亦藉此拥兵坐食，遂其恇怯之心。故勤以进兵，不啻视如仇敌，地方军务均已置之不顾。兹知阁下已将此禀通牒大府，弟亦将实在情形两次具禀，并将尊函抄致□□，俾得备知委曲，应剿应抚之处，听候宪裁。此时若辈固结为朋，惟我二人独特异议，安能挽此颓波？此亦逆匪不应殄灭，地方不应平静，无可如何，付之浩叹而已。

顷阅□□致□□信中，有炉内潘姓[1]已经搬徙，其知畏亦可概见云云。殊堪一笑。又有"抚局尚未能定，仍当示之以威"等语，似亦知招抚之不能了事。然既经具结，不知如何示威耳？弟意潘姓搬避，逆俊等必杂入其中，但不知从何处窜逸？务祈阁下就近密探确踪，飞速示悉，至要至祷。

咸丰四年四月初四日
复南安

[1] 炉内潘姓，为泉南著名望族。现南安市乐峰镇乐峰街周边区域炉中、炉山、厚阳、福山、湖内、飞云等村，居民大都为潘氏，是福建省潘氏最大聚居区之一。炉内，俗称南安七都。

敬禀者： 窃卑署府业将剿办逆匪情形，具禀钧鉴。惟现在在事文武营县绅士，无不以办理团练为名，专事招抚。因卑署府与南邑

□令独持异议，群以为非。据□令以将弁多中材，士卒尽疲弱，无论其见贼辄退，即士皆用命而以少胜多，恐非所能。应博采群策，未便置抚议于不问。其言实为切中时弊，然卑署府之意，并非专剿而不抚也。诚以南邑土匪积恶多年，历来地方官下乡查办，因恐酿成事端，无不颟顸了事。此次既兴兵动众，亟应将助贼恶乡剿洗一二，稍振兵威，使匪类知所畏慑，然后遍加抚慰，许其悔罪归诚。虽不能长治久安，亦可保目前无事，非谓禽狝草薙必尽杀乃止也。

自古法立而后知恩，令行而后禁止。若一意抚摩，冀其解散，而此辈凶顽性成，不知畏威，何以望其感德。大兵一撤，作恶依然，再剿则失信于民，不剿则后患滋甚。玩寇遗殃，伊谁之过？且团练一事，地方官绅士应筹办于贼氛未至之先，以保乡里而杜窜扰。今则逆匪近在咫尺窝藏，尽有主名助逆，已有实迹，乃不能迅事歼除，犹复空言团练。而统兵大帅则坐拥数千人，安然坐视，縻饷劳师，恐亦不成事体。

昨准□总镇来函，谆谆以乏饷为虑，卑署府以筹饷为分局专责，倘有缺乏，罪不敢辞。若剿办迟延，逆匪窜逸，则统军者亦不得诿其咎。嗣复准函送黄姓甘结二纸，卑署府复力言其非，请将此结掷还，勒令该绅耆指出匪踪，领兵搜捕，或将此次扑营及从前著名恶匪捆送数人，再行具结。复阅□□□侍御函致□署令，以现在各乡皆出公约："一禁抢劫，以安商旅；一解宿怨，以和乡邻；一联保甲，以救患难；一严稽查，以杜勾引；一劝捐题，以备公用；一修器用，以备训练。"此六条皆及时要务等语，卑署府以谓尤要者，再加"擒逆匪，以赎前罪"一条。则虚者皆实，而伪者皆真。否则，仙游"乌白旗"各乡，未始不办团练，未始不具结状，佥称助官，临时实皆助贼。前车不远而覆辙是循，不几为黠贼所窃笑乎？

今众人专主抚而不剿，而卑署府独以谓"必先剿而后抚"，已属大拂众心。因之，近日所有逆匪信息，均隐匿不相知会，卑署府虽责任专城，实则几同局外。然《书》[1]曰："三人占，则从两[二]人之言。"卑署府并不敢以一人之管见，胜于众议之佥同也。倘能仰赖国家洪福，办理有成，逆匪得以就擒，地方得以平定，卑署府亦断不敢分功。窃恐受其玩弄，怠我军心。该逆等从容布置，窜扰他处，并窝藏助逆者，均相挈而从。亡羊补牢，悔之已晚。否则不剿不办，而以数千兵勇坐食经时[2]，以艰难罗掘之饷银，供此无益之浪费，亦堪痛惜。

第此时招抚之议，在事者异口同声，牢不可破，非卑署府一人所能力挽，不得不将实在情形禀候大人察核机宜。应剿应抚之处，札饬办理。或特委威望大员来泉督办，庶可迅奏肤功，免蹈老师[3]糜饷之弊。地方幸甚。愚昧之见，伏乞训示祗遵。临禀不胜激切惶悚之至。卑署府谨禀。

咸丰四年四月初四日

[1] 书，指《尚书》，文见《尚书·洪范》。
[2] 经时，长时间。
[3] 老师，即劳师。

日昨泐复两函，谅邀霁鉴。南邑军务大办团练，竟置逆匪于不问，自在事文武绅士及郡中营县，异口同声，专意招抚。惟弟独持异议，因此大拂众意，所有逆匪信息均隐匿不使弟知。第如此情形，明系怠玩军心，致逆匪从容他窜。即不然而不剿不办，以数千兵勇在彼坐食，何苦以艰难罗掘之饷银，供此无益之浪费？反不如尽行撤兵，委诸绅士办理团练，反可少省糜费耳。兹将陈□□致□□函信，并□□来禀，照抄呈览，可知一切。

查□□信中有"抚局尚未可定，仍当稍示之以威"云云，似亦知抚局之不可恃矣。然既经具结，不知何以示威耳？□镇军本系懦帅,自有招抚之议,适遂其恇怯之心,故劝令进兵,不啻视如仇敌。但此时众意佥同,牢不可破,弟孤立无助,何能力挽颓波?现已将实在情形恳切具禀,应剿应抚,听候宪裁。至禀请特委威望大员来泉督办,明知此事万不能行,然必如此,或可免老师糜饷之弊耳。顷间传闻逆俊已由大罗溪窜逸,不知去向,真伪虽在未定。然如此办法,明是纵令脱逃,实堪愤懑。

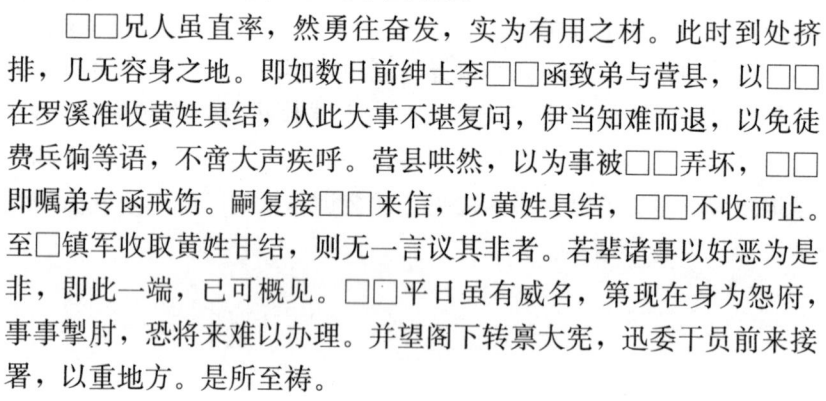

□□兄人虽直率,然勇往奋发,实为有用之材。此时到处挤排,几无容身之地。即如数日前绅士李□□函致弟与营县,以□□在罗溪准收黄姓具结,从此大事不堪复问,伊当知难而退,以免徒费兵饷等语,不啻大声疾呼。营县哄然,以为事被□□弄坏,□□即嘱弟专函戒饬。嗣复接□□来信,以黄姓具结,□□不收而止。至□镇军收取黄姓甘结,则无一言议其非者。若辈诸事以好恶为是非,即此一端,已可概见。□□平日虽有威名,第现在身为怨府,事事掣肘,恐将来难以办理。并望阁下转禀大宪,迅委干员前来接署,以重地方。是所至祷。

咸丰四年四日初四日
致福州府

昨奉环云,承示一切办理情形,具征老成卓识,动出万全,实深欣佩。

惟鄙意并非欲杀不辜,伤好生之德,诚以南邑土匪稔恶多年,久已目无法纪。此次复敢直犯大营,实属罪大恶极。无论其有无窝藏逆匪,即将该乡先行剿办,以振兵威。来谕剿一乡而各乡尽变,此事亦不可不防。似宜大张晓谕,声明该乡所以应剿之故,与各乡并无干涉,惟有前来帮助者必一并剿洗。即该乡内有安居在家者,亦属良民;惟手执器械抗拒者,尽行剿杀。该匪徒等虽凶顽性成,未始不畏诛戮。似此明白晓谕,各人自顾身家,谅不致尽行助逆。

但得军威一振，则畏死之徒与贪功之辈必有指出逆匪踪迹，或擒献以为邀赏之地者。若一味施恩，专事招抚，恐该匪等阳言归附，怠我军心，暗中为逆匪从容布置。迁延日久，而逆匪又窜逸他往。亡羊补牢，又须大费周折，弟之所虑者惟在此耳。

然弟遥相揣度，究属纸上谈兵。阁下亲履戎行，必能察度机宜，得心应手，俾凶渠[1]授首，反侧归诚。上纾大宪之忧，下慰士民之望。伫听凯音，昌胜盼切。至弟职司分局，筹供兵饷，责不容辞。但支应浩繁，罗掘不易。惟望速施韬略，迅奏肤功，则受赐实非浅鲜耳。

咸丰四年四月初六日
复镇台

[1] 凶渠，凶徒的首领；元凶。

敬禀者：月前接奉钧函，并清单一纸，备悉水师未能拨派情形，饬即就近募勇等因。仰见筹画周详，实深衔感。

逆俊等窜匿南邑六甲、七都等乡，窝藏者为潘、黄二姓。贼伙仅二百余人，势已穷蹙。该处土匪附和者虽多，实则视剿办之宽严以为向背。□镇军自帽顶寨折回永春，经卑署府叠次催请，始于前月二十八日，带兵前来。甫抵埔头，即有贼匪数百，直犯大营。幸被官兵击退，拿获四人正法。镇军因此处贼势众盛，心怀悾怯，而助虐绅耆复藉团练为名，令各乡具结，冀以招抚了局。一切情形无一不蹈仙游覆辙，致旬日以来，逆匪踪迹反茫然不知所在。使能于大兵初到时，向各绅耆严究贼踪，并将助逆恶乡剿洗一二处，兵威一振，则指引捆送均有其人。只以办理失宜，致全局尽行松懈。更虑顿兵日久，锐气渐衰，非别滋事端，即逆匪他窜，縻饷劳师，更所不免。且□侍御、□司马诸公，俱力主招抚；在事文武营县，异口同声，不复言剿。惟卑署府谓必先剿而后抚，曾函致□镇军，痛切直陈。南安□令亦力持是识,而众口如簧,非一人所能力挽。现已将实在情形,具禀大宪。应剿应抚,听候宪裁。第逆匪近在咫尺,卑署府身任地方,不能迅速歼除,实深惭愤。

□镇军因奉到督宪札饬,于昨日移营炉内潘姓乡中。顷又闻有移营大罗溪之举,能否得手,尚难预定耳。分局经费早经水尽山穷,近日南安兵勇不下五六千人,每日需银四百两。月初,蒙省局拨解现银三千两、票银三千两。银票一时无从行使,而现银亦仅敷五六日支用。虽又奉拨解银三千两,尚未知何时解到?连日搜罗捐输等项,尽为无米之炊。为日正长,不知何以为继?惟愿仰邀福庇,迅奏肤功,则地方之万幸耳。

闻灌口系逆匪从海上逃回,复行煽惑。必得宪节亲临,严行剿办,始足以杜绝乱萌。未卜定于何日出师?三都捐输能否起色?殊深系念。卑署府谨禀。

咸丰四年四月初八日
禀水提台

初十日接奉钧函,聆悉一切,藉稔履祺安吉为慰。

仙游乌白旗始终误于招抚,致贼匪愈无忌惮。今事势已败坏至此,枫亭大路竟弃如异域。而统兵大帅,尚欲以招抚了事,不知是何肺腑?且领兵半年之久,糜饷数万之多,剿不成剿,抚不成抚,所谓胆识兼优者,不知能无愧于心否?逆俊窜匿南邑,势已穷蹙,虽有土匪附和,实则视剿办之宽严以为向背。使能乘大兵初到,少振军威,此时早已得手。无如□镇军甫到,即有贼匪数百,直犯大营。虽被军兵击退,而镇军受此一惊,心存恇怯,即有退兵洪濑之意。虽为□□□、□□□兄力阻,而从此不敢言剿。竟凭该处绅耆藉口团练,冀以招抚了局,甚至将助逆匪绅潘宗达[1]、潘榜[2]、黄彦章、黄天佐、黄早、李增龄等,引至大营,延见抚慰,并赏给六品顶戴。被该匪等窥破底蕴,任意玩弄。办理旬日,逆匪踪迹反觉杳然。镇军因奉督宪严饬,日昨移营炉内潘姓乡中,藉以掩人耳目。其实一切情形,无一不蹈仙游覆辙。且分局经费支绌万分,约计行营兵勇,已有六千余人。累月经时,不知凭何支应?第现在文武绅士营县,无不以招抚为是,惟弟与□□兄力持异议,大拂众心。近日所有信息均隐匿不相知会,弟虽职任专城,实则几同局外。昨已将实在情形通牒大府,应剿应抚,听候宪裁。

惟行营供应浩繁,就地罗掘捐输等项,竭蹶支持,实属心力交瘁。日作无米之炊,身为众怨之府,但望仰邀福庇,早脱火坑,则万幸耳。

咸丰四年四月初十日
复福州府

[1] 潘宗达(1804—1861),字乃亶,福建南安罗东炉内人。处士潘榜的得意门生。在潘榜鼓励下,于罗东炉内潘组织"黑钱会"秘密组织,参与林俊起义。咸丰三年(1853年),攻下仙游县城,林俊委任其为兴明县(义军取仙游县后更名)知县。咸丰七年(1857年)四月,为林俊义军先锋。在攻打南安县城、围攻泉州府城不下后,转战永春、德化、大田、沙县、顺昌,北上欲与江西太平军会师。同年七月,在顺昌仁寿桥遭当地民团袭击,队伍溃散,潘宗达潜回故乡隐居并终老。
[2] 潘榜(1784—1878),字乃登,福建南安罗东炉内人。咸丰元年(1851年),潘榜加入天地会,并暗中联系各地民间秘密组织。咸丰三年(1853年)八月,潘榜派潘宗达、李增龄率会友联军作战,一举攻下仙游县城。咸丰七年(1857年)二月,太平军入闽,潘榜、林俊得讯,打出太平天国旗号,与太平军南北呼应,紧密作战。随后,林俊挥师北上,欲与太平军会合。潘榜因年事已高,未能随军北上,匿居在乡,后病逝。

敬禀者:窃卑署府前督宪函谕,以永春兵饷紧要,饬即会同营县，挪借三五千两，就地解往接济等因。缘外间无可筹画，当由分局凑集银一千两，于初十日兑解在案。

兹于十三日，准永春□署牧函称："自上月十二日，两路进兵叠获胜仗，□镇军亦于本月初二日，进兵会剿。于初四、初六等日连败贼匪，斩杀多名。初七、初八两日，两路合攻覆鼎、盖竹等乡，贼匪力不能支，俱窜上帽顶。初九日卯刻，官兵攻破贼寨，拿获贼伙甚多，即时正法。查知逆首林俊，于初八日夜自山后峭壁缒下，带同匪伙二百余人，并无行李，于初十日窜至距永春州城三十里之都溪地方"等语。伏查帽顶寨，素称天险，该逆首等负嵎死守，攻取实非易事。兹幸仰藉宪威，将士用命，夺隘斩关，势如破竹，旬日之内遂能捣穴犁巢。闻信之余，下怀实深欣忭。

惟是逆首林俊复被逋逃，虽釜底游魂，不日自当授首，而狼奔鼠窜，难保其不到处勾结，潜图滋扰。查晋邑之山顶彭[1]、大罗溪，南邑之埔头、彭口等处，与永春接壤，均系著名匪乡，诚恐土匪纠合附从，自应严为防范。现已会商营县，先由团练局选派公正干练绅士，由府颁给谕帖，分头劝谕，解散购缚，并由营派拨兵弁，驰赴各乡，巡缉查拿，以资弹压而杜窥伺。一面飞饬各属，一体严密堵捕，务使凶逆成擒，地方安辑[2]，以仰副大人戡乱除暴之至意。理合将攻破贼巢，暨办理情形禀候察核，并将□署牧原函附呈钧览。卑署府谨禀。

咸丰四年四月十四日

[1] 山顶彭，即今泉州市洛江区虹山乡。清时为晋江县山顶乡，因彭氏聚居于此，故称。
[2] 安辑，安定。

敬启者：昨悉官军大获胜仗，贼锋大挫，从此进兵可望得手，殊深雀跃。惟近日见□侍御、□司马信内，屡道及兵勇在乡抢剥妇女，拆烧房屋，挖掘田园，民人忿恨，时相争闹，并有日夜聚赌情事。本日又准团练局送到绅士信函，亦系称述此事，属弟转请禁止。兹将原信照抄，附呈察览。

窃思除暴所以安良，然必安良乃能除暴。若官兵作恶甚于贼匪，则良民忿恨嫉若寇仇，逆匪更藉以招诱，是驱之从贼也，又何怪贼匪之愈聚愈多乎？务祈阁下申严纪律，通饬禁约，并将犯令兵勇，惩治数人，以肃军法，庶兵民得以相安，而箪食壶浆迎王师者，不啻如大旱之望云霓矣。

咸丰四年四月十四日
致镇军

十六日接奉环云，并另信三纸，领悉一切。

□镇军初抵南邑，兵威颇振。逆匪窜匿未久，土匪尚怀观望，使能严行剿办，实可迅速奏功。乃绅士倡议招抚，任听匪亲潘宗达等欺诳，阳则怠我军心，阴则为贼布置。迨逆踪杳然，而若辈亦相挈藏匿。该绅士始觉其非，甫议进剿，而永春、安溪贼已麇集，自十二日以后，连次攻扑大营。幸□镇军颇能用兵，水师亦颇奋勇，叠获胜仗。彼此相持，而贼势蔓延已难收拾。然该绅士之议抚，与弟之议剿，均从公事起见，并无私意。但弟既计虑及此自，当剀切直陈，并不得不据实具禀，并非负气争胜也。此间一切公事，仍是商酌办理，不能因弟偏见致有阻挠伊等，亦断不因弟一言尽遵约束。

至□□兄虚浮夸大，弟早悉其为人。前将伊来信呈览者，因伊主剿之意与弟相合，并欲省中知行营之实在情形耳，并未倚为腹心，断不致因以偾事，毋烦过虑。宪意以府县同城，何以所禀不符？弟近日历次禀稿暨致阁下各信稿，均送给□□兄阅看。至□□

所禀,弟实毫无闻见,其如何议论立意,则非弟所敢知耳。惟现在情形已不幸为弟多言所中,逆匪踪迹已不知所在,贼匪愈聚愈多,抚之则不从,剿之则费手。万一官兵稍有挫失,则四处土匪群起,更结连乌白旗为患,东南半壁实为可危。即幸获全胜,而"老师縻饷"四字在所不免。近日议招抚者,已如仲夏之反舌,□侍御亦退回洪濑,□司马则屡欲告退。□镇军已一意主剿,然可惜机会已失,多费周章,不知何时方能结局耳?

至分局饷银,早经罄尽,续奉拨交夷船汇解之三千两,尚无到泉信息。旬日以来,全藉搜括捐输,竭蹶支应。近日罗掘已空,而大营缺饷两日,兵勇嗷嗷催解,急如星火。弟与□□兄多方设措,竟是一筹莫展。正在万方为难,适委员管解漳饷三千两抵泉,不得已先行挪用,以救燃眉。惟漳郡亦望饷孔殷,拟将夷船之三千两抵还归款。兹承示复拨五千两,实深欣望,惟不知系由何处转解,定于何日起程?务望转催赶紧解来,是所感祷!

至承嘱广为劝捐等因,弟深知省库支绌,亟欲就地搜罗,多多益善。无如郡城富户无多,又经上年捐输之后,此次劝令再捐,安能踊跃从命。府营县并力办理,恩威并用,啼笑两穷,仅凑得二三千金,不敷旬日支应。计大营每日约需四百金,此间捐输一项,仅可随到随用,藉以弥缝空缺。若欲恃为兵饷正项,必致贻误事机。倘决裂之后,在弟一身获咎何足重轻,而大局所关,实非浅鲜。务祈阁下鼎力将此情形,转禀大宪,于无可筹拟之中,设法拨解,俾得源源接济。则感戴鸿施,不止弟一人已也。

咸丰四年四月十七日
复福州府

敬禀者:窃卑署府前将官兵攻破帽顶寨,逆俊逃窜情形具禀钧鉴在案。

伏查自逆俊窜踞负嵎，经永、德、安溪三路进剿，而安溪兵勇仅抵永、德十分之一，尚能攻破船尾岩[1]贼寨。至帽顶寨逆匪，均先于初八日夜带匪伙二百余人缒崖窜逸。官兵于初九日攻入贼巢，计三路兵勇不下四五千人。如果分守要隘，四面堵拿，何以该逆匪逃窜之时并无一人知觉，一任著名诸逆首率领多人从容兔脱？事前既不能防范，事后又不能追拿，虎兕出于柙，是谁之过？

逆俊等窜匿南邑溪东等乡，潜结党类，分布谣言，或云往仙游投乌白旗，或云纠结晋南土匪攻扑泉郡，或云欲下海附合黄位，讹言流传，纷纷不一。然确查该逆等踪迹，由永春窜至溪东，随行二百余人，穷蹙困乏，沿途变卖鸟枪衣物，藉免饥馁。现在藏匿七都黄姓家中，均已薙发易装。计黄姓匪徒虽系旧党，然若辈重利忘义，此时若追拿紧急，胁以兵威，则贪功邀赏之徒必有乘其困蹙而因以为利者。无如旬日以来，并无一兵追捕，郡城苦于无兵可拨。卑署府一面飞调安溪兵勇，一面叠次函致永春、仙游，请各派弁兵来南会剿。乃盼望经旬，查无出兵信息。

顷准□署牧来函，以□总镇已带兵回州。接信之下，实深焦灼。逆匪在逃，并不分一旅之师跟踪追捕，岂以贼巢已破，逆匪窜出境外，即可告成功乎？该总镇等系奉令专剿逆俊，责有攸归[2]，何可拥兵坐视？况此时该逆等奔窜余生，其附逆匪乡，亦各怀观望。若不迅速乘机扑灭，使该逆等得以从容勾结，别滋事端，玩寇遗殃，谁任其咎？卑署府现与营县会商，抽拨防兵二百名，交署后营游击□□□会同□令，前赴洪濑一带相机剿办。绅士李峥嵘亦由安溪带领义兵，折回南安，协同购捕。所有应需口粮并经筹备银物，适有省委员候补县丞□□自漳州差竣回泉，即委令承领随营支应，并商办一切。惟合计兵勇不及四百名，声势单薄，恐不足以震慑凶顽，并恐一路穷追，势必此拿彼窜。惟有仰恳宪威，迅赐檄饬□总镇、□协镇速即选拔勇健弁兵千余名，星夜驰赴南邑，三面会剿，俾釜底游魂不致再行漏网。地方幸甚！

至泉郡经费，历经罗掘搜括，早已筋疲力尽。杨商捐项，叠经□参将设法催取，总无头绪。大约旗匪一日不平，则此项一日无可指望。林一枝捐项，本系分限捐缴，现已催交十分之六，此外分文无从筹措。前因安溪告急，府县会同筹办至旬日之久，心力交瘁，仅得一二百金。不日永春、仙游大兵一到，所需饷银实属一筹莫展，不已据实禀求大人察核情形，恩赐檄饬总局司道，迅速筹拨饷银数千两，星速解泉以资接济，而免贻误。

再，逆匪近在咫尺，如有兵饷，无难克日成擒。闻现有奉拨漳州饷银三千两，已准委员解至兴化，可否先行挪用以济急需？如蒙俞允，即恳檄饬委员赶解来泉。实为公便。卑署府谨禀。

咸丰四年四月二十日

[1] 船尾岩，在永春县城西北的横口乡福德村船山山上。
[2] 责有攸归，攸，所；归，归属。是谁的责任，就该归谁承担，指分内的责任不容推卸。

敬启者： 昨接李□□司马来函，得悉大兵往五都剿捕，逆踪杳然，仅烧毁曾享礼等住屋数所。闻信之下，殊深闷闷。

逆匪先藏黄姓，后匿潘乡。日前议招抚之时，逆党潘宗达等俱挺身不避，若将伊等拘留不放，勒令跟交，可望得手。弟曾痛切直陈，而□司马不以为意，听其来去自如。今逆俊已为天外之鸿，而潘宗达等亦非复柙中之虎，即各乡贼匪莫不早经搬避。其在乡不去者，非安分之良民，即孱弱之老稚。大兵攻剿，不闻杀一贼匪徒，烧毁房屋，坐使良莠赀财同归于尽，已为贼者，固去而不回；未为贼者，又将激而思逞。如火燎原，势将不可收拾。兴言及此，实为寒心。

况近日群言，逆俊已由山顶坪窜匿晋、南、仙交界之深山中。

此言虽得自传闻,然以理度之,恐该逆断不肯株守近乡,待大兵围捕之理。果尔,则或应分兵搜缉,或应跟踪追拿,亟思变计,以期弋获。若犹在潘姓乡中,亦应确探实踪,迅速围剿,以免蹈老师縻饷之弊。况现在经费万分支绌,以竭蹶筹备之饷银,供安居饱食之兵勇,不日口粮乏绝,师徒溃散。阁下与弟虽身受重谴,而地方大事已縻烂,不可复为。展转筹思,五中焦灼。

计大兵到地将及一月,务望阁下察度机宜,星速剿办。伫听凯音,不胜盼祷。至大罗溪、山顶坪两处,实为逆匪窜逸要路,□镇军所派之□游戎、□都阃二军,似应遵照宪札,在该二处驻札,以壮声援而杜勾结。不宜麇聚大营,置于无用之地。未知高明以为然否?

咸丰四年四月二十日
致镇军

敬禀者:本月二十四日,据惠安县□□□禀报,贼首胡熊[1]在五洋乡纠匪千余人,于二十四日寅刻攻扑县城。围击甚力,城中无兵无饷,势甚危急,禀请拨兵救应等情到府。

伏查匪首胡熊,漏网经年,胆复纠匪多人,攻扑县治,实属罪大恶极。但突如其来,难保非逆俊等潜行勾结所致。惟现在南安军务未竣,不能撤兵。而惠安复行蠢动,必须迅速扑灭,以免养成气势。现已会商营县,拨兵三百名,即日起程前赴救援。一面飞请□总镇,派拨□、□二游击、□都司统带兵勇一千五百名,由山顶坪径至惠安剿办。适□□□部郎自厦旋郡,当嘱赶回县城,会同□令设法防御。郡城骤闻警报,人心皇皇。卑署府会督营县绅士,添派壮勇,分门防堵,不敢稍涉疏懈。惟现在两路军兴,一切剿办事宜,必得威望大员,就近督饬办理,方足以资统率而专责成。

查漳州诏安、云霄等处,军务已竣。闻镇道不日即可回郡,可否仰恳宪台府察情形，咨请陆提宪克日回泉督办，实于地方军务大有裨益。卑署府谨禀。

咸丰四年四月二十四日

[1] 胡熊，泉州法石村人，林俊的结拜兄弟，太平天国的回闽活动人。

敬禀者：卑署府昨将南安剿办，并贼匪攻扑惠安情形，先复其禀钧鉴在案。

伏查南邑剿办既属迟延，而各路要隘又不能严密堵御，致逆匪得以勾结窜扰。南邑军务毫无端绪，仙邑乌白旗猖獗如故，今惠安又复告警，贼势则处处蔓延，我兵则处处牵制。若三邑彼此结连滋扰，则下游与省城势必声息隔绝，东南半壁实为可危。查泉、漳民情，向知畏威而不知感德。自上年军兴以来，各属均未经惩创，以致匪胆愈张，时思蠢动。此等乱民，必不能以招抚解散，望其悔罪归诚。计惟有选勇敢之将，简精锐之兵，声罪致讨，痛加剿杀。如极恶之乡，竟以大炮轰洗，必使余匪摇尾乞怜，然后再加宽宥。否则官畏民而民不畏官，城门之外法令不行，即使苟安目前，而地方不可复治。是惟在宪台审察机宜，大加整顿，非伐毛洗髓，总难望起此沉疴耳。

至此间饷银，前已挪用漳饷三千两，本拟俟夷船解到，即行拨还，此时事在危急，不得不将漳饷仍行留用。泉郡捐输一事，本属万分为难，兹当贼氛迫近，人心皇皇，更未便追并捐项。至惠安贼匪未靖，小路不能通行，将来奉拨饷银，只可仍交夷船汇寄。惟夷船开驾迟早不定，如此次之三千两，系上月兑交，竟与续拨之五千两一起解到。查刻下两路兵勇，暨郡城防堵口粮，计每日不下千金，解到之八千两，仅足供旬日之用。万一剿办吃紧之时，接济不及，则溃散之情，实有不堪设想者。卑署府身膺艰巨，五中如焚，惟有仰求大人，俯念事在万难，饬令总局司道迅速筹拨一二万两，饬令福防□丞及早兑交，将次出口之夷船，嘱令赶紧解运来泉，切勿稽迟时日，以免延误而保地方。不胜激切翘盼之至。卑署府谨禀。

咸丰四年四月二十五日

敬禀者：窃本月二十四日，有贼匪千余人，攻扑惠安县城，势甚猖獗。叠据惠邑禀报，卑职等当即会商，拨兵三百名，先行驰赴救援，一面飞请□总镇分派□、□二游击、□都司带兵一千五百名，由山顶坪径赴惠安剿办。适□□□部郎自厦回郡，并嘱赶回县城，协同办理。

嗣据惠邑禀，贼首胡熊暨妖妇邱氏[1]，纠匪千余人，分两路扑城。该县督率壮勇登陴抵御，城厢及四乡团练绅耆各带义勇，内外夹击，毙贼甚多，拿获伪军师张炉、头目许安等二十余名，贼匪逃散。并查邱氏，本系娼妇，交结匪类，诡称能用豆人纸马，煽惑愚民，旗上伪书"顺天命邱娘娘"字样。闻欲嫁与逆俊，逆俊令其攻扰惠安。现在县城民心奋激，各乡团练义民亦俱协力杀贼，俟大兵到彼，即可平定。讵于二十五日闻报，□总镇将大营兵勇全数撤回郡城，卑职等接见。询知因连日攻剿潘姓各乡，逆俊实无踪迹，传闻已经他窜，现在惠安告警，难保非即系该逆窜扰。本拟分兵前往，但大营四面潘、黄二姓贼匪，不下四五千人。倘分兵之后，大营兵数无多，未便久居重地。兹将全队撤赴惠安援剿，一面探查逆俊所在，俟得有实踪，再行相机剿办。

卑职等以南邑贼匪蜂屯蚁聚，其包藏祸心更甚于惠邑。贼匪近日慑于兵威，伏不敢动。今大营猝然撤退，该贼匪等难保不乘此空虚，狡焉思逞。万一狼奔豕突，则大兵远在惠安，不特苦于鞭长，抑且疲于奔命。当经会同商定，□总镇与□游击统带提标、长福、闽安、海坛等营兵丁一千三百名，于二十六日起程，前赴惠安。其余兵勇，统交□游击管带，留住郡城，以备策应。

　　查此次从贼匪徒，有惠属之黄田、东坪、陈田三乡[2]，晋属之梧阳[3]一乡。现拟□游击率兵一千名，即日前赴梧阳搜拿匪犯，与惠邑合兵围捕。倘南邑匪徒果有蠢动，即可就近驰赴堵剿。惟是逆俊踪迹，传说纷然，总无实在。此孽一日不除，则下游地方一日未能安枕。现在大营既撤，倘惠安办竣后，应作何进止之处，非卑职等所能专主，合将撤兵情形，据实禀请大人察核办理。实为公便。

　　再，南邑地方紧要，□令因有交卸之信，呼应不灵。查新任□署令已至惠安，现已由府饬催赴任，以专责成，合并陈明。卑职谨禀。

咸丰四年四月二十六日

[1] 邱氏，指邱二娘（1833—1855），原名邱真，福建泉州人。咸丰三年（1853年）四月，林俊在永春州起义，林杯、邱二娘也在惠北笔架山高明王宫树起义旗。起义后不久，林杯牺牲，邱二娘高举"顺天命邱娘娘"的旗帜，继续战斗。同年八月间，率领义军同当时进入仙游、莆田的林俊队伍会合。咸丰五年（1855年），由于起义队伍中的陈大、陈桥、陈潮家三人利欲熏心，暗中向清廷告密，邱二娘被清方捕获，押送泉州，受尽严刑拷打，始终坚贞不屈。同年六月十四日，在泉州南校场被凌迟处死，时年仅22岁。后来，惠安、泉州、仙游一带民众塑像奉祀，称之为"仙姑妈"、"游路夫人"、"庄脚妈"。

[2] 黄田，今泉州市泉港区涂岭镇黄田村；东坪，今福建仙游县园庄镇东坪村；陈田，在今泉州市泉港区涂岭镇，现建陈田水库。三乡原属惠安县，均与仙游县接壤。

[3] 梧阳，当为梧洋，今泉州市洛江区马甲镇梧峰村。

　　敬禀者：窃卑署府前将剿办逆匪情形，历次具禀钧鉴在案。

伏查此次军事之坏，不误于团练，而误于招抚。盖行团练于贼至之后，虽属缓不济事，然团一乡则少一乡之附从，练一乡则免一乡之牵制，其事有利而无害。惟逆俊等窜至南邑，始由黄姓，继匿潘乡，均有的确姓名、住址。其助逆之潘宗达等，俱各挺身不避。此数人者，其狡恶更甚于逆俊。诚于是时掩其不备，或潜兵围捕，或拘执跟交，即不能歼厥巨魁而剪其爪牙，亦足孤贼党而寒匪胆。乃听其欺诳，任其去来，追渐觉其诈而贼势已成，聚众攻扑。虽被官兵击败，而逆踪已杳然不知所之。卑署府于初议招抚时，过虑及此，叠经痛切直言其弊，而在事者均不以为然。故于前禀中备述情形，并非各逞意见，哓哓然负气争胜也。

日前传闻逆俊等，复窜匿帽顶寨附近山上，业经饬据安溪□令确切探查，并无踪迹。近日四路访查，并据团练局探报，佥言逆俊因扑营不胜，已由山顶坪一路窜匿晋、南、仙交界之深山中。此语虽出自传闻，然察度情事，该逆等亦断不肯株守近乡，坐待官兵搜捕之理。今逆匪已为歧路之羊，而助逆者亦非复柙中之虎，即各乡贼匪，均已迁避罄尽。其在乡者非安分之良民，即孱弱之老稚。大兵连日在乡攻剿，并不见一贼匪。兵勇焚烧抢掳担负而归，贼匪则仅存住屋，良民则并罄其赀财。烟雾迷天，啼号遍野。已为贼者既去不可回，未为贼者又将激而生变，如火燎原，势将不可收拾。兴言及此，实为寒心。请□总镇拨兵防堵，迨奉到督宪牌饬，始派□游击、□都司各带兵五百名，前往驻札。讵料□游击等并不遵照驻守，径带兵勇麇聚大营为移兵就食之计，宪札军令并可不遵，坐使釜底游魂从容漏网，殊堪愤懑。

卑署府复经函致□总镇，以逆匪现既他窜，我军亦应亟思变计，或分兵追捕，或蹑迹搜拿，以期弋获。若仍在潘姓乡中，亦应确查速办，岂宜今日剿一乡，明日毁一堡，涂炭良民，蹈老师縻饷之弊。并请饬令□游击、□都司仍往山顶坪、大罗溪分驻堵御。在卑署府自尽一得之愚，惟恐人微言轻，听之者藐藐耳。

前计大营兵勇已有四千余名，又加养夫二千余名。顷接永春州来信，知□、□二游击，又带兵五百余名来南协剿。兵数愈增，需饷愈大。前因无可筹措，挪用漳州饷银，日内又已告罄，幸夷船解到两次奉拨银八千两，得以接济。第拨还漳饷三千两外，其五千金仅足敷旬日支应。省库既万分支绌，而此间捐输一事，尤属难乎其难。经月以来，卑署府与营县并力办理，亦搜括得五六千串，藉以弥缝支拄。但捐项既日难一日，捐数亦日少一日。经费有断绝之候，而军务则杳无竣事之时。且贼匪俱屯聚各乡，因慑我兵威，不敢恣肆。倘大兵一撤，则哄然并起。不特南邑地方不能保守，而东南半壁亦岌岌乎，难以瓦全。此时办招抚者已知难而退，办团练者亦徒唤奈何。卑署府唇焦舌枯，心力交瘁，虽复百计张罗，其实毫无补救。不得不沥叙实情，仰求大人察核机宜，督饬办理，俾得转危为安。地方幸甚！

至此间所需饷银，别无指望，务望俯察情形，于无可筹拨之中，曲为拨解，以资接济。若欲恃捐输为正项，必致贻误事机，临禀不胜激切盼祷之至。卑署府谨禀。

咸丰四年四月二十四日

敬禀者：窃卑署府前将贼匪攻扑惠安县城，暨□总镇撤营赴剿情形，先后具禀钧鉴。

查□总镇大兵，于二十六日驰赴惠邑，其时贼匪已经退散。因查此次造逆从逆匪徒，系惠安之黄田、东坪、陈田，与晋邑之梧阳等四乡。□总镇现于初二日，同□游击、□守备统带兵勇，赴黄田等乡分别剿捕。卑署府亦商请□□□游击带兵一千三百余名，赴梧阳乡会合剿办，务期擒获贼者，肃清地方。幸惠邑自上年□□□部郎办理团练，民心固结，此次击追贼匪，全赖城乡练勇之力。匪类无多，似尚易于竣事。惟南邑因大营撤退，各乡匪徒复有蠢动之信。现已会商，请□游击带兵五百名，先赴洪濑驻札，以资弹压。新任□署令现已到任，并经饬令会同妥为办理。近日访查逆俊踪迹，多称尚在南邑炉内等乡。此贼一日不除，则下游地方一日不能安枕。不日惠安办竣，似尚须返斾[1]南安，追捕逆贼，或先行剿办仙游乌白旗匪。军情关重，非卑署府所能指挥。伏望宪台察度机宜，指授方略，俾得循照遵行，实为公便。

惟□总镇大营兵勇夫役已有六千余人，嗣因惠邑滋事，郡城、县城均各添雇兵勇。兵数愈增，需费愈大，计自四月内，蒙总局前后拨解银八千两，又经挪用漳饷三千两，就地搜括捐项亦有一万余串，约计银数不为不多。无如大营兵饷，每日需银五百余两，每解千金，不敷两日支应。现计分局存项，仅能支持至初四五，即已悉索无余。外间捐输，叠经罗掘，本属万分为难。刻下众心皇皇，更未便再为追并。虽已捐未缴之项，尚有二三千串，不特迟速有无，均难预定。即使全数缴清，亦不敷一二日之用。此时剿办正在吃紧，万一因饷银不继，贻误事机，所关实非浅鲜。卑署府身任地方，责无旁贷。然当水尽山穷，非不竭力而已无可竭之力，非不尽心而已无可尽之心。辗转筹思，实有束手待毙之势，不得不仰求大人俯察情形，速饬总局司道，迅即筹拨饷银一二万两，务于初十日内赶解来泉，以资接济。成败所关，万望鉴察。不胜激切盼祷之至。卑署府谨禀。

咸丰四年五月初四日

[1] 返斾，即回师的意思。斾，同"旆"。旗子上的镶边，泛指旌旗。

昨悦接诵钧函，聆悉一切。

□令禀请撤防兵、补汛兵之事，系从节费起见，所言不为无理。第此时地方未静，汛兵既势难补足，则防兵不能不暂为存留。

还望阁下察看情形，或应全留，或可酌减，统祈裁夺办理，弟处自当遵照奉行。惟恐一有事端，仍须另行调拨，区区防兵亦无济于事耳。

陈文龙、颜祷二犯，前经檄饬提府讯办。昨□令再三面求，因嘱令而谒阁下商酌办理。兹奉手书，并票钱六百串。弟意以该犯等果系会匪，则例应严办，非三百千所可纳赎。若实系良民，则自应释放，亦无罪可赎。刻下经费虽当支出，似不便于此等事办理捐输，致伤大体。兹附缴原票二纸，幸察收容，饬□令于回县后，即将该二犯解府，俟提讯供情若何，再行报命可也。

至陈观受线费一节，询据□令，云已经清给，并云内有别故。弟恐内中各有一面之词，亦嘱其面谈一切，庶可彼此洞然耳。

咸丰四年五月初六

复参戎

敬禀者：本月初五日，接奉宪牌，据海坛□署镇禀报带兵赴惠援剿等情，以□署镇系统兵大员，奉旨饬拿逆犯，责任甚重。乃一闻惠安警报，即将围兵全撤，不知缓急轻重。勒限十日内，统领弁兵折回南安，确探匪踪，竭力围捕，务擒逆俊以赎前愆。所有此次各兵夫价口粮，应令□署镇自行赔发，不准由地方官开销，先示薄惩等因。仰见宪台激励戎行，明罚敕法之至意。

伏查□署镇于四月二十六日抵惠攻城，贼匪先经退散，随带领兵勇剿办黄田、东坪等乡，于初八日回郡，定于初九日前赴南邑。前因潘姓匪徒复有蠢动之信，经卑署府等商令□都司带兵六百名，赴洪濑驻扎防堵。其□、□、□三游击，亦带兵一千名，赴梧洋乡[1]剿办竣事，于初六日前赴洪濑。候□镇军大兵时，拔营齐进，仍至后洋乡扎营，相机剿捕。惟黄田等乡匪犯均已窜匿，兵勇至彼，仅烧毁匪屋数十所，逆首胡熊、妖妇邱氏暨从逆各匪，并未斩获一名，惠邑民心未定。现经会商暂留协援之□游击，统领原带兵三百名，并郡兵二百名，在城镇守。

至逆俊踪迹，佥称尚在炉内一带，究无能指出实在。不日大兵抵彼，尚须确切跟究，示以兵威，庶可得手。惟此次夫价口粮，既蒙饬令□署镇赔发，自应遵照办理。第该署镇身在戎行，并无携带重赀，而兵勇口粮须每日给发，又难枵腹坐待。若竟令□署镇自行赔给，势必贻误事机，不得不通融办理。仍令委员照旧支应，以期迅速。容俟将此次来往夫价口粮，另行开具实数清册，呈候钧鉴，即饬□署镇照数赔缴充饷，庶于公私两有裨益。大营兵勇日需口粮八百余千，前蒙拨解银八千两，并挪用漳饷三千两，早经告罄。惟藉搜括捐输，逐日弥缝支持，而捐项之多寡迟速，不能预定，以致各营饷银欠给累累。兵勇因以藉口，动辄鼓噪。叠经卑署府禀请筹拨，均未奉到批示。现在□署镇统领全军复抵南邑，所需军粮，刻难延缓，虽经卑署府等竭力设筹，而无米之炊总属万分竭蹶。倘再不蒙接济，则旬日之内必有溃散之忧。卑署府虽罪不容辞，而地方大局岂堪复问？理合将大兵折回南邑情形，禀候大人察核，并恳查照前禀，恩赐面饬总局司道，迅速筹拨饷银一二万两，星夜赶解来泉，以免延误而收切效。不胜激切盼祷之至。卑署府谨禀。

咸丰四年五月初九日

[1] 梧洋乡，今泉州市洛江区马甲镇梧峰村。位于马甲镇东北部，东与惠安接壤，北与仙游接壤，系偏僻山村。

敬禀者：窃卑署府前将□署镇剿办惠安贼匪，并折回南邑情形，具禀钧鉴在案。

伏查大营兵勇五千余人，每日需口粮钱八百千文。前后奉拨饷银暨挪用漳饷早已告罄，所藉以支持者，惟捐输一项。而泉郡殷户本属无多，自上年叠经罗掘，不啻至再三，安能望其踊跃？现又奉有捐米之案，该捐生恐捐钱之后，复令捐米，更加观望不前。两旬以来，会同营县合力催并，七八日内始能凑集千余串，解赴大营支应。而后饷未至，前饷已空，以致各营口粮无不欠给，兵丁以此怨望，将弁以此借口。师愈老而饷愈糜，其弊半由于此。现奉督宪严饬□署镇竭力围捕，并檄□护道带兵来南协剿。厚集兵力，而不宽筹饷银，其害较兵单为更甚。卑署府前因情势窘迫，叠经禀请筹拨，盼望两旬，未蒙批示。伏念卑署府身蒙委任，具有天良，明知省库支出万分，但有一线生路，何敢妄为烦渎？此时全省大局系于一隅，而日乞升斗于市人，以供数千人之坐食，此等情形何能持久？现计捐输各项，约可支持四五日，此外实已水尽山穷。若十五六日以后不蒙接济，则卑署府亦束手无策，坐视绝裂，听候参办而已。伏求大人俯察危急情形，而饬总局司道，迅速筹拨银一二万两，星夜兼程赶解来泉，以资接济，而免延误。

再，前次挪用漳饷三千两，尚未拨还。现奉□道宪以漳州需饷孔亟，函札交催。顷又委员来泉护解。若仅蒙筹拨数千两，则此项漳饷，势必不能归还。尚乞察核示遵，临禀不胜激切盼祷之至。卑署府谨禀。

咸丰四年五月十二日

十五日接奉钧函，领悉一切。

□镇军剿办匪乡，仅止烧毁房屋并未斩获一犯，较寻常办理械斗更觉不如。又加良匪不分，玉石俱焚，无怪匪徒肆无忌惮。一波未平，一波又起，梧洋、暗林等乡纠结抢掳，并罗溪传单克日攻城。大营在迩，竟明日张胆，事难保其必无，然只可密为防范，亦不宜过涉张皇。承示速即添兵策应，郡城实无可调之兵。现与□□参戎商酌，据称虽可于各汛防勉强抽拨数百名，一时不能齐集。已嘱其预为密调，听候遣发，一有紧急，可以一呼立至。并知会□□兄设法查办，现已分遣团练局绅士往梧洋等乡，分别约束解散。第此等空言，未知有补于事否？惟惠邑各乡团练，颇有实效，务望阁下会同，随时策励鼓舞。果能众志成城，胜于官兵百倍耳。

□镇军已于十四日进兵，驻扎后洋之金鸡山。闻潘姓各乡良匪，均经搬避。来信云："即日进兵剿办，恐亦不过以烧毁房屋了事而已。"逆俊踪迹究无实在，或云"尚在炉内"，或云"早经远窜"。顷又传言在永春之乌洋白岩寺一带。来示所云，该逆狡狯异常，多方误我，诚哉是言！此贼一日不除，则地方一日不能安静，奈何！奈何！

咸丰四年五月十五日
复庄部郎

敬禀者：窃卑署府前将□署镇军折回南邑剿办情形，具禀钧鉴在案。

十九日随营委员试用县丞□□回郡催饷，据称："大兵驻扎后洋，拟于十五日进攻顶潘。因先遣绅士侯江前往，谕令捆送逆俊暨潘榜等犯。该乡求宽限一月，仍未送出。□署镇军随于十七日督带兵勇，进剿顶潘、内潘[1]二乡，乡中早经搬徙罄尽，当将匪犯房屋查明焚毁。查内潘有土堡一所，该匪等均避匿其中。随移兵前往搜捕，堡内竟开枪拒敌，我兵毙者一名、伤者四名。因该土堡甚为坚固，约可屯聚二千余人，现在设法攻毁，尚未得手。"并云"访查附近黄姓各乡，佥称逆俊等均在堡内，未知虚实"等语。

伏查逆俊踪迹，或云"已经远窜"，或云"在附近帽顶寨山上，与林广屯聚"，或云"在永春乌洋蓬乡[2]白岩寺，与苏笃等纠合"，或云"已往惠安"，或云"避匿仙游"。经月以来，传言不一，逐处探查，毫无影响。难保非该逆等潜伏该乡，故散讹言惑我视听。即此次贼匪先扰惠邑，继攻仙游，亦恐系该逆勾结，主使东西滋扰，冀以分我兵力，缓我剿办。现在该乡既公然抗拒，无论逆踪有无，总应剿办。若逆俊果在此间，则聚而歼旃，实为快事。惟恐围守不密，更被窜逃，致贻后患。尚望宪台檄饬□总镇分布队伍，严密堵剿，务期扫穴擒渠，勿使凶徒漏网。地方幸甚！

惟大营兵饷需费浩繁，卑署府叠将窘迫情形据实禀请筹拨。查近日捐输一事，实属水尽山穷，催并经旬，所得数百千，不敷一日之用。日前因各项搜括罄尽，万分为难，不得已向海关商挪得数百金，藉以敷衍二三日。幸日昨接准福防□丞来信，知已蒙拨解银三千两、票三千两。刻下虽尚未解到，而连日即指此。顷向各店铺赊借钱米陆续运送，约计此项一到，分别归还，顷刻即已告罄。且前挪漳三千两，委员坐索已久，不还则理有不可，还则势有不能，再四筹维，实属束手无策。况大营正在剿办之时，兵勇口粮断难一日缺乏，若仅恃捐输支应，必致贻误事机。迨决裂之后，虽将卑署府等粉身碎骨，而地方大事已不堪问。惟有仰求大人俯察情形，饬催总局道迅再筹拨银一二万两，并交夷船汇解来泉，以资接济。是所至祷。卑署府谨禀。

咸丰四年五月十九日

[1] 内潘，即今福建南安县乐峰镇乐峰村。原属罗东乡，俗称炉内潘，为潘姓聚族而居的村落。林俊起义时，其好友潘宗达配合起义军，在炉内潘秘密组织黑钱会，从者数万。顶潘，当与内潘相邻的村落。

[2] 乌洋蓬乡，当指湖洋蓬莱，即今福建永春县湖洋镇蓬莱村。

敬禀者： 窃查前奉宪札，查议奉到部咨，核减捐监银数，颁发空名部监执照，由司另刊照单，分发各属。定以三个月限期，速集绅衿，劝谕捐生，赍单随银，赴司投缴，听候给照等因。仰征宪虑周详，于广筹军饷之中，寓杜绝侵欺之意。惟是人情莫不贪小利，而乐趋简便。此间初闻部议章程，均以一经捐银，即可得照，情形颇为踊跃。迨奉到续发照单，而踊跃者转为退沮。细询其故，佥称常例捐监，各捐生赴司上兑，即蒙给发实收，随后换给部照，并有即将实收收执终身者。兹既仍须赴省报捐，又须由县先领照单，较常例更多一层周折，且恐各县经胥不无小有需索，兼以赴省大路难于通行，故各生畏难苟安。数月以来，虽屡饬绅士婉为劝导，而始终无一人应命，职是故也。

伏思在县报捐，则各州县借口军需挪用捐银，势所不免。然现在南邑大营兵勇云集，需费浩繁，叠蒙总局筹款接济，而省库存项空虚，筹拨亦为支绌。可否将部颁空白监照，饬发一百张，或八十张下府，俾得就近捐收？将正项银两陆续解赴大营支应，即将省库应拨之款抵还此项。至随捐部饭，暨本省办公饭食银两，仍按名扣存，解交司库。似此量为变通，则饷银既免运解之烦，且与近来捐输充饷事同一例。惟较之寻常劝捐，稍有把握，而各捐生等亦得随时捐纳，遂其报效之忱。

现在大营兵饷，每日约需银四百余两，逐日搜罗支应，实有朝不谋夕之势。卑署府于无可设法之中，作万不获已之请。伏祈大人察核情形，恩赐檄饬总局司道核议。如蒙俯允，恳将部监照迅速札发下局，以济要需，而免贻误，实于军务大有裨益。卑署府谨禀。

咸丰四年五月廿二日

敬禀者： 窃查□署镇于五月初十日回军南邑，驻札炉内之金鸡山，次第搜剿顶潘、内潘等乡。仍闻毁穴焚巢，未能执凶获丑，而贼匪屯踞土堡，反伤毙我兵。迨十八日至廿三四，阴雨连绵，按兵数日，微闻复有收结退兵之信。正在惊疑，随接□署镇致韩令函信，尚称"现据潘姓绅耆来营报称：'逆俊等实无藏匿在乡，匪犯潘榜等实已他窜，请亲诣土堡内沿门搜查。该匪犯等见大兵在乡，不敢出头，求暂行退兵，宽限半月，情愿访获逆俊暨各匪犯等送案，并据李、侯、黄三姓出具连环保结。'查看情形，实出至诚，嘱为酌定"等语。卑署府以该土堡内若均系良民，先何以开枪拒敌，继何以开门请搜？其为先藏匿而后他窜，情弊显然。此时早稻将次登场，故又求宽具限期，以为收获之计。倘轻行听信，必致堕其局中。似须等候□总镇到营酌办，卑署府不敢妄为专决。幸□总镇于初一日抵泉，接晤之下，聆其言语，实属晓畅老成。适□护副将来郡催饷，细询情形，据称出结具限之事不敢深信，惟确查逆俊等实已他窜，屯兵荒山殊非善策。卑署府以逆匪踪迹既属茫然，该乡房屋烧毁殆尽，无可剿办，未便劳师縻饷，为刻舟求剑之举。况扎营山下，军士露处日久，阴雨之后，湿气熏蒸，兵勇日有死亡，实难持久。现拟大兵退驻洪濑。该处为南邑适中之地，可以控制四方，如探得逆匪踪迹，可即随时遣兵掩捕。卑署府等会议佥同，□总镇已于初三日驰赴大营，察看办理。

至仙邑乌白旗，因知调兵剿办，纷纷纠结，希图先发。近复闻林俊有窜往界尾之信，窃计一则怀必死之心，一则急救生之念，同恶相济，势所必然。该匪首朱三、陈尾均有确切住址，与林逆之茫然影迹者不同，惟虑乌合之众，蚁聚蜂屯，非厚集兵力难以制胜。或先行明白晓谕，指明专剿朱、陈二匪乡，其余安居毋动即属良民，免其剿办。使知罪有所归，庶足解其党援，而散其附和。前奉督宪檄调□游击、□都司原带之勇一千三百名，回仙剿办，业经遵札拔营前往。昨复奉□总镇调回，□署游击所带兵丁五百名，亦拟即日驰赴。计洪濑现存□署镇、□护副将，□、□二游击，共带兵勇一千五六百名，足资剿捕。窃意此时情事，乌白旗之势实重于林逆，剿办似不宜再缓。第虑□总镇屡挫之后，为贼所藐视，声威不能复振，或请量移□总镇前往督办，庶期新号令而速成功。至南邑军务，仍责成□署镇妥为办理。但使乌白旗一定，枫亭道路一通，则全省大局已就肃清。林逆诸匪如孤雏腐鼠，无所施其伎俩。加以逐处严查，随方购缉，釜底游魂何能久逃法网耶？

惟现在不忧无兵而忧乏饷。计大营需费浩繁，前年筹拨及截留漳饷，上月初已告罄。经月以来，均系搜括借贷，竭蹶支应。奉拨之现银三千两、票银二千两，于上月廿九日解到。除拨还漳饷现银票银各一千，暨清给□、□二军旧欠口粮，并分还各店借项外，一无所存。幸□总镇随带奉拨饷银一千两并凑给发，计尚欠各营兵勇十余日口粮。闻昨日解银五百两，甫至大营，被兵勇尽行抢散，此事尚未知□署镇如何办理？然此风一长，不特溃散可虞。倘乱民杂以叛兵，其事岂堪复问？

至泉郡捐输，所有殷户罗掘已尽，仅存未捐之中下户六十余家，叠呼罔应。现拟请□侍御就团练局邀集各户，谕令公捐，大约极多可得钱二千余串。杯水车薪，有何裨益？即仙邑军务，亦因欠给口粮，兵勇不服调遣，甚至逼索委员，无所不至。计自军兴以来，因省库筹拨维艰，各处请饷均须等候数旬，始蒙拨解。而解到之后，又仅敷清给积欠。应需剿办行粮，仍须顿兵坐待，节次因循。为日愈久，縻饷愈多，办理迟延，率由于此。卑署府身承委任，具有天良，但使就地稍可筹挪，何敢故作张皇，过为激切？实因目前时势已属水尽山穷，无米之炊，朝不保暮，不得不于安危呼吸之时，作痛哭哀吁之请。伏求大人察核窘迫情形，统筹全局，恩赐谕饬总局司道，迅速筹拨饷银，分别赶解接济。卑署府躬膺艰巨，目睹阽危，日聆庚癸之呼[1]，实切云霓之望，万望迅赐批示遵行。不胜激切盼祷之至。卑署府谨禀。

咸丰四年六月初四日

---

[1] 庚癸之呼，军中乞粮的隐语。庚癸，军粮的隐语。

敬禀者：窃卑署府前将□总镇抵泉后，议将大营退驻濑，并林逆有窜匿仙游之信，商请□护副将前往会办各情形，具禀钧鉴在案。

嗣接□部曹、□护副将来信，已密派眼线，说诱来惠，以便下手。复据团练局探报，"林逆于初二日至仙邑之程厝宫[1]，初三日往界尾乡[2]与朱三等会面"等语。初六日接□总镇函称，林逆窜入界尾乡，现在朱三枪洞，各处勒派银钱，复图攻城。经于初四日出师进剿，该逆率众开炮迎敌，被我兵击杀数十人，始行退散。察看兵力单薄，已禀调□署镇赴仙会剿等因。卑职等窃查前次逆踪杳然，其剿办炉内各乡，几于捕风捉影。两月以来，该乡匪巢焚毁殆尽，著名匪犯均已远窜，实已无可剿办。卑职等前议退营洪濑，原冀稍为宽纵，再行确探匪踪，随时掩捕。兹幸该逆窜入仙游与乌白旗合伙，是盖罪恶贯盈。故使麇集一隅，俾得聚而歼旃，一劳永逸。

第林逆等则急于求生，朱三等则自知必死，同恶相济，势必舍命结连，以为万死一生之计。亟宜乘其布置未定，直捣窝巢，痛加剿灭，以免养成气势，蔓延滋扰。惟我兵屡经挫折，锐气已衰，非厚集兵力，实恐难以制胜。况现在贼势全注仙游，而□总镇诸军株守空虚之地，不特徒縻粮饷，抑恐坐失事机。卑职等会议，应请□总镇、□署镇统领□、□二游击、□守备各原带兵勇，共一千三百余名，一并驰赴仙邑，协力剿办。此间留□游击带兵五百名驻札洪濑，足资弹压。似此移缓就急，实于军务大有裨益。卑职等悉心商酌，意见相同，本应禀请宪示遵行，第恐文札往回有稽时日。兵贵神速，未便稍为拘泥，兹于发禀后即筹备口粮大价，解赴行营，请□总镇等即由洪濑拔营前往，以期迅速，而免贻误。函致□总镇等查照办处，理合禀请大人察核训示祗遵，实为公便。

再，前奉饬知□护道统得胜之兵，驰赴下游督办。倘此时由省起程，并祈饬由兴化径赴仙游。地方幸甚！

至大营需费浩繁,虽蒙总局叠次筹拨,并卑职等并力措设,而入少出多,总属万分竭蹶。此次蒙拨解现银三千两、票银二千两到泉,除拨归漳饷暨清还借欠各项,顷刻告罄。计此间捐输一项,至再至三,罗掘已尽,现在仅存未捐中下户六十余家。前请□侍御就团练局邀集各户,劝谕公捐,尚未定议。即使集有成数,亦属杯水车薪。窃意□总镇等移军之后,洪濑所存兵数无多,而仙游则大兵云集。且当剿捕吃紧之时,饷银一日不继,则兵勇一日不能行动,空稽岁月,坐误机宜,其患实非浅鲜。万望大人统筹全局,恩赐谕饬总局司道,迅速宽筹饷银,分别赶解接济,以足兵食而责成功。不胜盼祷之至。卑职谨禀。

咸丰四年六月初六日

[1] 程厝宫,即今福建仙游县枫亭镇溪南村程厝自然村。
[2] 界尾乡,即今福建仙游县盖尾镇。

敬禀者: 窃卑署府前因逆匪窜聚仙游,议请□总镇等移兵会剿各情形,会禀钧鉴在案。兹据各路探查所报,大略相同。是林逆等之在仙游,确凿可据。

伏查该逆窜至南邑之初,穷贼余生已投罗网,乃一误于招抚,再误于撤兵,致逆踪杳然无可追究。奉饬折回剿办,该逆等尚屯踞土堡。使能攻毁巢穴,则要犯未始不可成擒。乃询据□护副将声称,是日与□署镇等分四路出兵,该护副将带领原兵百余名,直趋土堡。约定互相救应,乃堡内开枪伤毙我兵。该护副将以号旗招呼,竟无一人赴援。该护副将因众寡非敌,亦收队回营。查□署镇前禀剿办情形,并未将土堡声叙[1],其畏难取巧,已可概见。嗣因阴雨数日,按兵坐食,而该逆则乘我兵休息,从容兔脱。探查林逆于二十二日窜入仙游,正其时也。乃逆匪去后,该乡又伪为恭顺,开堡请搜，具限交犯，恳求退兵，以为收获早稻之计。闻于初五日撤营时，□署镇遣外委□□□带兵四名往该乡，催令按限交犯，不料尽被杀害。大营近在咫尺，该乡即如此横行，而谓出结之出于至诚感悔，其将谁欺？

至山顶坪、大罗溪两处，为该逆勾结往来必由之处，卑署府前经叠请□总镇派兵防堵，始终未蒙采纳。洎奉宪札饬派□都司带兵五百名赴彼防堵，则又以粮食不便，并不在彼驻札。若大罗溪，则素为盗薮。卑署府时时谆嘱营县，设法防范，均以无关紧要，漠不经心。及商之□侍御，则总以业经团练可靠，粉饰支吾。坐使扼要处所虚无一人，致贼匪来去自由，如入无人之境。然此地适当贼冲，孤军驻守，实非易事，非得精兵健将，不能胜此重任耳。兹幸该逆等麇聚一隅，或者天夺其魄，使之聚而歼旃，以为我一劳永逸之举。但当乘其布置未定，党与未集之时，会合堵军，长驱直进，必以斩馘为功，不准以焚毁了事。倘我兵威一振，则乌白旗自顾身家，必有借外来逆匪以为脱罪邀功之事。若犹是将懦兵废、因循退缩，以持重为长策，以退敌为奇功，不日早谷登场，贼匪蚁聚，该逆兵多粮足，四出滋扰。而我则无处不苦兵单，无日不愁粮缺。倘于贼势蔓延之后，再议分兵，窃恐徒劳奔命。筹思及此，实切杞忧。

卑署府身任地方，逆匪近在境内，不能督饬拘拿，又令他窜，疏防失察，罪无可辞。然窃思□、□二统军，各拥重兵，分路剿办，乃在南邑者，何以纵之使去？在仙邑者，何以容之使来？而且无事不堕计中，无事不落贼后。聩聩至此，殊深骇叹。卑署府目睹时艰，五中愤悗。用敢冒昧直陈，万望大人察度机宜，严饬统兵各大帅，振刷精神，奋扬威武，务期于旬日内扫穴犁巢，殄除群丑。万不宜仍蹈故辙，致失机宜。地方幸甚！生民幸甚！

现在□总镇等各军已由分局筹备口粮夫价，于即日拔营前往，并祈饬催□护道赶紧驰赴仙游，会同剿办，实为公便。惟近来剿办之迟缓，纪律之废弛，其故半由于缺饷。此时仙邑兵勇云集，正当剿办吃紧之时，若不宽为筹备，则兵士不遵调遣，将弁藉以耽延，其误事实非浅鲜。至就地捐输，只可暂为补苴，岂能恃为久计？现在胜败之机，决于此举，尚祈谕饬总局司道统筹全局，迅速筹拨接济，俾兵食充足，然后可罪其玩误而责其成功。愚昧之言，统祈训示。卑署府谨禀。

咸丰四年六月初八日

[1] 声叙，明白陈述。

敬禀者：窃卑署府前因逆匪窜聚仙游，业将移兵剿办情形，具禀钧鉴在案。

日内探闻官兵连日接仗，互有胜负。幸□总镇等于初十日可抵仙游，正可协力进剿。顷接惠邑□部曹两信，其探查情形较为确实。兹将原信照抄，附呈台览。伏查此时上下游著名逆匪尽聚一隅，我兵得以并力剿办，如此机会实为难得。若再不能聚而歼旃，使其蔓延窜扰，则实由人谋之不臧，非天心之未厌也。惟闻贼势颇为浩大，万一官兵再有挫失，则下游地方岂堪复问？或我兵获利而逆匪他窜，其贻患亦不可胜言。

前闻林逆有"决战不胜，即思下海"之说，查枫亭本有澳口可通海洋，贼匪必恃此为遁逃捷径，亟应预行堵截，以免疏虞。务祈大人察核机宜，府赐咨照水提军暨海坛各镇，迅速就近派拨师昭，驶赴枫亭一带海口洋面严密堵捕。刻下南风司令[1]，如由厦门开船一二日即可至彼，庶足以壮我声援而绝其窜越。至□护道统带上游胜兵，日内谅已回省，并祈饬催星驰赴仙，合力攻剿。一面严饬统兵各大将，督率戎行，奋勇前驱，以期速奏肤功。地方幸甚！

惟仙邑兵勇，正当剿捕吃紧之时，饷银实为紧要。连日接委员□□□具禀告急，以奉拨现银三千两、票银二千两，尚未解到。前与□、□二令设法挪借，将每日口粮减半给发。近日贼氛紧迫，借贷路穷，并减半亦无可支给等语。其窘迫情形，似乎不堪言状。而卑分局支应南邑大营兵饷两月有余，实已筋疲力尽。近因□总镇等移兵赴仙，供应夫价及清还积欠口粮，均系会同营县。向外间零星凑借，已不下四千余金，至捐输一项，已分毫无可指望。现在惠安洪濑暨郡城防兵，每日尚须二百金。日为无米之炊，何力尚能兼顾？惟念该兵勇于变风烈日之下，捐性命、冒锋刃，纵不能厚加赏犒，而区区应给口粮尚不能全数给发，日使枵腹负戈，又何能责其效命，罚其违令耶？现在兵力贼势全注仙游，全省大局在此一举。惟有宽筹饷银，源源接济，责令迅速收功，则此后所省帑项已不可数计。若拨少则欠多，欠多则兵怠，兵怠则剿办迟，剿办迟则新饷不能不给，旧欠不能不还，为日愈多，糜饷愈甚。万望大人明察情形，谕饬总局司道，统筹缓急，速赐转输。俾士皆宿饱，而军有奋心，于以一鼓成功，迅奏荡平之绩。临禀不胜激切盼祷之至。卑署府谨禀。

咸丰四年六月初十日

[1] 司令，指与季节当令相合的正常气候变化。

舌击编卷四

敬禀者：窃卑署府前因逆匪窜聚仙游，业将□、□二镇移师会剿，并派□游击驻兵洪濑各情形先后具禀在案。

伏查该逆等麇聚一隅，若经官兵剿办穷蹙，非逃回炉潘[1]即潜窜入海。而涂岭[2]一路，实为晋、惠土匪勾结往来所必经。卑署府以该处地方紧要与营县会商。因□护副将在惠安购捕逆俊，议酌派提标兵四百名，交护前营游击□□□带赴惠安，请□护副将统带前赴涂岭，扼要驻札。遥壮仙游之声援，近作惠安之保障；内杜土匪之纠合，外截贼匪之逋逃。并可随时乘势进兵枫亭，以为腹背夹攻之计。正在整备军装，拔营前往，因□护副将先奉□镇檄调，继奉督宪批饬，赶紧赴仙剿办，毋得逗留等因。现已于二十日，带同本标精兵驰赴仙游会同剿办。

惟涂岭迫近贼巢，时有贼匪前来窥伺。□游击仅带兵四百名，势孤援寡，若冒昧前往驻守，万一为贼所乘，未免损威失重。现经会商嘱令，暂驻县城，相机进止。幸该处附近各乡，经□部曹联络绅耆，团练丁壮，共相救援，极为得力。然止[3]能自保，不能进攻；止能阻贼之来，不能穷贼所往。近日探闻仙邑官兵叠获胜伏[仗]，逆俊等屡欲他窜，均被乌白旗匪阻止。窃意兵力萃于一面，而三面空虚，布置似未为周密，尚祈宪台俯察机宜，飞饬□镇等于各要隘处所，分兵堵截，务使釜底游魂不再漏网。实为公便。

至枫亭海口，已蒙督宪飞饬水师前往堵截。顷奉水提宪函复，知已派后营口游击管带兵舡[4]五只，会同金门师船，合力堵捕，约十七日可到，是水路已可无虞。惟陆路之山顶坪、大罗溪、兴泰里[5]等处，再为严密巡防，庶幺麼丑类，可望悉数成擒耳。

再查界尾乡，距仙游县城二十余里，闻我兵与贼匪接仗，虽连日均有斩获，而距界尾止六七里，总不能直捣匪巢，痛加剿洗。查乌白旗名目，蔓延连江、慈孝、香田三里[6]，共计二百数十乡。其党与实繁有徒而稔恶可诛者，谅不止界尾、塘边[7]二处。我兵仅从一路进攻，则贼匪亦聚而并力抗拒。窃计此时兵力厚集，似宜派为数队分剿各乡，同时并进，使贼匪彼此不能相顾。或声东击西，或明攻暗袭，叠出以扰之，多方以误之。贼匪必各顾身家，自救不遑，又安能聚而抗我耶？然兵分则势弱，自非勇建之将，必不能自成一队耳。现在逆俊等近在咫尺，踪迹昭然，若不乘此迅速追擒，恐该逆等不肯安然坐待。万一迁延日久，仍被远飏，办理又不知如何费手？

昨奉□镇来信，以官兵击退贼匪，因山路崎岖，闻贼人埋伏钉筒、大炮等物，不便穷追，且城内空虚，是以收兵回县等语。计仙邑兵勇已有七千余人，犹以空虚为虑，则非卑署府所敢知耳。惟是全省大局在此一举，遥揣情形，实恐又蹈南邑故辙。务望大人察核，严饬统兵各员，迅奏肤功，勿再因循误事。地方幸甚！生民幸甚！卑署府谨禀。

咸丰四年六月廿三日

[1] 炉潘，即潘姓聚居的炉内村，今南安市乐峰镇乐峰街周边区域炉中、炉山、厚阳、福山、湖内、飞云等村。
[2] 涂岭，即今福建泉州泉港区的涂岭镇。原属惠安县，位处北通仙游的交通要道。
[3] 止，仅，只。
[4] 舡，同"船"。
[5] 兴泰里，辖今仙游县东北角的游洋、钟山、石苍、象溪四个山区乡镇。
[6] 连江、慈孝、香田三里，均位于仙游县的东南部。连江里，即今仙游县

枫亭镇。慈孝里，即今仙游县园庄镇。香田里，即今仙游县盖尾镇。

[7] 塘边，今福建仙游县郊尾镇塘边村，位于郊尾镇西南部。明清时期属仙游县慈孝里。

初三日接奉钧函，并奉大移，聆悉一切。

近日晋南贼匪纠合赴仙者，实繁有徒。早经计及各要隘处所，必须严防，以杜勾结奔窜。故前议将洪濑□游戎一军，移驻大罗溪。继复议将惠城□游戎一军，移驻黄田。乃一则因地险兵单，不敢前往；一则因积欠口粮，不肯前往。无统率之权，不能强令遵办。幸先于隔旗、洪岩[1]等处，安设乡勇，□□□惠邑之洪厝坑、东坑[2]，亦添勇五百名。顷闻昨有南贼数百，啸聚于黄田、陈田、东坪各山，每处或数十人，或数百人，仍是为往仙之计，现在交界之处，均有勇巡守，数百贼未必敢越而过。

又闻"贼闻有兵勇遏路，欲谋抢掠，如兵勇多则仍四散"等语。该处乡勇虽为得力，然只能守而不能战。缘贼多勇少，则不敢阻拒。即力能相敌，又虑其日后报复，亦不肯十分与贼为难。至欲各处多添兵勇，则饷出兵单，实属无从措手。省饷仅供仙游一处，此间自五月至今，绝无涓滴分润，仅令就地设法，安得不筋疲力尽？现在各处防兵口粮，均已欠给一两月。兵弁因此借口不服调遣，真是无可如何。现虽分遣绅士往交界各乡劝谕实力堵御，惟既乏口粮，又无奖赏，徒以空言抚谕，百姓能为我出死力否？

承来示知月内出师，连获胜仗，虽足稍振军威，总未能直捣贼巢，令人闷闷。仙邑用兵八月之久，区区界尾竟如天堑，不能飞渡。计乌白旗匪乡应剿者，似不止界尾一处。不过因匪首朱三等踞守是乡，故并力攻取耳。设使攻破界尾，朱三等又遁往别乡，自不能不移兵进剿攻。一界尾其难如此，况如界尾者不知十处八处也。旷日持久，何时可以了局？而林俊、黄有、陈溪、胡熊等著名各匪，则乘我空虚，从容纠结，养成气势。万一被其窜回炉内，分头滋扰我兵，聚于一隅，既不能撤，又不能分。贼则纵横自如，我则进退维谷。尔时办理更为棘手，现在察看贼形，已有死灰复燃之势，不可不于事前亟思变计。

愚意此时似应暂缓攻乡，而先捕匪首。元恶一除，则附和者亦易于收拾。似宜以千余兵防守县城，仍以千余兵缀住界尾，贼匪使不敢他出。一面密简精锐兵勇，统以勇将，侦探林逆等潜匿何乡，衔枚疾走，围乡掩捕。出兵之时更须分作三四旅，陆续前进，互相救应。但能擒获数匪，剿毁数乡，则兵威壮而贼胆寒，自成破竹之势。从来用兵之道，或声东击西，或明攻暗袭，总须略用机谋，出奇制胜。从未有天明出兵，至午后即须收兵回城吃饭之理，此直是官民械斗事，同儿戏耳。深抱杞忧，用敢妄陈末议，闭门造车，未必能出门合辙。尚祈阁下察度机宜，酌量办理，是所至祷。

初议分枫亭、兴化三路夹攻，惜乎不能举行，知其事者无不谓失此良策。昨有绅士呈一条陈，亦是此意。兹将原折附呈台览，未识能见诸施行否？□□□于朔日抵郡，本欲在此整制军装，力促其起身，不准逗遛[3]。伊人虽勇往，然少年浮浪，耽情花柳。其义勇到此两日，即向其索取安家银两，并欲约定打仗赏犒。并已有逃回者，闻此系有匪人从中挑唆。然其不能约束，亦可概见。前在漳时，□提军时加申饬，并派弁协同管带，故颇为得力。如抵仙后，务望阁下察核，随时督饬驾驭，或仍派妥弁协带。内有健步二百余名，实为勇悍，须令严加赏罚，庶可收一战之功。否则徒恃勇悍，恐有偾事耳。愚弟谨禀。

咸丰四年闰七月初三日
禀仙游大营保道宪

[1] 洪岩，今福建泉州市洛江区罗溪镇洪四村。原名洪岩，地处罗溪与仙游交界处。

[2] 洪厝坑，今福建泉州市泉港区涂岭镇的洪厝坑。东坑，今泉港区涂岭镇樟脚村。两村均在泉港区西北、惠安县北的山区，原属惠安县。

[3] 逗遛，即逗留。

敬再启者：窃□前因仙游兵力萃于一隅，我以一面进攻，贼以一面死拒，不但贼逸我劳，亦觉贼众我寡。议请□、□二镇带兵由涂岭进取枫亭，腹背夹攻，庶贼匪彼此不能相顾。因与□□、□□二兄意见不合，事经中止。嗣后公议以涂岭一路，勾结甚多，必须安兵堵遏。遂会同禀请□□□副戎带兵四百名，赴涂岭驻扎，相机进剿。缘此禀未奉批示，而□副戎屡奉宪札，饬令赶紧赴仙，不敢逗遛，起程前往。迨奉督宪批准照办，事已无及，故涂岭一路，至今尚属空虚。

窃意林逆与乌白旗本非族类，其坚留林逆，实非好意。盖官兵败，则藉之以为虚声；官兵胜，则献之以求免罪。林逆亦知其意，亟求脱身，而不可得。无如两月以来，仙邑出兵，总止离城十五六里，界尾贼巢安如盘石[1]。此虽百战百胜，何济于事，以致贼势益加猖獗。林逆亦得乘间施其狡狯，分遣党羽布散谣言。顷据惠色线民送到一信，系林逆亲笔，上有伪印，系寄惠邑土匪何缓，嘱其鸠集人马，助攻泉郡。此虽虚张声势，惑我军心，分我兵力，然既有此一说，不得不严为防范。剿办愈缓，变故愈多。睹此情形，实深愤懑。

前次□镇军移营时，曾禀留□游击带兵五百名，驻札洪濑。嗣经□□会议，洪濑与仙游声势隔绝，拟移驻大罗溪、山顶坪两处，以截贼匪来往。业经会禀，未奉宪示。顷复与营县绅士会商，以山顶坪两处，迫近炉内潘姓，匪徒众多，兵力单薄，恐有不测，未便冒昧前往。况近日逆匪勾结，在惠邑各乡，涂岭一路实为扼要，自应先其所急，议将□游戎一军移赴驻札。然兵数无多，只能防堵，而不能进攻。计仙邑兵勇，共有七千余人，麇聚一方，实非制胜之策。拟请宪台酌拨一千五百名，交□副戎统带来惠，会同□游戎从枫亭进剿。一则攻贼之腹心，一则与仙游为犄角。并闻宪台亲带省标兵五百名，或就近再酌调一千余名，径由濑溪、俞潭[2]一路，直攻盖尾。应先行约定师期，三路并进，奋勇齐驱，痛加攻剿，庶几捣穴擒渠，在此一举。且兵威一振，各乡贼匪各顾身家，必有藉献逆匪求免剿洗者，然后再加抚谕，自可不劳而定耳。

查枫亭本处，良民居多，其作恶者，皆在附近之朱寨、六狮、内堡[3]等乡。近据该处举人林有融开具名单，具呈于□□侍御，求于大兵到彼，分别良匪。闻侍御业经嘱林举人自赴行辕，投递呈词。该举人在枫亭素为众人所信服，或请颁给谕帖，饬令传谕各乡，大兵到时，于各家门上大画良民字样，免予剿毁。如有不遵，并持械抗拒者，即加诛杀。先声夺人，亦解散匪党之一法也。□□与营县绅士再三商酌，意见相同，均谓非如此办理，断不能迅速收功。然事关调遣兵将，非□□所敢越俎妄议。因素承挚爱殷拳，既有所知，不敢不以实告。务祈宪台察核情形，如蒙俯采刍荛，祈即先行分别移饬办理。一面具禀大宪，并祈飞速赐复，以便请□游戎移营涂岭，俟□副戎到后，合兵前进。一得之愚，尚祈恕其狂瞽，幸甚！幸甚！

前奉督宪咨请陆提军来泉督剿，并调毕定邦[4]义勇赴仙会剿。迄今日久，并无起程信息。近闻粤东、漳浦滋事，提军恐不能来，未知确否？统祈钧鉴。再启。

---

[1] 盘石，同磐石。
[2] 濑溪，原福建莆田县文赋里濑溪村，现属莆田市城厢区华亭镇。位居木兰溪莆阳古渡渡口，自古为兵家必争之地。俞潭，原福建莆田县文赋里俞潭村，在木兰溪的北岸。后一分为二，分别归属莆田县和仙游县，即今莆田市城厢区华亭镇所辖的油潭村和仙游县盖尾镇所辖的仙潭村。
[3] 朱寨，位于福建仙游县枫亭镇东南海滨。境内有海滨、海安、和平三个行政村，通称为朱寨。六狮、内堡，当在枫亭镇附近，今名不详。

[4] 毕定邦，字康侯，山东淄川人。以武童投效漳州军营。小刀会举义时，率建勇助剿，收复漳州府城，并讨平云霄、漳浦义军，复剿仙游。累擢至参将。咸丰七年（1857年），奉檄援闽，解建宁之围，迁参将。复督乡团剿浦城，升副将。进剿白水墩时中弹，卒于军，年二十六。给世职，谥愍烈，与赖高翔同附祀饶廷选祠。

敬禀者：本月初九日接奉宪牌，据□护道禀，据防堵勇首报称，有南、惠匪徒三百余人，执持器械，由惠邑东坑寨窜入仙游。并据探报，林俊雇来南、惠匪徒数千，抵御官兵等情。查该逆等来去自如，如入无人之境。该管文武，所司何事，因何漫无觉察？即因兵勇无多，亦应禀请调拨，何以漫不经心，并无只字禀报？饬即确查明白禀复。一面督饬各属，严密防剿，并将遵办缘由驰禀察查等因。捧读之下，实深惶悚。

伏查林逆等窜匿仙游，穷蹙余生，屡图他窜；逆匪童森、潘榜等纠结匪徒，欲接回炉内。先经卑署府探悉情形，因确查该逆等往来要路，南以晋邑之大罗溪、山顶坪北，以惠邑之黄田乡、洪厝坑最为扼要。随议禀请洪瀨□游击一军移驻大罗溪，复拟将惠城□游击一军移驻黄田。柰[1]一因兵单，一因欠饷，不能如议。因复会商营县绅士，就地雇募乡勇二百名，并拨县勇五十名，交绅士黄福潮等管带，在大罗溪、隔旗、洪岩等处分头堵御。惠邑洪厝坑、东坑寨两处，亦招募吴国泰等义勇五百名，就近防堵。并遍谕各乡团练协助。嗣于上月二十七日，有仙邑兵丁带马二匹，至交界宫地方，被贼截掳，经隔旗乡勇救回。后连日有贼匪，或数十人，或百余人，从大罗溪、洪厝坑经过，均被乡勇阻截逃散。虽不敢谓一匪不能窜越，然实无数千人往仙之事。缘林逆现在极为穷乏，安有余赀广招匪类，且与乌白旗不相知会？如果数千人麇集匪乡，亦不能相容，似所云催南、惠匪徒数千人之说，不无张大其词。惟是晋、南、惠与仙邑连界，荒山僻径，路路可通。诚如□护道所禀，该匪形同猿犬，翻山越岭，随处可行。惟有于要隘安兵设勇，其次就近巡防，实不能到处尽添兵勇。且当此饷两穷，岂敢率行禀请调拨？

至何处应增应减，均与营县随时商办。因事属细微，又多朝暮更张，亦未便琐屑具禀。但办理一切，非饷不行。因知省库支绌，自五月至今不敢禀请筹拨，而捐输一项，则又涓滴镏铢罗掘罄尽。虽蒙总局给发监照三十张，就地捐收充饷，缘殷户恐捐监之后，复令捐输，均各畏避。虽经谕令既捐监者免其另捐，而民不信官，总怀观望。现在各处防兵口粮，均已欠给多日。至近日所添乡勇，则半由官给，半出民捐。然窃观各营兵勇坐食优游，稍有缺欠，即恃为口舌。无事则喧噪逼索，恣其咆哮；有事则挟制刁难，不遵调遣。而此等乡勇，既无口粮，又无奖赏，徒以空言抚谕，而冀其捐性命、顶踵为我尽力，此则卑署府所不敢自信者耳。

卑署府前因仙游兵力萃于一处，贼匪四处勾结，议留□□□义勇，并请仙邑分兵千余名，协同从涂岭、枫亭进剿，以为夹攻之计。嗣准□护道以兵力不敷，不能照办。惟仙邑用兵八月，界尾一乡尚未得手，计匪乡如界尾者尚不知几处。明虽分兵两路，仍是尽力一隅，即被我兵攻破，而匪首或遁踞他乡，势不能不跟踪追剿。林、黄等各逆匪，则乘我空虚，纠结布置。万一被其兔脱，死灰复燃，则我兵既不能撤，又不能分。贼则纵横自如，我则进退维谷。此则归咎于剿办之不力，彼则诿罪于防堵之不严，反唇相讥，噬脐何及。卑署府昨经函商□护道，嘱其暂缓攻乡，先行分兵搜捕逆首，未准函复。幸闻匪首朱三现已授首，匪乡多议投诚。□□□之勇亦抵仙数日，兵威已壮，而贼势渐衰。倘能奋勇齐驱，可期一鼓奏绩。卑署府身任地方，仍当督饬各属，严密堵剿，断不敢稍涉疏懈，自干咎戾。缘蒙札饬，理合将前后办理防堵情形，禀候大人察核训示，并恳酌发饷银，委解来泉，俾得稍资接济，以免贻误。实深盼祷。

再现准□护道函，饬将洪濑□游击管带兵丁四百五十名，移驻相公岭[2]防堵等因。查相公岭系惠、仙交界要路，此处若安兵防守，则黄田、涂岭等乡皆可呼应。已由局筹备夫价行粮，定于十二日拔营前往。惟南一路，似觉空虚，洪濑应否拨兵驻札？容俟确查，会商酌办，合并声明。卑署府谨禀。

咸丰四年闰七月十二日

[1] 柰，同"奈"。
[2] 相公岭，在今泉州市泉港区涂岭镇樟脚村。

敬禀者：日昨传闻海澄、石码均有匪徒滋事，声息汹汹。嗣探查石码系属讹言，海澄则实有其事。其故皆由于漳浦剿办未能得手，致匪徒藉以煽动。近日复闻逆首黄和尚带同匪伙，自实腊逃回，勾结沿海土匪，复图滋扰。如果实有其事，亟应迅速歼除。否则一处蠢动，必有数处响应；一被蔓延，办理即难措手。现在漳浦之事能否了局？昨闻提军有带兵往办之信，未审曾否前往？海澄、石码等处能否安静？泉郡相隔较远，得信每多讹传，实深悬念。

仙游旬日以来，虽叠获胜仗，毕定邦之勇，颇为得力。而界尾一乡，竟如天堑，不能飞渡。惟匪首朱三，被兴化兵丁连捷高诡称从逆，于夜间砍取首级，赴兴投献。除一元恶，颇快人意。然闻连捷高之子已为匪伙所杀，并伊族富户连四出为调处，许钱一万串，以充贼饷，始行和息。故贼势猖獗如故。且林逆等穷蹙求生，亟图他窜；我兵尽力一隅，而该逆等则乘虚布置。近日晋南匪徒纷纷赴仙，欲接取林逆复回南邑，并闻黄有已窜回炉内。兼之谣言四播，竟有分路攻泉、惠之说。虽系该逆等虚张声势，然民心未免皇皇。

卑署府前经函致□护道，请分兵由涂岭、枫亭一路夹攻，或分兵往各乡剿捕逆首，使贼匪心乱势分，彼此不能相顾。但有一处得手，则各乡皆如破竹。嗣□护道以兵力无多，不能照办，但嘱严行防堵，毋使贼匪窜越。现在于紧要处所安设兵勇，并劝谕团练，共相辅助。第查各属交界，处处可通，即使兵饷有余，不能处处广为布置。仙邑剿办情形如是，劳师縻饷，固在意中。万一逆匪他窜，分头滋扰，我兵既不能撤，又不能分，牵制蔓延，不知作何措手。卑署府身膺艰巨，五中如焚，伏祈大人俯赐训诲，俾免陨越。不胜感祷。卑署府谨禀。

咸丰四年闰七月十八日

敬禀者：窃卑署府于上年四月内，奉派随同瑞升道行营办事，甫经抵泉，即奉藩司札委代理府篆。

卑署府以一介闲曹，未谙民社，自念军事孔棘[1]，正臣子致身报效之秋，不敢推诿，勉力任事。幸蒙宪节莅泉，督办一切。防剿、筹饷诸事宜，均得躬承训诲，指授机宜，幸无陨越。嗣卑署府以染患腿疾，步履维艰，兼以公事掣肘，恐有贻误。上冬宪驾凯旋，曾面求委员接署，蒙谕以俟新任到省，即饬令赴任。迨春间延守来闽，又蒙委护道篆，卑署府因旧疾复发，禀求交卸。复蒙宪台以委署乏人，饬令力疾从公，勉为其难，毋负诰诫。卑署府祗承之下，兢业供职者又经八月于兹。现在各属地方尚属安谧，而卑署府则心力俱疲，公私交困，实有再难支持之势。缘此间兵饷两缺，无事不形棘手，而劝办捐输一事，尤属万分为难。卑署府诱掖惩劝，无法不施。迄今术尽技穷，百呼不应，必须另易生手，庶邦人耳目一新，或可设法办理。而卑署府身膺艰巨，日切焦劳，外则须发焦枯，内则精神委顿。且泉郡系著名苦缺，计卑署府在任已十有六月，赔累实已不赀，似宜恩许息肩，以分劳逸而均苦乐。

若因军务未竣，未便易人，则前次兴化、漳州均于剿务方殷，屡更守令。惟查兴泉永道一缺，虽已简放[2]有人，而南北道途梗阻，到闽杳无时日，延守回任之迟速，实难预期。卑署府既承委任，于地方大小公事，无不尽心竭力，断不敢因萌退志，稍涉颟预。惟当多事之秋,诚恐精力不济,致有疏虞,下则贻患地方,上则大辜培植。用敢不揣冒昧,沥叙实情,禀求大人恩赐察核,始终成全,俾得早卸仔肩,获免咎戾。感戴鸿慈,永永无极。卑署府谨禀。

咸丰四年闰七月二十四日

[1] 孔棘,很紧急;很急迫的意思。
[2] 简放,清代省级政权的派出或办事机构的长官称"道员"。各省道员皆有定额,其固定的编制称为"员缺"。任命新的道员顶替其原来的道员称为"补缺"。康熙二十六年(1687年),清廷将道员员缺分为简放、部选、外补三项,形成定制。"简放"又称"请旨",即将得到保举的知府等官送吏部引见后,在军机处记名,遇简放缺出,由军机处论俸开列十员,呈请皇帝钦点任用。

敬禀者:窃卑署府前因林、黄等逆窜逸滋扰,业将办理情形先后具禀钧鉴在案。

前据探闻林逆窜逸云峰大寨[1],当经委员会同南安□令,并绅士驰往该处,设法堵捕。嗣据该县等先后禀报,确查云峰一带,实无贼匪来往情事。复准□总镇函称"林逆、陈尾均被界尾乌白旗匪兜留,意欲捆献免罪"等语,察核情形,林逆尚在仙游,似属可信。惟黄有窜至南、永交界各乡,与陈溪、刘丑等纠伙滋扰。幸其势穷蹙,匪徒旋聚旋散,从者无多。探闻黄有纠合三四百人,于二十三日攻抢永辖吉漈乡[2]当铺,被乡民杀败逃回。现在往来溪东、小姑[3]等乡,踪迹靡定。查溪东距郡城百里而遥,山路险隘,附近均系匪乡,重兵不能深入。现经卑署府会商营县,密购就地线民,许以重赏,令其设法擒送。

惟查上年七月间,奉总局颁发赏格,内开黄有、林广等,系赏银一千两。迨十月间续奉赏格,黄有等系赏银四千两。本年二月间，复奉督抚宪会衔赏格，黄有等系赏银三百元。该线民等因赏银多寡不符，心存疑沮，必欲约定照四千两之数给赏。卑署府等公同商酌，以前次永春拿获邱狮一犯，尚蒙给赏钱四千串，而黄有与林逆同在上游滋事，破城戕官，屡抗官兵，其罪实浮于邱狮等犯。嗣因败奔窜逸，日久逭诛，现复纠合招邀，潜图煽动，如果该线民能擒获送官，自应优给赏银，方足以资鼓舞而责功效。现已与该线民约定，果能生擒黄有到案，即照四千两之数赏给，死者减半。该线民始肯踊跃从事，并经营县选派兵勇，随同前往。能否得手之处，再行随时具禀外，合将办理情形，先行驰禀大人察核示遵。实为公便。卑署府谨禀。

咸丰四年闰七月二十九日

[1] 云峰大寨，在福建永春、南安交界处云峰山。云峰山北临今永春县东平镇，南接南安市诗山镇、码头镇。
[2] 吉漈乡，即今福建永春县仙夹镇夹际村。仙夹镇，由西向（又称仙乡）、夹漈等组成，其名由仙乡与夹漈各取一字合成。
[3] 溪东，今福建永春县湖洋镇溪东村。小姑，今福建永春县岵山镇。岵山，古称小姑、姑山，是桃源姑峰阳山的简称。

敬禀者：本月十六日，接奉宪札奉批卑署府具禀，腿疾复发，请委员接署缘由。奉批在任安心调理，一俟□道到省，饬赴新任，延护道与该署守即可递相交卸。饬即奋勉任事，毋负委任等因。仰蒙诚谕殷肫，下怀曷深感悚。

伏念卑署府以一介闲曹，未谙民社，上年五月间奉委代理郡篆，时因军务倥偬，不敢固行推诿。幸受事未几，即蒙宪台莅泉督剿，面授机宜，诸事幸无陨越。继自台旌凯旋之后，卑署府兢兢业业，于地方大小事宜，不敢稍涉张皇，亦不敢稍存欺蔽。而兵饷两穷，无事不形掣肘。即捐输一事，卑署府会同营县，多方筹办，恩威宽猛，靡法不施。迄今术尽技穷，竟是束手无策。至卑署府于上年冬间感受湿热，右腿肿痛，因急于求效，过服寒凉，致本年春间，牵动旧患痰疾，手足拘挛，有类中风。嗣虽多方医治，未能脱体。加以虚火上升，目眩耳聋，心思瞀乱，兼之泉郡海风迅烈，湿热熏蒸。入秋以来，步履愈觉艰难，精神愈加委顿。蒙谕以□道到省，即可递相交卸，自应遵照守候，勉力从公。

第目前漳州□道路经泉郡，道及□道在浙现有差事未竣，并有不愿来闽之意。若果如所云，则□道之能否前来，尚难预定。现在泉属大局虽称安堵[1]，然前次滋事匪首，多未就擒。近因仙邑剿办迟缓，逆匪黄有复窜扰南、永各乡，而著匪如苏卓、陈盛、王潘等，皆死恢［灰］复燃，纷纷啸聚。探报流言，一日数至。虽经随时随事商酌办理，而抚躬自揣精神材力，实属不能支持。稍有疏虞，即成巨害。卑署府展转思维，与其贻害地方，受谴于失事之后，不若甘当规避，陈情于未事之先。用是不揣冒昧，沥叙实情，伏求大人察核，俯念海疆重地，非病躯所能久任，恩赐迅委贤员接署，以重职守而专责成，并恳给假三个月，回省调理。倘得仰叨福荫，获保余生，定当勉竭菲材，再图报效。临禀不胜惶悚激切之至。卑署府谨禀。

咸丰四年八月十七日

[1] 安堵，安定。

敬禀者：窃惟用兵之道贵在因利乘机，而制敌之方尤在随时应变，未可以胶柱鼓瑟而为刻舟求剑之举也。查逆俊窜匿南邑之初，其势实为穷蹙。始则溪西[1]、陈溪[2]首先引匪；继则炉内，潘榜独任窝藏。其余如潘宗达等供奉勾结，踪迹昭彰，在人耳目。不于此时严切跟拿，而其机已失。即大兵初到之时，声势赫然，各匪尚怀畏惧。但能立振兵威则罪人斯得，而党与亦消。乃为招抚所误，息玩迁延，而机已再失。至抚议穷而剿议起，而逆踪已不知何往。不得已将中潘、下潘等乡次第剿办，又仅能毁其房屋而不能制其身命。大兵至乡，贼匪均窜伏近山。兵丁纵火之后，撤伍回营，而窜伏者纷然复集，救灭余烬。兵勇贪拾财物，行走落后者且被擒杀数人，所谓剿办如是而已。在贼则愈觉披猖，在我则愈无把握，不得已藉惠安告急为撤兵之计。及剿办惠安匪乡，亦并不曾获一贼、残一匪，仍是以焚毁房屋敷衍竣事。迨奉宪令折回南安，不得已仍赴后洋驻札。

查炉内各乡，中潘、下潘已经剿办，所未办者惟最强之顶潘一乡耳。现闻该乡早经搬尽，使亦如中、下潘之例，夷为丘墟，而剿办之法穷矣，然于逆匪曾未能损其毫发也。使此后仍聚数千人，日索逆匪于无何有之乡，则大兵无可撤之期，而仙游之剿办乌白旗者，反牵制而不能动。计两处兵饷，日需千金，每月二万两之饷银，安能日久支应？

查逆俊踪迹是否尚在南安，此时实难确指。然如从前逆匪朱毛俚、刘第五等，或终身稽诛，或久而就缚，均属事所恒有。是逆俊诸匪可使长作逋囚，而枫亭大路则未便听其久阻。卑署府愚见，似不如留精兵一千，统以健将一员，于罗溪、洪濑择地驻札。如何乡蠢动，即速驰赴剿杀。一面密探逆俊等确踪，随机掩捕。其余兵勇一并撤赴仙游，合力剿办。

查乌白旗均系土著，各顾身家，与南邑之赤贫无业、甘心从逆者不同。我兵之败，败于见贼即逃，非由于贼之善战也。今则屡挫之后，兵气愈衰，将心愈馁，非用重兵难以制胜。然乌白旗匪首仅朱三、陈尾等数犯，盖尾、塘边等数乡，似宜大张晓示声罪致讨，谕令各乡安居毋动，准予免罪，如有助恶者必剿无赦。一面简选勇将锐兵，长驱直进，必以斩馘擒获为功，不准以焚毁房屋了事。但能剿灭一乡，则余匪自能慑服。且各乡匪徒抢掳所得，均已温饱，此时顾恋赀财，何肯自来送死。特恐兵威不振，仍如前次之见贼即逃，则非卑署府所敢知耳。

至逆俊此时手无寸铁，其势不能复振，所虑如潘榜等匪，代为纠结，或抢一乡镇，或陷一城池，则凭藉有赀，仍得肆其猖獗。然纠邀勾结，非旦夕所能成事。但能各属访查严密，一有风声，立即跟踪剿捕，似尚易于为力。其次则虑其窜逸出境。现奉宪札，饬令各属严密堵截。诚谕虽为严切，恐奉行总属具文。缘该匪等虽易服改装，谅不敢于白昼通衢，公然行走。若山僻小路，则处处可通，稽查实难周密。然各县必有一二断不能绕越之处，各该地方官诚能查明此等处所，即于要路设立卡栅，分派丁役，实力盘查，贼情虽狡，又何能飞度耶？且乌白旗一经办竣，则全省渐已肃清，逆俊诸匪如孤雏腐鼠，有何能为？况处处严查，时时购缉，釜底游魂断不能久逃法网耳。卑署府因见南邑用兵久无成效，而省库支绌，筹饷愈觉为难。不揣狂愚，献其一得，伏望大人俯加察核，训示祗遵。不胜皇悚之至。卑署府谨禀。

咸丰四年九月　日

[1] 溪西，今福建南安市罗东镇潭溪村，位于南安市东北部的大旗山麓。潭溪村以"潭边"和"溪西"各取首字命名。
[2] 陈溪，南安天地会义军首领潘榜的手下将领。

敬禀者：九月初七日，接奉督宪札，并附发照会台湾□镇公文一角，以□镇现带泉勇一千名，驰赴南安一带，查拿逆首黄有使。此时定可到泉。查该勇等随征日久，老病孱弱在所不免。该镇即选择精锐五百名，留营剿办，其余善为遣散安业。饬俟□镇到泉，即将宪文面呈，会商该镇，速将泉勇分别遗留，并确探逆踪，妥筹进兵剿捕之法。仍将会办缘由，先行禀覆等因。随于本月十二日，□

镇军统带泉勇抵郡，卑署府遵将照会面呈，并会同商办一切。

惟是黄逆先自仙游窜匿南邑溪东乡[1]，与匪徒陈溪等纠结滋扰。经卑署府会商□参戎，酌调□护游戎带兵四百名，前往围捕。嗣因探查该逆纠抢永辖之夹漈乡，被该乡杀毙贼匪数名，余皆逃窜。并因各处购拿严紧，该逆匿迹潜踪，并无一定住址，非大兵所能剿捕。因改议酌拨精兵一百名，赴洪濑驻札，相机堵捕，前经具禀在案。现在确查该逆踪迹，实不在南安。昨经营县购获逆首苏广即苏党，匪伙柯世、柯婆三名。讯据供称，黄逆现匿安溪上龙门乡[2]，当经分拨兵勇，带同眼线，密往缉捕。而该逆复已他窜，连日据各线民探报，尚无确踪。查该逆冻馁余生，极为穷蹙，其东奔西窜，止图苟延残喘，实不能别有作为。

第该逆一日不除，各处土匪藉名煽诱，地方一日不能平静。而该逆此时往来飘忽，稍有举动，即闻风惊窜。计惟悬赏购线，设法诱拿，未便糜饷劳师，日驰骤于荒乡僻壤。卑署府等公同商酌，与其兴师动众，劳而无功，似不如留此口粮，作为线费。重赏之下，必有居该逆为奇货，藉以邀功获利者。从缓密图，似尚无难得手。但该逆潜匿处所，虽不出永、南、安溪交界各乡，倘或事机泄露，不可不防其远扬。伏望密饬龙岩、宁洋、大田、德化、尤溪、沙县、永福等处，一体严密堵捕，以免疏虞。实为公便。

至□镇军所带泉勇一千名，除遵照宪令，挑留精壮五百名，其余妥为遣散归农。谕令各该房族父兄自行约束，不准出外兹事。惟所留之五百名，现在既无用处，若留驻郡城，未免日需支应。查该勇等在营日久，不无室家之思，现拟将该勇等一概饬令回家团聚，听候调用。该勇等均系晋邑民人，住近咫尺，如黄逆等一有信息，必须用兵围拿之处，无难一呼毕至。既可以节省经费，亦不致贻误事机。商之营县暨郡城绅士，均以谓然。现经卑署府等会同营县，各购妥线，分路侦缉。并将一切事宜，随时商办外，合将现在会办情形，先行禀候大人察核训示。肃禀恭请勋安，伏祈垂鉴。卑署府谨禀。

咸丰四年九月十四日

[1] 溪东乡，福建南安有多个称为"溪东"的地名，此处所指的当为今南安市诗山镇声东村的溪东自然村，毗邻永春县，与永春县吉漈、小姑等临近。
[2] 上龙门乡，位于安溪县南部的东岭峰北麓，今属福建安溪县龙门镇。

敬禀者：窃卑署府业将会同□镇军办理留撤泉勇情形，具禀钧鉴在案。

兹于十三日，接奉省局宪札，奉督宪牌，以仙游正当剿办吃紧之际，诚恐逆匪被剿穷蹙，四处窜逃，不可不严加堵御。已咨请饶护提督[1]，由泉酌带精兵，驰赴涂岭、枫亭一带，相地扎营，就近督率仙游在事文武，设法进剿，饬即遵照办理等因。

伏查仙游乌白旗匪，蔓延二百余乡，尽系土著民人，非外来贼匪啸聚者可比。该匪等各有室家产业，缓则自安耕凿，急则互相救援。贼逸而我劳，贼主而我客，此必须统筹大势，剿抚兼施，断非攻毁界尾一乡所能了事。卑署府前于六月间，曾禀请留漳州□□□义勇，驻扎涂岭。一面由仙游拨兵一千五百名，交□护副戎统带，由枫亭分路进攻，庶可散其党援，而弱其声势。业蒙督宪批饬照办，嗣准□护道以兵力单薄，势不能分，因而中止。迄今三月有余，界尾一乡尚未攻破，而贼势更为猖獗。闻近日四乡贼匪，合万余人，各带口粮，齐抵界尾，并力抗拒，我兵几至失利。夫我以一路进攻，贼得以一路聚而抵御。贼众而我寡，此情事之显而易见者，何任事者尚株守一隅而不知变计耶？况三面空虚，外匪皆得往来纠结，即或将界尾攻毁，而逆首未除，设又屯踞别乡，又将何以处此？今幸蒙咨请护提军由枫亭进剿，实足为制胜之良图，惟奉札饬，由泉郡酌带弁兵前往。

查提标各营，存兵无多，现经细询□参将，除拨往广东暨各路防守外，计可抽拨六七百名。而枫亭四面，尽属匪乡，实为重地，非得精兵二千，断难驻足。卑署府愚见，□镇军所选精勇五百名，空闲在家，自可先行调用。再惠邑□部郎所练涂岭义勇，颇为得力，可就近添雇数百名，凑足二千之数，统交护提军带领前往，驻札枫亭。一面示谕官商士民，统由大路行走，并请公正绅士传谕各乡，以大兵之来，专为疏通大路。并非剿办乌白旗乡，如能安分乐业，概许以自新，惟有拦路抢剥者，即移兵该乡，诛其人而墟其地。似此恩威并用，该匪等必各顾身家，有更生之望，而无必死之心，又安肯捐性命、舍资财而自蹈死地耶？数日之内，贼匪之屯聚者必渐行解散，而界尾一乡将不攻而自破。然后察机宜，审缓急，勒献逆首，劝纳钱粮。应剿者立剿，应抚者立抚。赏必使知恩，罚必使知畏，庶地方可以渐安，而军务亦可以告竣。否则兵疲将懦，玩日旷时，糜饷劳师，伊于胡底？卑署府愚昧之见是否有当？伏祈大人察核训示祗遵。不胜皇悚之至。

再泉郡自四月至今未蒙拨饷，所有防堵经费均系就地捐输，及陆续收捐监照等项，日逐支持，已属万分竭蹶。将来护提督一军所需口粮，应请仍由仙游一并就近给发。如归泉局支应，还望恩赐筹拨饷银，赶解接济，庶免贻误。卑署府谨禀。

咸丰四年九月十六日

[1] 饶护提督，即饶廷选（1803—1862），字枚臣，闽县（今福州市区）人，未弱冠即入伍。清道光十一年（1831年），因平台湾张炳起义，以功由千总迁守备。翌年，再渡台湾平沈知起义，署各营游击。道光二十四年（1844年），驻同安马巷，擢都司。后升漳州游击。咸丰二年（1852年），署中营。翌年，小刀会围漳州城时，出兵击溃，升漳州镇总兵。咸丰四年（1854年），升福建陆路提督。翌年，守衢州，御太平军。历赣南镇总兵、浙江提督。咸丰十一年（1861年）战死，赠太子太保，谥"壮勇"，入祀昭忠祠。

敬禀者：本年八月十八日，奉宪台批晋江□令具禀，请将三年分盐课正杂银两，缓至军务竣日，归于该县正署、人员摊捐归补等由。蒙批查各属应征盐课，年有定额，例应按日行销，不容迟误短绌。上年厦、漳等处匪徒滋事，该县地方迫近贼氛，防剿吃紧，致应销引盐，未能按额行销。虽属实在情形，惟盐为民间日用所需，不能因地方未靖，任其茹淡。现当造报在即，所征盐课已据征完若干，垫用军需，曾否禀明？据请拟照丁耗之案，暂行停缓，分年摊捐，究竟作何摊补？均未声叙明晰。

前据安溪县□前令禀请援案查办，已奉督宪批道会司查议，业经转行泉州府查议在案。仰即迅速遵照前令批饬，确切查明，汇案妥议详办。造报在即，仍将应完银两，先行按数严追，奏销已届。该府务即查明赶办，切勿搁延，致误奏销，大干参咎，凛之速速，仍候督宪批示。此缴，禀抄发等因。查此案先据安溪□署令禀请援案蠲免，蒙批饬妥议详办，前经议饬按额征解在案。嗣因各县盐课全未破白[1]，叠奉宪征严催，并奉前因，节经札饬征解。并查议详复去后，兹据晋江等县，以泉属地方滨临大海，潮汐灌注，无地非盐，以故私盐充斥，官引因而滞销，历任各员，无不以赔课负重累。上年会匪滋扰，泉属各县，或惨遭匪扰，或迫近贼氛，乡民迁徙流移，至今未复业。且向来鱼盐一项，行销最广。近年因海氛不靖，各处采捕船只稀少，致咸丰三年应销盐额全行停滞，所征正杂课银不及十分之一。又因军需紧急，挪济燃眉，转瞬奏销届期，征解既势有不能，赔垫又力有不逮。或仰乞奏豁，或吁恳展缓，或请归西商代销，或请归后任摊补各等情禀复前来。

卑署府查各该县所禀，固属实在情形。然盐课上关国帑，下济兵糈，当此经费支出之时，岂容妄冀豁免，亦不敢率议展缓。而官帮缺销盐额，虽向有勾派，西商代销完课之例，嗣奉前督宪□以商情疲乏，奏明停止。至官帮应完课项，系按日匀销。接任之员，各有应完之课，彼且自顾不遑，焉能代人赔累。查核各县所禀各条，均属窒碍难行。惟现在迫届奏期，若不参酌时势，量为变通，势必各该员尽干例议，而于课款无所裨益。卑署府再四筹思，惟有仰恳宪恩，俯念盐课与地丁钱粮事同一律，将卑属应完咸丰癸丑、甲寅二年分正溢课杂银两，请援照钱粮成案，转详奏咨本届奏销案内准予免计分数。卑署府仍饬令各县，将已征银两，造册详送。如已挪垫军需，亦饬令按律造报。至其余未完应解缺销银两，现在仍严饬各该县设法征解。如有升擢、回避、丁忧、降革等事，应请查照道光二十五年奏案，归于原欠之员，俟到任后按限勒追。如有逾限不完，照未完关税盈余之例参处。似此酌量变通，庶各员肩负稍舒，而课项亦不致无着。卑署府愚昧之见，是否有当？伏乞大人察核，迅赐批示饬遵。实为公便。卑署府谨禀。

咸丰四年九月二十一日

[1] 破白，指开始征收钱粮，在空白的籍账上登录缴纳情况。

敬禀者：本月二十三日，接奉督宪牌，据调补广东高州□镇具禀，南安县应付兵差贻误，并拨借夫价银钱等由，饬即确查据实禀复等因。嗣于二十四日，奉总局司道札，奉宪批□镇具禀：惠安县□署令短给兵丁口粮，妄禀纵容需索，并诬哄叶哈等大索站礼等由。并奉□□宪批，□镇具禀：南安□署令贻误兵差等由，饬即将惠安□署令有无短给口粮，及南安□署令因何迟误缘由，迅速确查，据实通禀。并勒令□署令将□镇等垫发银钱如数解还各等因。

遵查□总镇等统带省标弁兵，于本月初六日抵郡。同日即据惠安县□令具禀，"初五日□镇军统带弁兵到境，所有盐、菜、口粮等项，均照该营单开数目应付外，尚有□镇军随丁四行等名目六十三名，□协带二十八名，亦均遵照开发。查点军装、杠轿等，共用夫六百余名，长夫每轿一乘，贴钱六千文。弁兵人等犹贪得无厌，屡拥至卑署吵闹，甚至共殴夫头，抢掠夫钱，凶横不可名状。巡捕及吱叶哈等，大索过站礼，或二十余元，或数元。不能如愿，竟扯办差家丁，声言去见大人。若非统带纵之使然，何敢如此？似此经由各县，必至酿成事端。应否由卑县先行通禀，请示遵办"等情。卑署府因先晤协带□游击，询以□令所禀是否实情？据□游击声称："均系巡捕与一家丁沿途滋事。"卑署府随往拜□镇，将□令原禀交阅，并嘱以近来州县苦累不堪，此次兵差系由分局酌拨经费，照例应付，已属竭蹶支持，岂堪额外需索？惠安事属已往，当饬□令毋庸通禀，以存体面。惟泉属尚有晋、南、同三县，务须严束弁兵，勿再滋事，□镇唯唯允诺。

嗣于初九日自郡起程，由晋邑支应夫价、口粮，尚属安静。至初十日酉刻，传闻□镇在大盈站尚未起身，卑署府即飞饬□令，并加给经费银五十两，饬令妥为料理，毋再迟误。嗣□镇于十二日始行就道。随据□令禀称：前蒙饬知兵差过境，并蒙筹拨经费银一百五十两，卑职因随□镇军剿捕逆党，不克分身，委典史□□□带领家丁前赴大盈，督同驿书夫头，雇养夫役四百名在站伺候。本月初九日，□镇统带征兵二百名到站，开示轿杠行李，需夫七百余人。该典史因仓猝不能添雇齐备，禀请分帮行走，□总镇不允，该典史随饬丁胥分头赶雇。一面飞信卑职筹措经费，并恐往返耽误，复具领状向□总镇、□游击借银四十两，以备次早开发。至初十日雇齐夫役，乃查点抬杠，或装鸟枪二杆，或置衣服二色。该典史商令稍为归并，巡捕兵役坚执不允。□镇忽怒，将驿书夫头鞭责四十，众夫畏惧逃散，以致迟误不能起程。卑职接奉宪函，虽蒙加发银五十两，尚虑不敷，设法挪借。遣丁漏夜驰赴，重复招集人夫。至十一日早辰，巡捕交出名单口粮，以及大小轿折价贴钱，并上下人等饭食等项，共应发钱五六百千。该典史等以承领经费仅二百两，恳其减让，而巡捕丁役出言无状，横行殴打。丁胥畏凶躲避，弁兵藉此挨延，复迟误一日。至十二日，一切照单开发，始行出境，并将前借银两如数呈还，□镇不肯收回，悻悻而去。而后帮提标兵一百名，亦于是日到站。随后多雇人夫，于十四日前进。伏查此次兵丁仅二百名，乃用夫至六百余名，已堪骇异。犹复额外讹索，凶暴横行，实属目无法纪。卑职苦缺穷员，既乏赔垫之资，岂任贻误之咎？理合据实禀请察核转详等情。并闻该弁兵等至同安，亦有滋扰情事，惟未据该县禀，正在饬查问。

叠奉前因，伏查近日武员，不知纪律为何事，纵兵殃民竟成锢习。故带兵经过处所，无不恣意需索。稍不遂欲，即恃众横行。地方官闻有兵差，已觉提心吊胆，但求平安过境，即为万幸，何敢于例支口粮再行短给？若谓承领办差银两，竟不雇备供应，更无此病狂丧心之夫。独怪□镇以二品武员，手下巡捕家丁，沿途滋拢。即协带之□游击，亦不能代为隐讳，彼身任统带，岂得诿为不知？卑署府接□令禀报，犹以□镇系出省人员，顾全大局，但望其嗣后稍为收敛，自可彼此相容。讵料其不知自返，辄先行具禀。据称素守先人遗训，廉洁自持，而指他人为妄诞荒谬，怙过饰非，实觉有靦面目。

至兵丁多住一日，地方官须多发一日口粮。似此任意挨延，自应即令统带官自行赔给，以示薄罚。况该县即将借领银两如数归还，乃故为不收，藉为禀追地步。此等逗刁伎俩，夫岂大臣所为？且现奉宪札，有前据□镇具禀"莆仙等县迟误兵差"之语，是□镇自省城以至泉郡，所过各县地方官果皆不肖，而其所带之弁兵果皆守法乎？此等情形谅在仁明洞鉴之中，无庸卑署府再为置辩耳。惟现在各属公私交困，已属力尽筋疲，实不堪此意外再有扰累。若不仰藉钧威，稍为扶持，则下吏实无所措其手足。卑署府所禀均属实情，一字不敢饰，一语不敢欺，伏望大人察核办理。实为公便。

再□镇所谓禀委员□□□拨钱十五千之事，据□令禀复，并无借领此项，合并声明。卑署府谨禀。

咸丰四年十月二十六日

敬禀者：案奉粮道札，奉宪台批，据陆提标、□参将转禀，泉属各厅、县积欠六营兵米，请乞按日匀给等由。饬将各厅、县欠给米石，开折呈送，以凭着追。一面查明妥议详复等由，并奉粮道宪札，据卑署府前禀，查议咸丰四年分钱粮一案，以粮米一款，与地丁事虽一端，而支用实有二致。地丁解给饷廉，尚可通融筹办。而粮米收储属仓，额支兵食，分营坐派，实属无可筹支。现在二、三两年，能否展缓[1]，尚未奉到明文。而四年分应征额米，若再谅予处分，则各厅、县势必置身事外，诿兵米于不问。兵粮关重，不得不先事预防。但应如何筹画，庶兵糈民困，两无窒碍之处，饬即由府悉心妥议禀复。一面严饬所属，照章征给，毋许推诿等因。仰征宪台慎重兵粮，轸念民瘼之至意。

第查泉属兵米一项，困不在民，并不在兵，而独在于官，敢请略陈其概。

缘民间田粮，历多诡寄津贴。有田者无粮，有粮者无田，真正欠户无从查追。兼之册籍混淆，每年征收，惟图承是赖。因之丛为利薮，无弊不生，而顽梗各乡，则积年抗欠，冀逢豁免。稍事追呼，则逞强拒捕，积习成风，骤难整顿。此其困不在民也。至国家设兵卫民，月饷之外，复给月粮，使皆束身在伍，按期操练，则各兵别无营运，专恃此项资生，岂容丝毫短给。试观近来各处兵勇，无不因积欠口粮，拥众吵索。而泉属各厅县欠放各营兵米，经年累月，从未闻一兵一卒鼓噪滋事者。此虽营员善于抚绥，亦可见困不在兵矣。而地方官受兵米之累，则倍甚于钱粮。缘兵米出于屯田，世远年湮，屯户则死绝逃亡，田亩则展转承占，历年所征，本不及额数十分之五六。从前民物富庶，地方官进项较优，挹彼注兹[2]，尚不致形其支绌。后因地方凋敝，年甚一年，向羡为膏腴之区者，今则悉成苦圵[3]。任斯土者每年赔垫钱粮，已属筋疲力尽，何能再为兼顾？故各营坐派兵粮，不得不累累欠给，非前之官皆贤，而后之官皆不肖也。

迨道光二十八年以来，前后议定章程，先则定以按月，继则定以按日，各归各任，照数垫放，分别记过摘参，扣留追缴。地方官因兵米系任内应征应放之款，无可推诿，故每于交卸后，无不拮据筹措，照章补放，其苦累已不可胜言。虽议称续征归补，其实后任各有应放之额，自顾不暇，又何能代前人征补耶？然此于地方无事之时，地方官虽属艰难，犹可勉强勒令垫放。自上年会匪滋事，各属或屡遭匪扰，或迫近贼氛。良懦则迁徙流移，顽恶则纠结抗拒，凋敝情形，不可言状。且地丁与粮米同一出于民力，在国家制用常经虽有区别，而在官则同一催征，在民则同一完纳钱粮，既奉展缓粮米，又何能照常征收？况泉属粮米之难征，本甚于地丁。向可征至五六分者，今则求一二分而不可得。故现据各属纷纷具禀，或请挪动属仓，或请借用台粟。各属亦出于不得已之苦衷，作此无聊之极思。嗣奉札饬不行，即彼此一筹莫展。

夫立法之初，章程固极其严密，劝惩固极其周详，而格于时事之无可如何，则法亦有时而穷。此所以贵法穷则变也。

伏查咸丰三年四月会匪未经滋事以前，各属尚照常征收，如有欠给各营兵米，尚可按照章程，勒令补放。惟自四月至今，所有各属钱粮，虽经督饬设法催征，始终总无起色。地方官既颗粒无征，若概着赔垫，似非情理。况各属办理军务，无不焦头烂额，亦实无力再行赔垫。此即照章扣留，亦不过将交卸各员羁留郡会，坐糜岁月，而于公事究无实济。且府中亦有坐派月米，若照章办理，则卑署府即应首先扣留。此卑署府所以筹及此事，日夜焦思，而苦于束手无策者也。

卑署府非不知照章督办，可以省事，可以避嫌。而自念身膺民社，不敢从事于纸上空谈，有辜职任。然地方凋敝如是，厅县困苦如是，而各营兵丁则嗷嗷待哺，断不敢因艰于催征，使其频年枵腹。第仅就泉郡筹议，则舍借碾邻仓，挪动台谷数端，别无可通融之处。惟有仰求大人俯察情形，檄饬粮道，将三、四两年泉属应放各营兵米，统筹全省仓储大局，或衰[4]多益寡，或挹彼注兹，或借项以为转输，或筹款以资调剂。应如何设法筹给之处，迅赐核定章程，批示遵行，庶兵糈得济，而泉郡官吏，亦共庆再生之乐于无既矣。卑署府愚昧之见，是否有当？伏乞训示祗遵。临禀不胜惶悚之至。

惟是泉属钱粮，由于积年抗欠，致历任无不赔累。若钱粮不能起色，则公事永无转机。即使三、四两年兵米，幸蒙宪恩筹画清理，而年复一年，后此何以为继？惟乘此时力为整顿，再待廉明之吏，补其偏而救其弊，庶地方尚有可为。卑署府前经禀请，俟仙游军务完竣后，分兵千余名，将泉属顽梗各乡遍行查办，务使桀骜畏威，而善良怀德。应办一切事宜，皆得操纵于官，而不为民所挟制。然就目前而论，各属情形，大局似已平定，且当经费支绌之时，复议用兵，未免骇人观听。第欲作一劳永逸之计，有非稍示兵威不可者。此惟在宪台绥靖海疆，审度办理，非卑署府所敢擅主者也。卑署府谨禀。

咸丰四年十一月十三日

[1] 展缓，推迟、放宽（日期、期限）。
[2] 挹，舀，汲取；彼，那个；注，灌；兹，这个。挹彼注兹，把液体从一个容器中舀出，倒入另一个容器。引申为以有余来弥补不足。
[3] 劦，累，疲劳。
[4] 衰，减少。

敬禀者： 三月初五日，奉总局司道札，奉督抚牌，以卑署府具禀，派拨兵勇前赴南邑剿捕逆匪。饬即分别移饬在事文武，实力查拿，悉数歼获，毋稍疏纵等因。

伏查前因传闻林逆等复在永、南一带纠结滋事，讹言流传，民情不免摇惑。当经会商营县，禀请陆提宪派委署前营游戎□□□、右营守备□□□统带精兵六百名，并由府委署石狮县丞□□、候补从九□□□带领壮勇四百名，于上月二十四日驰赴洪濑，会同南安□令并绅士□□□，先行晓谕各乡民人安居毋恐。随即督带兵勇，连日巡历八都、九都、马迹、炉内、飞云寺、云峰、彭口[1]等乡，察看民情，均属安静。确加访查，并无逆匪踪迹。查八都在万山之中，都内各乡均系零星杂社，并无大乡巨族。询据各乡绅耆，佥称上年曾经林逆派粮。因乡小丁稀，不敢擒捉，实无在乡窝藏。现在亦无匪徒屯踞情事，均愿出具甘结。

据该委员等具禀到府，卑署府以逆匪既无确踪，自未便久劳师旅，虚费饷银。随饬该委员等，由彭口分路，□游戎、□从九带兵勇五百名，由后洋巡至大罗溪，从晋邑之青阳、河市[2]回郡；□守备、□县丞带兵勇五百名，由溪西巡至山头乡[3]，从南邑之三都、四都[4]回郡。再行确切访查搜捕，嗣于初三日，晋邑□令接准永春□署牧专函，以该州厝樵地方有贼匪盘踞，已委县丞□□□带领兵勇，驰往剿捕，嘱即拨兵会剿等由。维时□守备、□县丞一路已回郡城，随商令□游戎、□从九带所领兵勇，折回洪濑驻札，一面专差订期会办。兹据□署牧以仙游兵勇已到北山连营，贼匪均已远遁无踪。现因学宪按临，已派□县丞驰赴迎护，泉州兵勇毋须前往等情函复。随即知会□游戎等，将兵勇于初九日全数撤回，分别归伍遣散在案。

伏查该逆等穷蹙游魂，势实不能复振，多系各乡奸匪，因将次开征，希图藉端延抗。亦有旧时乡勇，欲办理防堵，复可日领口粮。故彼此捏造谣言，纷纷传播。是该逆等一日未除，地方一日不能安静。且余逆如胡熊、童森等均在逋逃，此辈凶逆性成，难保不包藏祸心，狡焉思逞。此次兵勇行经半月，费逾千金。虽师出无功，虚劳往返，而所到之处，匪类散逃，流言止息，于地方亦不无裨益。惟是该逆等东窜西逃，形同鬼蜮，欲用兵围捕，既苦于匿迹销声，即购线缉拿，又皆如捕风捉影。卑署府多方筹办，术尽技穷，实深惭懑。前经禀请，如有擒献该逆，准免该乡钱粮三年，亦妄冀人人思沾获贼之利，庶处处皆为擒贼之人。可否见诸施行，尚未奉到宪示。卑署府现仍会商营县绅士，密购妥线，分路访缉，断不敢规避处分，稍存讳饰；亦不敢故分畛域，稍懈巡防。惟冀元恶大憨，次第就擒，以仰副宪台绥靖海疆之至意。合将现在撤退兵勇情形，具禀大人察核训示。卑署府谨禀。

咸丰五年二月十日

[1] 八都，即今福建南安市向阳乡，是南安市东北部最山的山区，与永春县外山乡相邻。九都，即今南安市东北部的九都镇，东北与向阳乡相邻。马迹，即今福建南安市向阳乡马迹村，在向阳乡政府驻地西南。炉内，即今南安市乐峰镇炉中、炉山等村。飞云寺，位于今福建省泉州南安市乐峰镇政府驻地东北飞云村的寮山。村因寺而得名。云峰，即云峰山。位于福建永春、南安交界处的大山岭中，今永春县东平镇太平村境内。彭口，在今福建南安市九都镇。
[2] 青阳，即今福建晋江市青阳街道，位于晋江市北部。河市，即今泉州市洛江区河市镇。
[3] 山头乡，即今南安市诗山镇。诗山，原名山头城。
[4] 三都，今南安市北峰街道招丰社区，清朝为南安县三都。四都，今福建南安市东北部洪濑镇的福林村、三林村、都心村、跃进村、前遥村、大洋村等一带，旧为南安四都。今洪濑镇尚有下辖村称"四都村"。

敬禀者：窃自仙游军务凯撤[1]后，林逆踪迹或云烧毙，或云潜匿永、南各乡。叠经访查，杳无实信。嗣于二月间，复闻在南邑八都、马迹等乡聚匪滋事。当经派拨兵勇，前往剿办。虽师出无功，而讹言顿息，民情安堵。然首伙逆匪多在逋逃，内如童森、潘宗达等，其桀骜凶顽，尤甚于林逆。若辈铤险求生，势必包藏祸心，狡焉思逞。卑职等不动声色，严密探查三、四两月，尚属平静。至五月初间，即闻炉内各乡有匪徒蓄养长发情事。叠经购线侦探，缘该乡自上年兵勇退后，不容外人进乡，故或有或无，传言不一。惟自经月以来，讹言流传日甚一日。

叠据探役暨各乡绅耆禀报，林逆现在炉内潘溱伯家，有时往云峰林雁及马迹乡施勾家中。童森、胡熊各匪首等三十余人，亦时相来往，总不离云峰、炉内、马迹等乡，并云"前月刘丑、黄益纠伙往延平，抢得茶客银钱，藉此纠合贼匪。近日勒派山坪乡贡生林士尊典铺钱五百千，掳禁仙游富户四人，勒银数千两。此项到手，即行起事。各逆首均久留长发，定于六月十四竖旗"等语。并据南、惠各邑具禀情形，大略相同。

卑职等会同商酌，若该逆等一日不除，地方总未能安静。然又未便以偶有传闻，即行兴师动众。现拟请在籍绅士□御史及□候升道、□同知，亲往南邑各乡，邀集绅耆，重行团练。由近及远，次第办理，以散附从而顾根本。并就各乡探查贼情得有确实，再行相机商办。所有夫马、酒席等费，已由卑署府筹给。

正在查办间，于本月初六日，据洪濑都司□□□、千总□□□会同南安县获解逆匪黄晏一名到府，提验该犯，已蓄有二寸余长发。讯据供称，"林俊于上年十月间，从仙游窜匿云峰，自后往来八都、炉内等乡，并无一定住址，与童森、胡熊等各匪首，均于三月内留发。四月内股首黄益与该犯纠同百余人，分帮往延平地方，拦抢茶客番银一千余元，伤毙事主二人。贼银现交林俊等，寄放云峰林雁家中，存作口粮。林俊已纠集二千余人，欲先攻延平。因股首林叔明欲先攻泉州，意见不合。林叔明另纠匪伙，约六月十五日，在炉内竖旗起事"等语。查该犯所供，与近日各处查禀情形多相吻合，且现蓄长发已有实据，是该匪等聚众谋逆，事迹显然，亟应迅速扑灭，以免酿成大事。

惟该处山路险僻，非重兵不能前往，且该犯等朝东暮西，恐我师未出，而闻风远扬，縻饷劳师，仍无实济。查洪濑地处适中，最为扼要。该处本设有汛兵一百八十余名，现经禀请提宪，再拨精兵三百名，派署前营游击□□□统带，并由府县雇壮勇二百名，委署洛阳巡检□□□协同绅士□同知管带，兼支应粮饷。定于十二日前赴洪濑驻扎，扼守要路，即以控扼匪乡。□御史仍遍赴各乡，劝谕团练，并密查何乡有逆匪窜匿，即就近知会洪濑行营，衔枚掩捕。如必须动用大兵，再行会商禀办。郡城添拨兵丁四百名，夜则上城周历巡防，日则分门稽查出入。查上年各铺义勇，甚为得力，现拟酌复二百名，分拨各门照旧巡防。应给口粮，由卑署府与卑职湛捐给。其余尚有应办事宜，卑职等自当随时和衷商酌，不敢过事张皇，亦不敢稍涉解弛，以期无负委任。

查云峰等乡，与永春、仙游连界，现经卑署府移饬该州、县，严行堵捕。惟查该犯黄晏供，有林逆欲先攻延平。虽所供未可尽信，而该逆狡黠异常，恐上游一带亦有匪徒潜行勾结，不可不预为防范。除拿获匪犯黄晏供情，另由府县详办外，理合将探查逆匪及现办情形，禀请大人察核，训示祗遵，并恳飞饬延平、永春、仙游各地方文武员弁一体查拿防堵。实为公便。卑署府谨禀。

咸丰五年六月　日

[1] 凯撤，胜利撤军。

敬禀者：窃卑署府等前因漏网逆匪在南、永等处，复有蠢动情事，业将办理防堵团练情形，先后具禀钧鉴在案。

伏查该逆等稽诛日久，以云峰山为窟穴，而往来于八都、炉内等乡，朝东暮西，并无一定住址。若用兵围捕，恐一时未易得手。前因该逆等勒派八都贡生林士尊典铺钱文，被该贡生率众拒退。卑署府等密遣绅士往谕该贡生许助贼粮，乘机诱致，一面纠约近乡，并派兵勇衔枚前往，合力围拿。该贡生因虑贼党报复，不敢轻举。兹于二十二日接该贡生及生员李宗沆、李春云禀报，二十日午刻，林俊同林世勋、林雁率贼三百余人来乡攻抢。该贡生等通乡出御，杀毙贼匪十三人。而邻近之卓厝乡，被贼偷烧民房六所，杀死四人。林俊现已出头，恐其挟恨报仇，请兵急救等情。并准永春□署牧专函，以探查林逆实在云峰，已与潘宗达、童森等均蓄长发。现在人少粮稀，亟请拨兵会剿。复据仙游函禀，情形大略相同。

窃思林逆久无确踪，今既敢挺身出面，其蓄心谋逆不问可知。幸贼寡粮乏，仅恃抢掠所获，不能大有作为。即各乡匪类，因贼势穷蹙，尚怀观望。倘被其攻抢数乡，则匪徒响应，声势蔓延，剿办即为费手。卑署府等现经公同商酌，察看贼情，此机万不可失，不敢因与前禀自相矛盾，坐失机宜。惟兵贵神速，若俟调集别营弁兵，则旷日持久，恐该逆等闻风远扬。兹已会商营员绅士，禀请陆提宪，饬拨精兵三百名，由府县选雇练勇一千二百名，分作两起：第一起，兵一百名，交陆后营□游击统带；勇五百名，派绅士庄有文、陈威凤、庄元英、陈学瀛分带，于二十四日起程，前赴洪濑，带同前派防堵之兵勇五百名，于二十五日进住彭口。第二起，兵二百名，交陆前营□护游击统带；勇七百名，派绅士李峥嵘、李春云、侯明德并南邑绅士等管带，于二十五日起程，二十六日同驻彭口。并委署洛阳巡检□□□、本任石狮县丞□□□随营支应粮饷。一面分别移行永春、仙游，各派兵勇五百名，均于二十六日进驻乌洋草面地方。定于二十七日三路并进，直取云峰，合力围剿。并谕令林士尊等纠约各乡，协同剿捕。倘该逆等闻风逃窜，饬令各路兵勇探明踪迹，奋力穷追，务将逆匪首伙，悉数歼擒而后已。

查永春各乡与贼为仇，近日又有乌白旗邀请林逆之谣。该逆等若欲遁逃，必以仙游为藏身之所。现已在大罗溪、山顶坪添雇壮勇二百名，交该乡绅士黄福潮等督带巡防，以杜窜越。伏查该逆等包藏祸心，狡焉思逞，时时造谣传播，希图煽惑人心。故诸逆一日不除，地方一日不能安静。兹幸得有实迹，亟应乘其未成气势，迅速剪除，以期一劳永逸。卑署府等因恐缓误事机，未及请示，理合将剿办情形，禀候大人察核，训示祗遵。不胜惶悚之至。

再筹兵必须筹饷，查四月内接收关税银二千两，除支用外尚存银六百九十两零，嗣即奉文截止。前次派拨洪濑、郡城兵勇口粮，系挪用剿办大盈等处经费，所存亦不过数百两。现在拨兵会剿需费繁多，府库别无存款。因移查泉海关积收五、六月税银，截至月底止，约计三千两左右。现又移提到府，撙节支应。并准永春□署牧，以现已禀请省饷，恐缓不及事，函请筹拨。卑署府因军需紧急，不敢故分畛域，已于此项内提解银五百两，以资接济。惟此次派拨兵勇共二千名，除添制军装外，每日口粮、夫价约需钱四百千。若半月内可以凯撤，此项已敷支应。惟虑稍延时日，或别有调发之处，则尚须另行筹措。用敢不揣冒昧，仰恳大人俯察情形，准将泉税关银两再行截留一二月，移解府库，以备要需。惟查税关于七、八两月，系属闲月，所征税银不及数百两。倘另有急用，自当随时具禀。卑署府等身任地方，万不敢以张皇而酿事端，亦不敢避专擅而失机会。统祈明鉴，批示祗遵。实为公便。卑署府谨禀。

咸丰五年六月　　日

舌击编卷五

敬禀者：窃卑职于上年冬间，接奉宪檄，委署马巷厅[1]事务。自到任以来，凡地方一切事宜，无不悉心经理，以期无负委任。无如令之不行，禁之不止。良民则伥[2]然无依，奸宄则狡焉思逞。风俗之顽梗愈甚，钱粮之征收愈难。卑职深虞陨越，昕夕焦劳，亟思补偏救弊之方，以及久安长治之策。惟有仰藉国威，重加整顿，庶足以洗旧染而挽颓波。今日下游情形，譬如人患痛疽，初时毒气未甚，元气未衰，可以内消外散。及毒气浸淫经络，溃烂肌肤，非极针砭之用、尽攻伐之技，有不能起沉疴而除痼疾者！

查马巷水连金、厦，陆接南、同。斥卤硗确，民贫俗悍。如东之许厝、黄厝、西塘、内塘[3]，南之柏头、陈头、新店、洪前[4]，西之内官、何厝、仑头、湖厝[5]，北之乌山、郭山、前山、林尾[6]等数十乡。族大丁多，向为盗贼渊薮。出海纠劫以救贫，接水消赃以致富。父传子受，习俗成风。数十年来，地方官不敢过问。其余则习尚嚣凌，耻贫不耻贱，微利所在，父可卖子，弟即负兄。即一姓聚族而居，亦无不以大凌小，以众暴寡。睚眦之仇，动辄列械互斗。展转报复，数世不休。性命伤残，从无怨悔。其狠可诛，其愚实可悯。

至于抗粮恶习，则无乡不然，任斯土者历苦赔累。缘我朝深仁厚泽，屡逢恩诏，豁免旧欠。该民人视为当然，不特编户齐民，群思觊觎，即殷实绅衿，亦莫不累年逋欠，希图豁免。是国家宽恤之恩，反以启顽户逋粮之习。且图承粮书，丛为利薮，粮额册籍无可稽查。故虽有廉明之吏，亦复徒唤奈何。向来遇有械斗命盗等案，地方官会营带兵下乡查办，非不耀武扬威，而唯恐滋生事端。率皆颟顸了结，从未有拿一犯、获一凶，明正刑诛者，而兵勇、书役、舆马、饭食之费，无一不出于乡间。滋事者尽游荡之徒，而受累者则温饱之户。匪胆愈张，而良民解体由来久矣。故上年会匪滋事，各处土匪闻风响应，与官为仇。此亦孟子所谓"民得反之"[7]之时也，其从逆者无论已。其余亦各成群结队，白昼通衢，上至官员，下至商家，公然抢剥，旁若无人。后虽失守地方次第收复，而逃回逆徒与各处抢匪，固晏然无恙也。若辈鹰眼犹存，狼心如故。地方官欲按名捕获，则苦于差力不胜；欲设法购拿，则苦于线费无出。不得不藉各乡绅耆团练约束，以期苟安目前。而绅耆中公正者百无一二。其始也尚能遵照示喻章程，劝导禁止，抢斗之风，藉以少息。继则各逞己私，或从中射利，以致各乡怨忿不平，不遵约束。而其中刁生劣监，则藉团练为名，邀结党类，渐以把持衙门，干预公事。团练之利未形，而害已先见矣。

  至钱粮一项，卑职于到任时，即剀切示喻。继复邀请绅耆分头劝导，乃本年上忙仅征银一百数十两，不敷坐支各项；下忙开征已逾一月，仅收银二十余两。卑职亲赴各乡，传集该房族长，面为劝谕，方略有头绪。突有连塘乡[8]土棍林禄倡首把持，以致各乡尽怀观望。或云"贼氛未净，安能完纳"，或云"已经豁免，何以复征"，并有悖谬之言，不能形诸楮墨者。其愚蠢顽梗情形，实令人无从措手。然向也不知法而尚畏法，今则视法令如弁髦；向也不信官而犹畏官，今则玩官府如草芥。民至不畏法、不畏官，则亦何事不可为？在上者又可玩愒[9]，因循坐视地方之糜烂哉！以卑职之愚计，诚能于仙游军务完竣后，派拨精兵一千或八百名，统以廉干健将，佐以公正大员，将泉属著名各匪乡严行查办，诛其凶顽而抚其良善，庶足以振积玩之人心，而树已颓之纲纪。其余各乡未能遍历，则饬各属检查新旧械斗命盗等案，按起拿办，必实以获犯追赃为事，不准以空言了结。斯拔其害苗者而嘉禾乃植，去其害马者而良骑乃蕃。否则官不能治民，民不知有官，案件不能办，钱粮不能征，官为废官而地为弃地，如之何其可也？

或谓照此办理，则必须三月之期。万金之饷，当此经费支绌之时，何堪再供此浪费？不知为政者，不可图苟安而忘远谋，尤不可惜小费而贻大患。倘一朝变动，则征调转输所费，宁止此数而已耶？

或谓泉郡六营，兵数不少，何不以本标剿本辖？不必另行调拨。不知向来会营办案，其弊不可胜言。兵弁狃于积习，必有未见其利而先受其累者，故宁调拨外标，庶不致有名无实。

且夫下游之民悍而愚，知畏威而不知怀德。国家承平日久，向之莅斯土者多武健之吏，威力足以相制，故能羁縻于无事。自上年地方多事，兵力不能遍及，民有无上之心，而因以成其犯上之事。此真所谓厝火于积薪之下，火未及燃者也。若不及今未甚决裂之时，早为料理，即使苟幸目前无虞，而地方官一事不能为，一步不可行，实有一日不能安其位者。况匪徒包藏祸心，时图蠢动，有并求目前之安而不可得者矣。

明者见事于未形，智者防患于未萌。今则事已形而患已萌，此卑职之所以深忧过计，展转筹思而不能自己也。狂瞽之言、愚昧之见，伏祈大人俯加采择，训示祗遵。临禀不胜皇悚之至。卑职谨禀。

咸丰四年十月十五日
代马巷厅作

[1] 马巷厅，清乾隆四十年（1775年），自福建同安县析包括金门岛在内的民安、翔风两里及同禾里的五、六、七都，置马巷厅，设通判驻马家巷（即今厦门市翔安区马巷镇政府所在地），属泉州府。民国元年（1912年），废入同安县。

[2] 伥，无所适从。

[3] 许厝、黄厝、西塘、内塘，均在今福建厦门翔安区中东部。今分别为翔安区内厝镇的许厝村、黄厝村和上塘社区的西塘、内塘自然村。
[4] 柏头，今名不详。陈头，即翔安区马巷镇陈新村陈头自然村。新店、洪前，今翔安新店镇新店村和洪前村。四个村社均在今福建厦门翔安区西南部。
[5] 内官、何厝、仓头、湖厝，均在今福建厦门翔安区中西部。今分别为翔安马巷的内官村、何厝社区和洪溪村的仓头和湖厝。
[6] 乌山、前山、林尾，在今福建厦门翔安区北部。今分别为福建厦门翔安区新圩镇乌山村、新圩镇乌山村前山自然村和林尾自然村。郭山，即今福建厦门同安区洪塘镇郭山村，与翔安区新圩镇相邻。
[7] 民得反之，见《孟子·梁惠王下》，原文为"夫民今而后得反之也"。意指老百姓从今以后可以反过来这样对待（报复）他们的长官了。
[8] 连塘乡，今福建厦门翔安区中东部的内厝镇莲塘村。
[9] 玩愒，为"玩岁愒日"的略语。指贪图安逸，旷废时日。

敬禀者：窃卑职前奉宪札委署晋江县篆，因自揣材力不胜，当经具禀恳辞。嗣蒙宪台批饬，遵委赴任，毋得规避干咎等因。捧读之下，不敢固辞，遵于本月初二接印任事，业将到任日期禀报在案。

伏查晋邑幅员广阔，俗悍民刁，在下游素称难治。然自会匪滋扰，晋邑独未遭蹂躏，论者尚称为完善之区。卑职抵任后，察看情形，始知公事之废弛，民情之顽梗，以及地方官之困苦赔累，有非笔墨所能罄述者。请为宪台约略言之。

钱粮为地方第一要务，而晋邑钱粮则历任办理奏销，无不挪移垫解。自匪扰以后，民人藉端抗欠，几致全额无征。查□前署令在任三年，后经减定银价，乃仅征元、二、三、四等年分地丁银四千三百三十九两零，本年上忙征银六百四十三两零。业经卑职缕述情形，具禀钧鉴。

至械斗为下游恶习，从前地方官尚可随时随事下乡拿办。自办理军务，官府无力兼顾，各乡匪类任意横行，彼此结连数十百乡，竟敢迫近城厢，列械互斗，铳炮之声震闻远近。虽叠经绅士前往劝谕，暂时止息，而匪徒未经惩创，终属目无法纪。因以叠相报复，要截抢掳，致民人不敢出乡，市井萧条，生理哀耗。外此则抢剥遍于道路，行旅视为畏途；窃盗扰及城乡，善良不能安枕。且逆匪首伙漏网稽诛，附恶匪徒潜踪窥视，一切购缉、巡防在在均关紧要。任斯土者目击凶横之状，耳闻呼吁之声，非不欲奋发有为，力图整顿。然乡民习于犷悍，非文告所能劝谕，非差役所能拘传，不得不示以国威，借资兵力。故办案必须会营，而会营必先筹费，往往因经费无措，展转因循，废然中止。是民情之顽梗。由于公事之废弛，公事之废弛实由于官之困苦，非虚言也。

前此晋邑钱粮一项即有盈余，其商船换照等项陋规，又不下万余金。藉以办公，绰有余力。嗣后历年有减无增，至近日而一空如洗。且各属均有缉捕经费，惟晋邑独无此项。而每年赔累，则自钱粮而外，莫重于盐课。至逐日给发各处查路丁勇口粮，支应往来差使，及一切费用，每月约须千余串。所恃进项仅每年征收盐课四千余串，藉以支持旦夕。任事者点金乏术，无米难炊，日汲汲于赡穷、救急之不暇，又何能聚精会神为地方谋兴利除弊哉！

卑职抵任已阅二旬，晨夕谒见宪台，议及大小公事，未尝不念切民瘼，熟商厘剔。至筹及经费一节，辄彼此抚膺太息[1]，冥默而退者屡矣。愚意似宜为邑中稍筹费用，俾得略纾其内顾之忧，然后可责以外治之效。此为地方计，非为一人计也。卑职薄植微材，谬膺民社，于一切应办事宜，凡智虑之所能到、材力之所能胜，必当矢勤矢慎，黾勉从公，断不敢畏难苟安，上负委任。若困于力之所不足，绌于势之无如何，亦不敢掩饰虚词，自蹈欺妄之咎。理合将实在情形，据实禀请察核，训示祗遵。不胜激切惶悚之至。卑职谨禀。

咸丰五年九月　日
晋江

[1] 太息，叹息。

敬禀者：窃卑职谬蒙宪恩，委署晋江县篆，遵于九月初二日接印任事。业将到任日期，以地方情形先后禀报在案。

窃查邑中政务纷繁，惟钱粮一项，实为地方精神命脉所关。如钱粮能照旧征收，则诸事可次第就理。兹查下游钱粮之疲，莫甚于泉属。而泉属钱粮之坏，又莫甚于晋江。盖他邑仅患疲癃，而晋邑则已成不起之症。卑职碌碌庸才，实无术起其此痼疾。展转思维，有不能不误之势，敢为宪台略陈其概。

查晋邑钱粮，向例每两征银一两四钱零。从前银价便宜，官吏均藉此沾润，且以征数之羡余补征额之不足，故地方官不致赔累。嗣后民情刁顽，抗欠成风，征额则愈绌，银价则愈增。二十年来，历任办理奏销，无不挪移垫解。逮前署县□令到任，即值会匪滋扰，各属钱粮均蒙奏准分别蠲缓。□令幸其任内不办奏销，完欠听之于民，不复以催科为事。继复轻信人言，以为欠粮由于价重，遂示定减价，每两征钱二千六百文。卑职前任蚶江时，闻有此举。窃计粮价关系甚重，□令毅然减征，必经博询绅耆，确有把握，从此征收必大有起色。至所征不敷批解，则地方官因公赔垫，尚属分所当为。及抵任后，查□令于减价后，仅征新旧粮银四千余两，一切情形依然如故。是徒以减价市小惠于目前，而不顾为害于他日，其为贻累，胡可胜言！缘自匪扰以后，百姓几不知完粮为何事。而晋邑民人以□令之不征钱粮，共相感戴。而卑职不幸适承其后，若效□令所为，则必频年蠲缓而后可；若欲从新整顿，则一经举动，已见怨谤纷腾。倘再事追呼，势必群相抗拒。缓之不能，急之不可。此不能不误者，一也。

查地方官经征钱粮，例应按日扣计分数。晋邑额征地丁银三万八千六百零两，耗羡银四千六百零两，除存留坐支外，奏销七分以上，应解银二万一千九百零两，耗羡银二千数百两。本年尚有带征二年分民欠。查□令任内仅征本年地丁银六百四十三两零，二年分地丁银二两六钱。是□令经征已历八月，尚不及原额十分之一。而卑职欲以四个月内赶征全额，此即神输鬼运，亦难见功。此不能不误者，二也。

查晋邑钱粮，分设五柜，各派粮书专司其事。每柜设图承七八名，分路征收，按卯报缴。卑职抵任后，查点柜书五名，本缺其一。而三名因欠□令粮银，管押追缴。图承则仅存其半，且互相推诿，不肯承当。卑职欲另换新书，谕令各经书公举，并许以妥议章程，不使受累。乃两旬以来，竟无一人承应报募，图承亦复如是。欲自行派丁赴乡催征，而县中向无实征粮册，民间田粮又多津贴、诡寄。向惟赖图承查开欠户，今则并图承亦多散亡。此不能不误者，三也。

近日银价每两贵至三千余文，照□令减定之数，则批解时耗羡火耗解费，每两须赔钱一千余文。是晋邑钱粮平空增原额三分之一，即使百姓踊跃输将，卑职亦无力赔垫。此不能不误者，四也。

窃以□令前后两任，熟悉地方，绅民悦服，且减定粮价，而在任三年，所征尚不敷坐支。卑职受任于破坏之后，经营于凋敝之余，情志未孚，方隅莫辨。胥吏则散亡殆尽，民人则顽梗不驯，欲率由旧章，则愈滋丛脞[1]；欲改弦易辙，则无可设施。实属宽猛两穷，智勇俱困，转瞬奏销，届期惟有空受参劾而已。然使获咎而有益于公事，卑职亦何惜此身。但卑职三载蚶江，一贫如洗，桐城原籍，久为贼巢，以焦头烂额之身，肩错节盘根之任，虽复粉骨糜躯，实属毫无补救。用敢不揣冒昧，沥叙实情，禀求大人察核情形，俯赐训示，俾得有所遵循，而获免于咎戾。不胜激切待命之至。卑职谨禀。

咸丰五年九月　日
晋江

[1] 丛脞，细碎，杂乱。

敬禀者： 窃卑职叠奉宪札，饬将卑县五年分上、下忙地丁银两，克日催征批解等因。卑职身膺民社，职任催科。当此库帑支绌之时，不能多征多解，上慰宸衷，实深惶悚。惟是晋邑钱粮之疲坏，历有年所[1]。从前办理奏销，历系挪新掩旧。其后逋欠愈多，加以赔累。迨会匪滋事，竟至全额无征。虽经前署县减价征收，仍属毫无起色。

卑职于上年抵任后，查悉情形，具禀钧鉴。一面多方咨访，思欲改易章程，以为补偏救弊之计。无如锢习已深，非一时所能整顿。缘晋邑田粮向多津贴、诡寄，而县中又无实征清册，开报征缴惟图承是赖，所有完欠粮户地方官及户粮柜书，均懵然无从查察。而图承则世代相传，丛为利薮。其乡曲愚民，因官吏从未过问，亦情愿私相授受，仅以图承片纸为凭，不复擎领串票。图承以串票并未擎用，遂以民欠欺官，钱粮侵蚀于若辈者十之二三。至民俗嗜利忘义，知历遇覃恩，均蒙豁免积欠。竟故意累年抗欠，觊望恩施，以国家宽恤之殊恩，成顽户逋粮之习径。甚至一士在庠，则庇及合族；一丁入伍，则荫及通乡。吏不能诘，官不能追，钱粮之抗欠于若辈者十之三四。而近日无知小民以缓征眷黄[2]，指为豁免。其狡黠者则谓："龙、同结会从逆等乡，均蒙恩免，我等安分良民，岂有反扰追呼之理？"群口争传，各怀观望。

前署县□令思欲激励挽回，因于咸丰三年间，禀请前抚宪示谕减价征收，而治病不求其源，奇方终无效验。故自减价至今，而侵蚀者如故，抗欠者如故。粮务毫无裨益，官则受累无穷。缘□令所定丁耗，每两共收钱二千六百文。若照省城银价，赔累不可胜言，即照泉郡时价，每两亦须赔钱千余文。查晋邑额解二万八千余两，纵使岁赋全完，而每年须赔垫万余两，地方官力何能支？查□前令任内，征存五年分地丁银六百余两。卑职自到任至现在止，共征银二千四百零两，尚不敷坐支之用。

近日因调发泉、漳兵勇赴江右应援，讹言蜂起，民心皇皇，各柜钱粮竟丝毫无人完纳。卑职拟于县试事毕，亲历各乡，实力督征。无如日久民玩法敝弊深，欲率由旧章，则事归无济；欲改弦易辙，则力有不能。现距奏销仅有三月，纵使日夜赶征，断不能照常批解。卑职身任地方，获咎固分所当然。第时势如此，民情如此，不得不据实禀请大老爷，俯察情形，恩赐转禀藩宪，请将卑职应解五年分地丁耗羡银两，准予尽征尽解于奏销册内，免计分数，庶公事不致掣肘，而卑职亦豁免重咎。实为公便。如蒙恩允，卑职自当尽心竭力，设法催征，源源报解，不敢稍涉惰延，自干咎戾。伏乞批示祗遵，不胜激切感祷之至。卑职谨禀。

咸丰六年三月　日
晋江

[1]年所，年数。
[2]眷黄，旧时皇帝下的诏书。

　　敬禀者：本月初四日接奉宪台行知，以卑职人地不宜撤回，遗缺许委准补屏南县知县□□□署理。饬俟交卸后交代清楚，赶紧来省听候差委等因。窃念卑职硁硁自守，碌碌无能，上年谬荷宪恩委署斯缺，自揣才力勿胜，当经具禀恳辞，未邀恩允。自任事后，虽日切冰兢，实时虞绠短。兹蒙优容逾格，曲赐矜全，捧檄之余，曷胜感戴。

　　窃惟晋邑自匪扰以后，事无大小，靡不废弛。而钱粮一端，尤属万分棘手。自前署县□令示定减价,未尝不望民之急公,乃减价则不能复增,而征收仍毫无起色。前经卑职缕陈情形,并会同厅县,先后具禀钧鉴在案。

查卑职自去年九月接任至今,所征粮银尚不敷开销支给。虽分设粮柜,仍须地方官亲赴督征。本年甫收上忙,即值奉文县考,嗣此兵差络绎,复值学宪按临,加以五月间风雨连旬,早稻不无损伤。粮户藉端延抗,纵令按卯比追,竟至丝毫不纳。现已迫届奏销,卑职正拟亲赴各乡,极力追呼,以期尽征尽解。奈交卸之信,比户皆知;胥役民人,尽怀观望。不特催科无术,即一切公事亦无不掣肘时形[1]。卑职稍有明机,天良未丧,非不知急储粮饷,非不欲自顾考成[2],无如心力两穷,惟有坐受严议。但使卑职身罹重咎,果有益于地方,有裨于庶务,卑职亦何惜此身。今则呼唤不灵,措施无效,一事不能办,一步不能行,徒令卑职尸位素餐,坐视丛脞,拊躬循省,跼蹐奚安?理合沥情具禀大人察核,俯念地方关重,恩赐迅催新任□令速即来泉接署,以重职守,而专责成。实为公便,不胜延颈待命之至。卑职谨禀。

咸丰六年六月 日
晋江

[1] 时形,经常出现。
[2] 考成,在一定期限内考核官吏的政绩。

敬禀者:七月初四日接奉宪批,据卑职禀请,饬催新任□令迅速赴任等由。奉批已严檄饬催□□□迅速驰赴晋江,接印署事,仰即知照等因。

伏查卑职于上年谬荷宪恩,委署是缺,自揣不胜繁剧,且明知必误奏销。屡经沥叙情形,具禀钧鉴。幸蒙宪台垂念地方,委员接署，感激难名。

第斯邑系著名苦累，凡筮仕闽省者，无不视为畏途。□令自奉委以来，已将三月，虽蒙宪檄严催，至今尚无抵任信息。卑职久奉撤任，诸事呼应不灵，多延一日，在卑职多一日之累，而公事亦多一日废弛。即如钱粮一项，现虽分柜征收，然必须地方官亲赴督催，始获稍有起色。本年自上忙开征以来，始误于考试，继误于兵差，再误于学宪之按临，又误于风雨之阻滞。迨奏期迫届，甫经赴乡催科，而胥役士民知卑职派代有期，尽怀观望。追呼恐激而生变，赔垫又力有不能。惰征之咎，夫复何辞？

斯时若新令迅速前来，庶邦人耳目一新，或可藉以补救。而卑职以与地不宜之人，旷日经时，素餐尸位，下贻庶事之丛脞，上烦宪虑之殷忧。清夜扪心，寝难安枕。合再沥情驰禀大人察核，俯赐严催□令即日束装赴任接署，或请由府先行委员代理，以专责成，俾卑职早脱泥涂，闭门听议。临禀不胜惶悚激切之至。卑职谨禀。

咸丰六年九月　日
晋江

敬禀者：窃查今日上游逃回兵勇百十为群，路过卑邑者络绎不绝，并于沿途声张贼势，散布谣言，且每于深夜早晨扣关求进。卑职均亲往弹压，饬令绕城行走，不准进城，幸无事故。惟近年招募漳、泉乡勇，不下万人，而逃回者多，得用者少。盖缘雇勇者无带勇之责，用勇者非雇勇之人，彼此痛痒不关，故有虚名而无实用。常见府县奉文雇勇，辄托绅士承办。应募者率皆市井无赖，不过先则贪图安家银两，并冀到处抢掠赀财，于未离家之先，已存逃回之念。地方官制办军装锅帐，资送起程，乃去未几日，或中途窜逃，或见贼溃散，沿途复为支给口粮津遣[1]回里。迨续奉调募，则若辈复半在其中，费无数帑金，不得一勇之用，且受无穷之累，诚可痛心。

古之用兵者，必兵知将意，将识兵情，而后可以破敌制胜。今莫若招募士民中之有智勇而情殷报效者，如得其人，即将此项安家银两照数给发，承领责令自行选雇习练。假以顶戴统带，随征杀贼立功，即行升赏。如有溃逃败挫，定按军法轻重治罪。夫人苟毫无抱负，必不敢贸然出而尝试。其所雇之勇，即令其自带，同休共戚，自不敢以孱弱者滥竽其间。复励之以重赏，督之以严刑，爵禄在前而刀锯在后，彼见与功名性命相关，自不能不竭其智能以求一得。即或招募之初需费稍多，亦当宽为筹给，多费而得实用，不犹愈于虚费而无用乎？

近日地方多故，需勇之处甚多。及今预为延揽，勤为练习，鼓舞于先，而督饬于后，务使所募者皆能自成一队。将必有材能之士、精锐之卒，出乎其间，以备干城之用者，天下何地无才？特患进身无由，需之殷而遇之疏耳。至应需军装等项，向由地方官承办，事事务从克省，帐房仅足容身，刀刃不能断物，锣锅渗漏，锄橛轻微，帑为虚縻，而物为无用。莫若将军装一项，亦给价与带勇之人自行制办，物为自用而肯偷工减料以贻累自身，虽愚者亦不出此。卑职愚昧之见、刍荛之言，伏祈宪台察核训示。不胜惶悚之至。卑职谨禀。

咸丰七年三月　日
惠安

[1] 津遣，资助遣送。

敬禀者：窃卑职接奉宪札，访闻当林逆在晋、南交界之大罗溪、吉火[1]一带招匪起事之时，罗溪县丞与洪濑都司□□□、千总□□□、代理南安令□□□同该县典史俱先后逃回府城，置地方于不顾，饬即确切查明禀复参办等因。具征大人慎重地方、整饬官常之至意，遵即田道密访，并饬府查复去后。兹据泉州府□守禀称，遵查南安一县距郡城十里，击柝相闻，实同附郭，向来遇有紧要公事，该县无不进郡商办，往返不过两时。上月初间，谣言蜂起，该代理令□□□叠次来郡，面禀情形，均系即时回县。嗣据先后禀报十三、十五等日，逆匪两次窜扑县城，均经该代理令会营督率兵勇、练丁击退，业由卑府转报在案。

至该县监狱，于咸丰三年风雨坍坏，所有监犯寄禁晋邑，详报在案。故府中遇有公事，每调该典史赴府差遣。先于三月间科试，五邑文童因差事缺员，檄委该典史□□□在场巡绰。迨考事甫毕，即值郡城戒严，又委令防守北门，并帮查晋邑监狱。惟代理罗溪县丞□□□先于四月十二日晋郡谒见，据称贼匪定期起事，罗溪并无城池。又无兵饷，难以守御，是以赴郡回禀。卑府以地方紧要，严饬驰回，设法防堵。适次日逆匪攻扑郡城，当委令防守东门。迨解严后，查明该处并无贼匪窜扰，当经饬令回任供职。

至洪濑都司□□□、千总□□□有无闻警逃回，先经移营确查，未据具复。旋准陆中营移奉陆提宪札，饬将都司□□□、汛弁□□□二员，先行送府讯办等因。除饬发经历看守，另行详办外，禀请察核转禀等由到道。查该府所禀与职道所访，尚属相符。缘南安县城距郡密迩，该县因禀商公事立时往还，该典史因无监狱看守，调郡差遣，自属实在情形。惟县监重地未便，因风雨坍坏，犯人寄禁别监，遂成废弃。应饬令该县筹款修复，以专职掌。

至罗溪，系分防县丞，当贼信紧急之时，该县丞辄以无兵无饷赴府面禀。虽该管地方未被贼匪滋扰，其擅离职守，亦属不合。缘奉前因，并据该府禀复前来，理合转禀大人察核办理，批示祗遵。实为公便。

再洪濑都司□□□等，既奉提军发府讯办，应饬该府讯取确供，另行详办，合并声明。职道谨禀。

咸丰七年五月十三日
泉郡军营

[1] 吉火，今福建南安市东北部的乐峰镇炉星村吉火自然村。

敬禀者：窃惟赏罚者，治国之大柄、而行军之要务也。自古未有赏罚不明，而可以将兵者。然用赏罚之道，在于明而所以神。赏罚之用，则在于速。盖同一赏也，而立加于得功之际，则受赏者感，而未赏者亦望而思奋；同一罚也，而立行于得罪之顷，则受罚者服，而未罚者亦见而知惧。若应赏而濡滞不行，时久则觖望[1]生，而有功者解体，且使人忘其以何功而受赏；应罚而迟回不决，事过则幸心起，而有罪者图免，且使人疑其以无罪而受罚。是必赏不逾时，而罚不旋踵。斯赏一人而众人知所劝，罚一人而众人知所惩。为将者能使人冒锋镝而不惧、蹈白刃而不辞者，胥是道也。

查林逆以漏网游魂，狡焉思逞，而晋南匪类纠结群不逞之徒，竟敢明目张胆，叠犯郡城。若不按名拿获，明正典刑，何以肃法纪而惩奸宄。现查林逆一伙，均已窜往永春，其著名逆匪亦皆鸟奔兽散，遁匿穷乡。前经委员会带兵勇前赴各乡，先毁该匪巢穴，并饬令族房绅耆跟追捆送，一面悬赏购线，严密缉拿。然查前颁林俊赏格，钱二万串、银三千元，加以五品翎顶，不可为不重矣。下游人情重利忘义，而卒无人起而图之者，因赏项过重，虑其虚而无实也。至前年会匪滋扰时，各属绅士每有杀贼立功，经府县详蒙宪台饬局存记汇奖，至今徒为虚语。如惠邑士民捐办城工团练，不下数万金，迨四年间，逆匪攻城，捐资出力者甚多，事后并无一人得邀奖叙[2]。近年经费支绌，历次捐输名器已日见其轻，乃于急公好义之人，独靳此区区之奖赏。此志士所以寒心，民人所以解体也。

方今地方多事，以收拾民心为要务。计各乡族丁，多者及万，少亦数千，而其为匪作恶者，不过数十百人。且各乡均有举人、生监，不乏读书明理之人，彼非不知捆送匪犯之可以除害也，而无如捆送之后未蒙官府之褒嘉，先受匪党之报复，有害无利，谁乐为之？职道现经谕饬团练总局，分谕各乡绅士，并分行各属一体办理，如果有实心办事、杀贼助官、明立事功、显著劳绩者，定当代乞宪恩，优加奖励；如有阳奉阴违、粉饰欺诈者，即以附逆窝匪，分别惩治，庶有罪者立加谴责，有功者立沛恩施。激其忠义之气，祛其畏怯之私，庶足以振久玩之人心，而起积疲之习俗。理合具禀大人察核情形，如各属中绅士、民人实在立有功绩者，职道当据实详情。伏望恩施格外，立予优赏，以示鼓舞而劝事功。实为公便。职道谨禀。

咸丰七年五月十五日
泉州军营

[1] 觖望，因不满意而怨恨。
[2] 奖叙，奖励。

敬禀者： 本月十五日接奉宪札，准署陆路提督□咨，准职道咨请，将在乡滋抢之兵丁五百名撤回、带弁□□□等分别查办等由。蒙将统协带之□、□二游击记过，带弁□□□等斥革棍责。查明滋事兵丁，按照军法从事，带勇不慎之从九□□革职示儆，并饬会同陆提督妥筹商办，同膺懋赏等因。仰征宪台振肃纪纲，饬厉戎行之至意，祗奉之下，实深惶悚。

伏查泉州营务废弛日久，兵丁桀骜成风，不知纪律为何事。从前地方官会营下乡，凡拒捕之案因兵勇抢掳而起者，十居八九。职道深知其弊，故谆嘱协带官严行约束。乃职道于抵南邑之次日，该委员等分带兵勇赴乡拿犯。该兵勇甫经进乡，即纷纷混抢。职道查悉情形，先将滋事哨勇重责插箭[1]，管带从九□□先记大过。一面移请□、□二游击，查明滋事各兵一律惩办。讵料该带弁多方庇纵，挨延二日，始买出二人插耳[2]掩饰。职道复请将带弁棍责示惩，该兵丁即逞凶鼓噪。随经职道咨请陆提军亲临查办，仅蒙饬委守备□来营调停了事。职道以该兵丁如此目无法纪，若再留营剿办，不特难以调遣，必致别生事端。因将全队撤回，咨请查办。此当日兵丁在乡骚扰，及职道办理之实在情形也。

兹奉发粘抄提军咨文，据□、□二游击所禀，则有深堪骇异者。查禀称，兵勇到乡拿犯，该匪等在要路开枪拒捕等语。查当日兵勇进乡，该民人逃避山上，因见兵勇混抢物件，即行声喊抵夺，是拒抢非拒捕也。不以为罪反以为功乎。据称访闻壮勇入乡抢掠民家物件，并搜取牛羊等物。查当时兵勇同入一乡，同场混抢，该游击等均经目击，何待访闻其所抢物件？凡可以藏掖之物，无从查追。至勇则牵抢耕牛，兵则将猪只宰割分烹，南邑士民无不共见。而欲以"并无目睹其人，又无实在赃证"二语掩之，是自欺也。至所称禀"送前次应办之兵丁"一语，尤为可怪，该兵丁不知所犯何罪，前次何以不办，而留为此日之顶替？是其买送情形，已不觉和盘托出。职道于兵丁惩办后，并无苛求，仅请将带弁酌量棍责，亦不过照例示惩。乃一则云震怒不止，再则云坚拗执意，并云欲将该弁一并正法。兵仅插箭，而弁则正法，职道虽愚，亦不致悖谬若是。查前项兵丁，尽系上游逃溃回泉，收令复伍，号曰"新兵"。若辈玩法怙恩，尤为犷悍。当鼓噪掷石时，该游击等弹压不遵。在城士民，咸动公愤，傅、黄两大姓，各率族丁，声言闭城围捕，该兵丁始行退散。此等情形，职道前禀并未叙入，乃竟称兵丁环跪满地，又云齐起哀求。以脱巾露刃之凶横，变为俯首乞怜之驯顺，该游击怙过饰非，敢于上欺提军，即敢以转干宪听。窃叹营弁之庇兵玩寇、掩罪冒功，竟成牢不可破之锢习。

至提军谓职道不容稍参末议，并谓遽尔撤兵，于地方大局殊有关系。查职道于撤兵时，咨请提军查办，至今未蒙赐复。且前次贼匪攻城时，城上兵勇见贼势衰弱，争欲出城追击，普参戎禀请开门三次，提军坚执不允。嗣因兵勇纷纷逾垣而出，始开放西门，贼匪已经远遁。使当日早开西、北二门，痛加剿杀，则地方大局立可平定。至职道撤兵之故，是非昭然，民人颇为悦服。

匝月以来，按乡查办，并无有抗我戎行者，惟四都、下苏[3]两乡族大匪多，现已添调兵勇严行剿办。职道谬承宪任，陨越是虞，固不敢预设成心，亦不敢稍存私见，惟有黾勉和衷，妥商筹办，以仰副大人绥靖地方之至意。职道谨禀。

咸丰七年闰五月十六日
南安军营

[1] 插箭，古代军中惩罚士兵的一种办法，将其耳朵上穿上一支箭，在军营中游行示众。
[2] 插耳，即插箭。
[3] 四都，今福建南安市东北部洪濑镇的福林村、三林村、都心村、跃进村、前遥村、大洋村等一带，旧为南安四都。下苏，即霞苏，今福建南安市中部的康美镇。主要姓氏为苏，俗称"霞苏"。

敬禀者：本月二十日接奉宪札，准军需总局咨，以前转卑府具禀，遵札查覆代理南安县□□□等，并无闻警逃回缘由。奉抚宪批行申斥，饬再确查，该代理令同该典史□□□，当逆氛蠢动时，如何弃城逃避，置地方于不顾，据实通覆核办等因。捧诵之下，惶悚难名。伏念卑府谬绾郡符，有表率属员之责。值此地方多故，众庶危疑，深愿得二三良吏分理各邑，共济艰难。如果有不肖属吏避害潜身，卑府亦何肯徇庇劣员，坐令贻误地方，同干咎戾？惟思察吏之道，不外惩、劝二端。劝功或不妨过优，而惩过则必求平允，庶受害者无可怨尤，足以服其心而杜其口。

查南邑密迩郡城，实同附郭，历来遇有公事，该令无不晋府面商。自三月间谣言蜂起，□令不时来府，商办防堵一切，或立时往返，或朝至暮归。惟四月初八日来府请饷，守候三日。卑府因地方紧要，促令回县。迨贼匪攻扑郡城，该县令实在县中堵御，并未他往。故责该令以防剿紧急之时不知镇静弹压则可，若必责以闻警先逃则不足折服其心，该员反有所借口。惟该员系佐杂人员，未膺民社，前因□令患病，仓猝乏员，故委令暂行代理。乃接任后，即值逆匪滋事。现在地方虽经平定，而缉捕、催科均关紧要。该员办理一切，诸形竭蹶，未便稍事姑容，致滋贻误。合亟禀请大人察核，转禀大宪，迅赐遴员接署，以重职守而免玩旷。至该典史□□□因该邑久无监狱人犯，前经卑府调充府考差事。继因办理防堵，委令防守北门，实无闻警逃避情事。理合确查实情，禀候察核转禀宪示察办。实为公便。

再洪濑都司□□□、汛弁□□□二员，前蒙陆提宪发府讯办，当经移营查覆。嗣准陆中营、城守营以查明该都司等，当贼匪窜扰时，均在汛地防守堵御，并无畏缩逃避情事等由。移覆到府，复据该都司呈递亲供，亦相符合。当经禀蒙提宪饬令都司□□□、汛弁□□□前赴宪台行营，随同效力，以观后效。在案合并声明。卑府谨禀。

咸丰七年六月初三日
代泉州府作

敬禀者：本月十二日接奉抚宪札，据江南粮储□□道禀，职道往办四都，该乡出为抗拒。正在剿办吃紧，职道即撤兵回郡，意欲赴任等情。仰烦宪厪训诲周详，责以恇怯无能，戒其草率了事。饬即统带兵勇驰赴四都等乡，痛加剿洗，务将著名匪类及助恶各伙党悉数歼除，不准稍留余孽，贻患将来等因。循环捧读，惶悚难名。

伏思职道谬沐宪恩，畀以重任，泉属为卑道统辖之所，则有攸归。惟虑不能除暴安良，谋长治久安之策，更何敢颟顸粉饰，贻患地方，自干咎戾？惟下游军务与上游情形不同，缘上游贼自外至，蚁聚蜂屯，只须草薙禽狝，便可净绝根株。而此间则林、潘首逆均已窜赴永春，著名恶匪亦多闻风遁迹。其贼伙数千论，其迹则从逆。攻城原其情，实各图抢掳。此辈散在各乡，良莠难分，不特诛不胜诛，抑且无从措手。若操之过蹙[1]，则势如困兽，非铤而走险，即聚而负隅，上年剿办炉内可为前车。

职道察看情形，计惟剿抚兼施，宽严互用。故自南邑移师洪濑，由近及远，次第剿办。擒获逆首陈岁等九名正法，其余安辑善良，抚谕反侧。惟四都一处，大小三十六乡，素以盗贼为生，晋邑民人恨之入骨。恐其族大丁强，负固不服，本拟各乡平定，然后从事该乡。适有山坪乡[2]贼匪攻抢洋塘乡，民人胡达良家拒杀事主、掳禁妇女之事。职道即咨调兵丁五百名，添雇壮勇七百名，饬委□署守、□丞、□令会同营员，分三路进剿。毙匪多名，将该乡房屋尽行平毁。次剿糖部乡[3]，该匪竟敢负隅抗拒。兵勇奋力剿杀，擒斩二名，击毙数十人。该匪连夜空巢远遁。职道因贼匪畏威窜匿，未便顿兵坐待，又以兵勇暑病蒸染，不能久驻，兼以饷银不继，随即撤回郡城。因广勇患病者多，先行撤遣。另调精兵五百名，壮勇二百名，仍令□守、□丞会同营委各员驻扎河市，相机剿办。即据四都及大罗溪、吉火、山顶坪各乡，房族衿耆佥赴郡城，求郡绅、□御史、□道等代为乞恩，情愿带领官兵进乡，指烧匪屋。一面获送匪犯，并出具甘结。察其情词极为诚恳，当经张守会同□御史等，遍历各乡，分别查办，士民无不悦服，遂即凯撤回郡。此职道先后剿办之实在情形也。

至四都山坪乡贼匪攻劫洋塘乡民人胡达良家，并非杨姓，其事在六月初九夜。而兵勇于十七日进剿，亦非在拒捕撤兵之后。至次夜复到后墓乡[4]大肆劫掠，更无其事。职道于应剿应抚之处，惟恐不合机宜，无不与府县绅士妥商筹办。现已撤兵旬余，四都是否安靖，各乡有无蠢动，舆论昭彰，难逃宪鉴，断非职道一人所能掩饰。惟此地民情浮动，时有讹言，全在地方官查察实情，立时拿办，消患未萌。至于谣诼之来，时起时息，惟有静以镇之而已。

至□□道此次所雇壮勇，皆乌合无赖，自云为人所欺。其回至枫亭，因强赊物件，致犯众怒，不特军装行李抢失一空，并其坐轿亦被拆毁。迨抵南邑行营，即请制给锣锅、帐房等物。职道以饷银不敷，辞其会办。恐该道抱愧向隅，因禀请其查办灌口，乃该道因职道辞复，悻悻之意形于词色。讵料因此挟嫌，遂致捏情混禀。第职道调度乖方[5]，抚衷滋愧，何敢妄议他人？缘该道既有所陈，不得不将实情上达聪听，伏祈大人察核训示。不胜惶悚屏营之至。

再职道前奉檄，饬赴永会办，业经禀请筹拨饷银一万两。俟解到后，即就近咨调水师兵数百名，并招募广勇，驰往剿办。昨据□署牧禀称，大田境内已一律肃清，惟林逆尚未就擒。诚恐复行回窜，尚祈迅赐批示遵行。实为公便。至厦门及灌口等处，近日尚属安堵，海口亦属平静，足纾莨厪。职道谨禀。

咸丰七年六月　日
洪濑军营

[1] 蹙，紧迫。
[2] 山坪乡，今福建南安市洪濑镇都心村的山坪自然村。
[3] 糖部乡，今福建南安市洪濑镇溪霞村的糖房自然村。
[4] 后墓，今南安市有两处称"后墓"的地名，此处当指罗东镇福山村的后墓自然村。
[5] 乖方，违背法度；失当。

敬禀者： 本月二十三日接奉宪札，以访闻职道剿办南安四都糖部乡，候补县□□□欲令捐助军需，又任听所雇南勇抢掠，并将该乡公共祖祠焚毁，致民心不服，哄然吵闹，我兵因收队进城等情，饬即逐一查明，据实禀复等因。

伏查职道谬承檄委，统带兵勇，督剿泉属逆匪。因甫抵泉州行营，乏人差遣。该员□令奉差在泉，因其两任南安，于地方情形颇为熟悉。虽其平日盛气凌人，与绅士极为龃龉，然略短取长，其才不无可用。故委令随营效力，一切剿办事宜，均由职道相机商办，并不由该令指挥。该员自奉委后，叠办匪乡，购捕匪犯，不为无功。至南邑四都三十六乡，素著凶恶。此次剿办系分三路进兵，□署守会同营员由郡城，□丞暨□□诸委员等由洪濑，□令由南邑，均至该乡会齐。先将山坪一乡尽行平毁，继至糖部乡。该匪在山上开枪拒敌，被兵勇击败，倾巢远遁。维时各乡民人，均经搬避，该令与□署守等同在行间，即欲派令捐输，似属无从措手。其先后焚毁，均系贼匪房屋，糖部乡有王姓宗祠一所，并未毁坏。至贼匪逃窜后，因洪濑地方逼窄，不堪屯驻多人。兵勇又多触暑患病，因即撤回郡城，另行调拨，移驻河市，并无民心不服吵闹之事。惟该令所雇壮勇，多系南邑附城诸大姓，内与四都各乡夙有嫌隙之人，入乡抢夺事所不免。该令不能慎重雇募，咎有难辞。兼以专于用猛，气锐心粗，诸事未能和衷商榷，因之绅衿士庶啧有烦言，其咎亦由自取。兹蒙前因，理合查明实在情形，具禀大人察核办理。实为公便。

第该员遇事勇往，耐于勤劳，但能释其矜心，平其躁气，尚为有用之才。倘蒙宪恩，严加戒饬，俯赐成全，俾该员仰藉甄陶，不致终身废弃，则再造于该员者，实非浅鲜耳。职道谨禀。

咸丰七年　月　日
于洪濑军营

敬禀者：九月初七日接奉宪牌，据泉州府属绅士□□□等禀称，逆匪潘宗达、蔡桃等麇聚炉内，复谋蠢动。请速派拨弁兵勇，痛加剿洗，以免蔓延等情。饬即会督该管营县，确查匪踪，由道商拨兵勇，驰赴搜捕。务将各逆匪悉数歼除，以靖地方等因。

伏念职道谬承委任，茌泉剿办不能殄除丑类，净绝根株，以致下烦舆论。仰厪宸衷，抚衷惭汗，无地自容。惟是泉州军务与他处情形不同，不患外贼之窜入，所患土匪之内讧；不患贼势之渐张，所患民心之不静。有非专恃兵力所能平定者，请为宪台约略陈之。

自咸丰三年会匪滋事，泉属土匪纷纷蠢动。城南近乡匪类竟敢围扑郡城，事后仅获一二名正法。迨林逆窜匿南安，胡熊攻犯惠邑，□、□二总镇统带大兵剿办，经年迄无要领。乡曲顽民久已视叛逆为儿戏，积渐凌夷[1]，遂复有本年四月间之事。及职道驰抵泉州，所有著名逆首，均已窜赴上游。其附从等辈，实繁有徒，诛之不可胜诛，不得不剿抚兼施，安善良而消反侧。维时四都王姓贼匪，适有掳杀洋塘乡胡姓一案，遂将滋事之山坪乡尽行平毁，次第进剿糖部等乡。缘各乡均已倾巢远遁，而大罗溪等乡绅耆复俯求绅□御史等代为乞恩。职道查饷银业将告罄，兵勇触暑患病者多，而贼匪复窜匿无踪，势不能久驻荒山，作待兔寻蛇之举。因即乘机凯撤，以图再举，叠经职道具禀在案。

兹查该绅士所禀剿办情形，日期均属舛错，固无足置办。惟据禀自六月初三日以后，连报抢劫北门外花园头、田边、潭尾各乡等情，职道初亦传闻是言。及确加查访，不特当时并无其事，即数月以来，四都一乡甚属安静。此有府县报案可查，非职道所能掩饰者也。

嗣于七月间，潘宗达等匪伙数百人，自上游败逃，窜回南邑，沿途杀毙图承一人。因此谣言复起，其实均系穷蹙游魂，藉图抢掳苟延残喘。而各乡团练严密，无从得食，故皆东奔西窜，踪迹靡常，不能勾结多人，亦不能屯踞一处。虽此辈一日不除，地方一日不能安静。然遽议用兵搜捕，则调兵筹饷，动辄需时。迨成师以出，而贼匪已远遁高飞，无从措手。其次则莫如悬赏购捕。然查林、潘诸逆首，各有死党朝夕护从，图之者亦须纠结多人，方能动手。愚民虽有贪赏之意，而苦无图贼之材；赏格虽重，而卒莫能应募者。职是故也。

至谣言之起，则造之者非一人，传之者非一口。惧官府之下乡征粮也，则藉谣言以阻之；虑官府之裁撤乡勇也，则散谣言以止之。且历年办理团练，劝派捐输，而绅士或帮办局务，或带勇防城，日领口粮，月支薪水，惟恐军务告竣，则利源亦绝。故彼此附声吠影，饰叶添枝，一波未平，一波又起。言之似确鉴可据，按之则惝忧［恍］难凭。地方官禁之不能，止之无术，民心因而皇［惶］惑，公事因而废弛。为害地方，莫甚于此。

至炉内、大罗溪等处，实为逆匪窟穴。其地势阻隘，土堡坚固，踞险负隅，猝难攻取。上年赵前道亲赴剿办，相持数月，始终未能得手。今若欲为捣穴犁巢之举，兵少则不足示威，兵多则艰于措饷。况现在贼踪四散，其所传新造器械，籴买米石等语，均属影响之辞，又安可与无名之师以召意外之变？此职道确察情形，展转筹画而不敢遽议搜捕者也。计惟有严饬该管文武，广设网罗，密施钩距，但能多获一名，即可多除一害。一面联络各乡，严密防堵，杜勾结而绝蔓延，庶贼势日就衰懑。而尤莫要于得二三廉能之吏，必能如不侮鳏寡、不畏强御者，位置于晋南各邑，使其日渐整顿，斯地方可望有起色。如果该逆匪等敢于踞地聚众，谋为不轨，即当选拨弁兵，迅速剪除，断不敢养痈纵贼，贻患将来。职道愚昧之见，是否有当？理合地方情形，据实禀候大人察核，训示祗遵。不胜悚栗惶恐之至。职道谨禀。

咸丰七年九月日
兴泉永道

［1］凌夷，也作"陵夷"。衰败；衰退。

敬禀者：窃职道接准福建军需总局司道咨，奉宪台批局详陆提督咨保泉郡防剿出力，武职员弁兵丁，暨职道移请陆提后营□署游击奖励，请示遵办缘由。奉批以两案事同一律，饬即驳饬大加删减，核实请奖，以昭画一[1]等因。具征大人鼓励人材，慎重名器之至意。

伏查职道前次禀保泉州、惠安防剿出力官绅人等，因人数冒滥，仰蒙训诲周详，恩加申饬。私衷惶悚，莫可言宣。惟是近年地方多事，各属兵额空虚，经费支绌，官府力有未逮，不得不鼓舞人心，藉资民力。本年四月间，晋南逆匪两次攻扑郡城，旁扰南、惠。维时江右粤逆窜扰闽疆，光、邵先后失守，汀州郡县复相继沦没，[2]兴、漳土匪亦欲闻风蠢动。该逆侦我困敝，猝起相乘。泉郡为省南门户，倘有疏失，则全省震惊，大局岂堪设想？幸赖官绅、士庶敌忾同仇，竟能老弱乘城、妇女助战，同心戮力，得以转危为安。夫失陷地方者例有应征之罪，则保固城池者亦有应录之功。况此时伏莽乘墉，根株未靖，正宜激励众心，驱策群力，但使家自为守，人自为战，厉其成城之众志，即为我御侮之良图。否则有志者寒心，立功者解体，万一稍有变动，官民呼应不灵，实于地方大有关系。且该绅士等，或慷慨捐输，或勤劳局务，或奔走招抚，或昼夜巡防。前据团练局绅董开送名册前来，职道因可否照准出自宪恩？是以照册转禀。兹蒙前因，除武职员弁、兵丁，仍咨请陆提督核实咨送外，合将在事官绅人等，择其尤为出力者，开具清折，禀候大人察核施恩，俯赐奏奖。以励人心而作士气，地方幸甚。

再泉州在籍绅士□道、□御史、惠安绅士□部郎办理团练，历著功效，应如何奖励之处，尚祈宪台察核办理。实为公便。职道谨禀。

咸丰七年　月　日
于泉永道

[1] 画，划分。画一，同"划一"。
[2] 江右粤逆，指驻守江西的杨辅清太平军。光、邵先后失守，指咸丰七年（1857年）正月，杨辅清率兵入闽，攻进光泽县城，三月与石达开合兵攻占邵武。汀州郡县复相继沦没，即太平军攻占光、邵后，石达开又攻打汀州府，杨辅清进兵建宁府，分别攻占崇安、建阳、泰宁诸县。

敬禀者： 本月二十六日，接奉宪牌，以访闻前署南安县□□□随同剿办南邑三、四都匪乡，勒派捐需，纵勇焚祠，以致绅民喧闹，几于偾事各等情。业据泉州府□守查复，并据该员自呈清折，饬即秉公确查具复等因。

伏查泉属民风，素称强悍，而士习之凌夷，尤甚于他处。读书安分者虽亦有人，而无行之徒甫博一衿，即思出入衙门干预公事，甚至教唆词讼，鱼肉乡民，引类呼朋，把持包揽，地方官稍涉萎靡，无不被其挟制。该员两任南安，击暴锄强，专于用猛，匪徒颇畏其威，良民亦藉以安堵。惟于绅士请托、生监佥呈，往往力为挫折，不肯稍事含容。且其平日负才使气，持论过苛，易招尤怨。即如此次所呈节略，以逆首远扬，匪心固结，归罪于□、□二绅，并谓不肖绅衿，乐藉团练染指。刺心逆耳之言，辄于稠人广众中谈笑，而道之闻之者，能不衔之切齿。且本年五月间，外间哄传该员复委署南安，众口一词，不知所自。晋南绅士不愿其来，谤讟繁兴，未始不由于此。至该员随同剿办南邑三、四都匪乡，实无勒捐并焚毁公祠，致士民愤恨情事。前经职道查明禀复。兹查□署守所禀，均属实在情形，并无捏饰。职道与该员素未浃洽，第是非自有公论，功罪不容混淆，不敢稍涉瞻徇[1]，亦不敢故为屈抑，以期仰副仁宪整饬吏治之至。意缘蒙前因，理合确查实情，具禀大人察核办理。实为公便。职道谨禀。

咸丰七年　月　日
兴泉永道

[1] 瞻徇，徇顾私情。

敬禀者：窃职道于二月二十六日，准军需总局司道咨称，案照福宁府[1]永丰官局[2]。现据福宁府□守以局本亏折日巨等由，禀蒙宪台批饬，如禀撤除。因查汀州、厦门，亦设有永丰官局，于兵民既无裨益，饷票亦并不藉以推广，而局中日用无出，势须亏及成本。饬将厦门原设官银钱分局，一并裁撤，以节糜费等因。

伏查各属分局之设，原以流通饷票，裕国便民。乃开设至今，民间既未能信用，仅恃各州县收取搭解钱粮，自应酌量裁撤，以节虚费。惟厦门官局系支兑全厦水师官兵俸饷，于地方大有关系。职道等察看情形，实有难以并撤者，请备言之。

缘厦门僻处海隅，厦、金两标所领饷票，并无地方州县可以行使。故前蒙将厦门关税，解存官局，按月兑支。嗣经藩司议准，泉州水陆各营饷，概以票七银三搭放。厦门关税，行令全数解司。复经前任水师提督□暨□前护道会同厦防厅，先后禀蒙宪台准将厦门关税银，仍照旧章，留厦兑换。是水师困苦情形，早蒙仁慈洞鉴。盖陆营兵丁除差操以外，随地可以谋生，而水师经年出洋巡缉，专藉月领银米，养赡身家。现虽由局兑支，尚不及十分之六。其余支剩银票，几同废纸。且按季赴司请领，往返需时。查现在上年秋季饷银，尚未领到，各兵嗷嗷待哺，苦累不堪。幸将所存饷票，每月借兑通融，藉以敷衍。若官局一撤，则三成现银既不能应时支领，而七成局票又不能就地通行。该兵丁非尽属知方，焉肯安贫困守？

查厦、金两标，每月额领俸饷米折等银一万二千零两。现查官局按月支兑数目，核诸三成章程，每月约多支二千余两。为数虽属稍多，而兵丁可藉以驱策，营务可藉以整顿。若仍由司库按季给发，则各兵所得银票无处行用，地方官得以贱价折买，搭解钱粮，解还司库。赢关税而绌钱粮，于帑项并无裨益，而各兵之鼓噪索饷则立在意计之中。图事贵出万全，立法须顾大局，虽当经费支绌之时，而利害所关，似不宜省此区区，见小利而贻大患。至厦局以关税银两作为成本，总计开局以来，除一切开销及支存关税外，现存盈余银六千余两。是虽永远开设，亦不致如福宁等局之亏折成本。且近年台湾积欠厦金兵谷四万余石，该兵丁等俯仰乏资，愈形穷困，各兵应支岁米石，无从筹给。经厦防□署丞禀请划扣台饷五千两，发厅清给。嗣因时逼岁除，未奉批示，各兵纷纷请领，几滋事端。禀经职道提借官局银三千两解营散放，始获安堵。

近日又奉宪台牌饬，提拨官局银一万两，解充漳州镇标兵饷。即上年逆匪攻扑泉州郡城，亦经该府禀准提解盈余银二千两，是厦门官局之设，于泉、漳地方营务均有裨益，又非福宁、汀州各局所可同日而语者也。现在各营一闻撤局之信，该兵丁等已连日向该管员弁恳请转禀。虽经曲为抚谕，暂安众心。若果遵照奉行，则脱巾攘臂之风不俟终日。况关税解交官局，兑饷所余并不敢丝毫挪动，刻当地多故，又值粤夷滋事之秋，万一警报猝至，有此盈余存项足以济缓急而备不虞。否则有兵无饷，不特外患难防，且恐内变先作。筹思及此，实深殷忧。职道等为地方大局起见，再三商酌，意见相同。用敢激切缕陈，禀请大人察核，俯赐檄饬总局司道，将厦门永丰官局照旧开设，仍将厦门关税逐月解交官局，作为成本，支兑厦、金两标兵饷，以安兵民而固疆圉。不胜惶急待命之至。职道谨禀。

咸丰八年三月初三日

[1] 福宁府，福建古代的行政区之一。元置福宁州。明废为县，复升为州。清雍正十二年（1734年），州升为府。以原本州地设霞浦县，领宁德、福安、寿宁、霞浦四县。民国二年（1913年），废入霞浦县。
[2] 永丰官局，咸丰时期，面对内忧外患交集的局势，清政府出台纸币政策，在全国大部分地区设立官银钱局，推行户部官票、大清宝钞、官局票。

咸丰三年（1853年），福建永丰官钱局在福州设立，并于福州南台、厦门、汀州、福宁、建宁开设分局，发行、推广银钱番饷各票，以解救因私人钱票滚支而引发的全面经济危机。

敬禀者： 窃职道于本月二十日，接准总局司道咨，承准福州将军照会，饬即移会厦门关口委员，迅将征收常、夷两税银两，无论收存若干，克日尽数解省，立等接济军饷等因。

伏查闽省频年用兵，经费支绌，水陆各营兵饷，每因给领愆期，聚众吵索。前蒙宪台轸念兵艰，准将金、厦水师俸饷就永丰官局按月兑支，并蒙将厦关税银解交官局作为成本。该兵丁等得以养赡身家，而本职等亦藉以随时驱策。两年以来，幸获安堵。月前各兵丁因闻裁撤官局之信，莫不惊惶迫切，几于一军尽哗。当经职饬令该管将弁，曲为抚谕，并会商职道具禀请留，未蒙钧示。

兹因省库告匮，提用厦关税银，上游需饷孔殷，自应先其所急。而职等思患预防，实属倍深焦灼。缘水师经年在洋巡缉，其劳苦甚于陆营，故其望饷之殷，亦较甚于陆路。近因闽洋时有艇匪游奕，逆夷又占踞粤东省城。现在上游复行告警，职等正在督饬各营，分拨兵船，巡防缉捕。筹措巡洋口粮，已属万分竭蹶，若官局一裁，则月饷必致不继。水师营兵素称桀骜，不特不能责其枵腹荷戈，并恐难望其安贫守伍。该兵丁等穷迫无聊，必有脱巾攘臂之举。况泉、漳民情本属浮动，兼以会匪余孽乘机煽诱，兵贼交讧，势将不可收拾。筹思及此，实深殷忧。且查厦门关税，每年有大小月分，大月可收一二万两，小月不过三四千金，系由税行按旬收缴。该委员即按旬解交职道衙门，转发官局，并无存留可以拨解。兹奉饬提，自应将按旬征收税银，尽数解省。第海疆安危所系，不得不沥叙实情，禀请大人察核，俯赐饬将厦门口每月征收常、夷两税银两，以一半解省、一半仍留永丰官局，俾金、厦两营兵饷，稍藉支持。实于军务、地方大有裨益。

再官局因奉文裁撤，两营应支四月饷银未敢兑给，该兵丁等待哺嗷嗷，势难终日。伏望将前、今两禀迅赐批示饬遵，以安军心而固疆圉。不胜激切待命之至。谨禀。

咸丰八年三月二十三日

敬禀者：本月初七日，本职等接准总局司道咨，奉宪台批，本职等会同金门□护镇，禀请厦门永丰分局照旧开设，支兑厦、金两标兵饷等因，奉批如禀办理。嗣准总局咨，以行用局票原为便民起见，并非专为放饷而设。因外营领回饷项，距省窎远，转兑维艰，故特设分局以资流转，并非饬备现银专资支应。议将厦口征收税银，随时解省拨用。其金、厦两标领回饷票，即令就地行用，不得全数赴局请支，亦不准在省换兑，以期逐渐推广等因。

伏查行用局票，意在利国便民，而民间以不能随时支取现银，总形畏沮。厦门又孤悬一岛，钱货皆从外至，交易尽用现银。故开局以来，钱票尚属通行，而银票总不能信用。至分局之设，原不徒供支营饷，然国家养兵卫民，各属征收地丁解存司库，按季给发各营俸饷，何莫非筹备现银专资支应？近年因库帑支绌，兵饷维艰，不得已而改用饷票。又蒙轸念兵情困苦，搭放现银三成。该兵丁等每因给领愆期，嗷嗷待哺，叠次聚众禀求退伍，甚至鼓噪喧哗。虽经将弁多方抚慰，而岌岌情形，势难终日。幸蒙宪慈垂照，准将厦门关税留解官局，按月兑支。数年以来，幸获安堵。本职等前后两禀，业经沥叙情形，仰蒙恩鉴，俯如所请。兹查总局来咨，分局留撤之处，并未明白知照，第称将关税随时解省。查设局之初，并未奉发现银，嗣后全赖关税，逐月支持。若将税银解省，徒留分局之名，是有局如无局，不撤而自撤也。

至称水师领回饷票，不准全数赴局请支，未知指何项数目而言？查金、厦两标，每月额领俸饷米折等银一万二千零两。核分局按月支兑之数，较三成章程所增无几，较额领全数所短尚多。若指现在月兑之数而言，则每月究应准兑若干亦未准，核示定〔之〕数无凭遵办；若以无地行用之饷票，既不准赴局请支，又不准在省兑换，是直禁锢之，使同废纸也。兵心能无怨乎？况现在兵米欠给累年，若并此区区月饷而犹靳之，则此数千桀骜不驯之辈，穷乏其身体，冻馁其妻子，犹望其恪守纪律、枵腹荷戈，虽使颇、牧为将，恐亦有所不能。本职等非不知省饷万分支绌，第窃计厦门关税每年约十万两余金，而金、厦两标兵饷发给三成现银，亦须五万余两，在省饷所益无多，而厦门则所关甚巨。万一变出非常，重烦戡定，则兵费更难数计，且必仰劳宪虑，甚或上厪庙谟[1]。是所忧正不独在本职等数人而已。本职等目睹艰危，忧心如捣，不得不冒昧渎陈，仰祈明鉴。合再禀请大人察核，俯念海疆安危所系，迅赐檄饬总局司道，确筹全局，将厦门永丰分局准予照旧开设，并将厦关税银仍行全数解交，俾厦、金两标兵饷得以按月兑支，庶战士感恩，而地方蒙福。不胜激切待命之至。本职谨禀。

咸丰八年四月初十日

[1] 庙谟，朝廷的谋略。

敬启者：本月二十三日接读赐书，知前肃复函，已邀垂照。弟昨已选募勇壮六百四十名，配足军火等项，正拟择日启程。因连日风雨，驿路淹没，只得暂行停驻。现□、□二君拟于廿七八等日分起启行，弟于二十九日随后前进。惟天色尚未开霁，未卜能成行否？

厦、漳贼匪虽多，均系乌合。月初，□提军、□护道会剿厦岛，收复已在须臾。不料兵勇无端溃散，功败垂成，实堪惋惜。今此长驱直进，无难一鼓荡平，惟同安情势则有难于措手者。弟前因略知系大小姓挟仇报复，故前函中拟请绅耆劝谕，以期解散。乃自受事后，确加查访，始知从同邑西南门起，至灌口、龙江一带，百余里间大小数乡，民心无不变动。现竟按照丁口派纠钱文，购办火药器械。究其根由，并不因会匪勾引裹胁，岂天厌此方人，故欲歼灭其种类耶？然此皆内地民人，非苗蛮可比，若仅恃一二公亲，岂能尽安反侧？若极我兵威，又岂能将此数十百乡尽诛其人，而赭其地？

弟展转筹思，拟到彼后，察看情形，或不得已先剿数恶乡。倘各乡能闻风畏服，办理即无虞阻滞；如未能得手，不得不思变计。拟访其中桀骜巨魁，啖以重利，许以都守空衔，藉其钤束乡民，统令改邪归正。虽此辈非善类，事定之后，从宜处置，一狱吏之力耳。此时但能先招二三人，使为我用，即可渐相传导。如有顽梗不遵，立加剿洗。似此诱以重利，慑以严威，庶可渐次平复。然如此办理，必非旦夕所能奏功，旷日持久，在所不免。现当经费支绌，万一粮饷不继，则祸患之来，更有非意计所能及料者。全仗大公祖大人老谋硕画，预为绸缪。务使士饱马腾，俾得从容展布，不致掣肘半途，实深企祷。设或同安剿抚得手，则该处士卒众多，正不必群集其间，坐糜粮饷。即当于□、□二君会商，同、厦分办，一以招徕安反侧之心，一以攻剿慰来苏之望，庶冀迅速藏事，仰慰圣明，而两地经费，亦不致虚糜无益。惟弟以废弃余生，缪承甄录，并蒙重假事权，迥逾恒格。承领之下，感惧交并，虽竭驽骀，深虞汲绠。惟冀上游底定，节钺星临，俾得禀受机宜，藉报知遇。是则私衷所切望者耳。

咸丰三年六月　日
代李勋伯作

日昨辉庭兄已旋郡，询悉阁下已退回惠安，私心颇不以为然。

乃一日夜间，五次拜读致辉庭手书，一则请兵，再则请饷。忽言贼不可当，忽言贼不足畏，忽言百姓从贼，忽言百姓助官。即雇勇一事，忽托□□，忽托□□，忽托□□，矛盾支离，竟［竟］同呓语。遥度情形，竟是手足无措景象，知阁下方寸乱矣，不然何颠倒悖谬若是？日前中丞何等委任，阁下何等担当，乃离郡数十里而尽忘之乎？中丞原以无兵无饷，因阁下在仙游时，颇得民心，又曾两任腴区，冀阁下倾囊报效。故不惜奖以温言，许以重保，继复委署仙游。阁下亦中心自信，毅然请行。今足未履仙游之境，辄哓哓然请兵、请饷，且兵必须多，饷必须足。果尔，则何人不能前往，而重烦阁下为耶？不亦与中丞见委、阁下受委之初，意大相刺谬耶？

　　从来任大事者，必腹有权衡，胸有把握。主见一定，百折不回，不惑浮言，不图小利。断未有畏葸退缩，顾虑张皇，而能成事者也。此时贼势猖獗，民情蠢动，与乌白旗情事迥殊。若欲照械斗办法，实是误尽大事。但阁下必须亲诣枫亭，方可就近相机察办。

　　日昨此间专差，直至沙溪[1]查探，并无贼踪。枫亭司尚安居在彼，则沙溪无贼可知。又闻乌旗各乡均未从贼，又闻百姓将与贼为仇，贼势甚孤云云。顷复知抚宪已准将惠安兵二百余名交阁下带往，愚意亟宜乘此机会，驰赴枫亭，邀结绅士，联络民心。就黑旗之勇而善战者，选募三四百名，加给口粮，先与约定，遇贼有进无退，必以胜为主。若被贼杀伤，每名给赏若干。此外再结联数乡，以壮声势。择绅士之有胆识者，分带选锋。阁下自行督阵，会同弁兵奋力前进，痛加剿杀。一获胜仗，四乡百姓自能闻风相助，何虑县城不能克服？此计之上也。其次，则联络绅民，相机进迫。但能绝其柴米，数日之间，贼匪自然退走。即督带兵勇，随后追缴，亦可成功。但不如一鼓直前之速于奏绩耳。

　　至经费不充，惟有向各绅士商酌挪移，或捐或借，总求济事。即自解私囊，赔垫数千金建立大功，较胜于赔枫亭案百倍。此时官与贼势不两立，事成则身名俱泰，不成则躯命两伤，无中立之势，亦无幸获之理。语云："欲求生富贵，须下死工夫。"正其时也。若自度力不能任，则莫若退回郡城，禀明抚宪，另委贤能前往办理。虽去一官，尚留一命。若既不能令，又不受命，或欲借人之力，或欲贪天之功，徘徊观望，进退迟疑。不日贼势蔓延，四路窜扰，误国殃民，皆阁下为之祸首。身败名裂，岂不寒心？一正一反，祸福判然，惟在高明者决之而已。

弟从事数年，深悉阁下平日行事，吝啬多疑，寒士家风，固宜节用。然堂堂明府，岂可于分毫铢两间与市井细人斤斤较量？况用人于锋刃之中，若不诱以重利，又谁肯捐顶踵以助我耶？其近身数人，必须结以厚恩，庶几于临时得其死力。否则患难中，父子、兄弟且有各不相顾者，安得谓日费口粮百余文，即欲仗若辈为护身符哉？至多疑一端，误事更甚。盖多疑则少决断而好察访，听言愈多，皇〔惶〕惑愈甚。故每事欲行忽止，已止复行，甚至趋避不分，利害莫辨，皆多疑之为害耳。然此在平时尚不过取怨于小人，见讥于正士而已。今则上关军国，下系身家，成败之机，毫厘千里。此必决舍赀财，放开胆量，而后可以集事，而后可以成功。务望阁下努力前往，毋惜重费，毋生畏心，于以迅扫妖氛，歼除丑类，上报君国，下保民生。伫听凯音，曷胜盼祷？

咸丰三年九月二十八日
自致

[1] 沙溪，今仙游县郊尾镇沙溪村。位于仙游县东南部，与枫亭镇毗邻。

仆家温陵，与永春相距百余里耳。前岁居乡时，即微闻足下义侠之名，藉藉人口。迨去岁在都供职，见本省督抚奏报会匪滋事。上游匪首以足下与黄有为巨魁，心窃怪之。及细询起事之由，始知因仇人陷害激逼而成，非得已也。虽然足下误矣，当时起衅根由，事属细微，即使被人陷害，亦只宜挺身呈诉，以求必伸，岂容泄忿逞凶，遽为此叛逆丧身之事，因之牵连株累，父母、兄弟尽死非辜，祖宗坟墓亦遭毁掘。皆因一念之差，成此弥天大祸，清夜自思，能无悔恨？

然自足下起事以来，破陷城池六七处，戕害官吏数十人，所有冤仇亦可以少泄矣。自古无不诛之叛民，亦无善终之盗贼。今足下窜踞穷山，麏麏麋骋，将谓据此一隅，遂可夜郎自大乎？况童参、黄有、苏卓等焚劫乡里，残害良民，无不归罪于足下。虽自称以爱民为念，其谁信之？若辈受其实利，而足下蒙其恶名，亦何乐而受此不白之冤耶？

仆奉旨回籍办理团练，昨于抵家后，即闻足下曾函致湖头李姓，欲谋万全之策，并承垂念及仆，似以仆言为足取信者。仆于路过省城时，曾向督抚略道情形，现在已将永春□州官先行撤任。今欲为足下谋万全之计，惟有现将童森、苏卓等著名逆匪，或生擒，或斩首，以明从前之夺地戕官，皆非足下本意。一面勒集部众，束身归罪，仆当会同督抚据实奏闻，保足下以不死。若能率领部众剿贼立功，再当请奖赏。仆生平耿直，语不欺人，足下欲求万全，无出于此。倘或怙恶不悛，始终为逆，一旦天讨所加，玉石并毁，虽求自全，不可得已。祸福之机决于一念，惟足下善自图之。幸甚！幸甚！

咸丰四年二月二十五日
代作复林俊书

附　录

咸丰年间福建会党起事录
——《清实录·文宗实录》节录

咸丰元年正月癸丑

谕军机大臣等：有人奏会匪结党勾引蔓延，请饬查办一折，并请严禁私磺出境等语。

据称，漳州府属，会匪啸聚数万人，以厦门人陈罄、同安人王泉为大头目，设局敛钱。乡愚被其煽惑，横行郡县，恣意截抢吓索。上年十一月间，有贼目王靖、李景、黄允、刘四等，各拥众入会，地方文武不能查办。现在漳泉各处，道途梗塞。似此盗贼公行，若不及早歼除，必致酿成巨案。裕泰甫经简调，无所用其回护，着于到任后严密确查，该匪等有无勾通夷匪，假借名色，迫胁良民？其传习者共若干县？实在党与人数多少？与两广土匪是否联为一气？密饬明干妥员，不动声色，将头目陈罄、王泉先行购线设法擒获。其余以次侦捕，不难悉数就擒。

咸丰元年三月己酉

闽浙总督裕泰奏：漳、泉会匪，已获要犯多名，现在提省审办，并密派委员，赴台查禁私磺。

得旨：现获各犯，严行审讯，从重定拟，断不可因有英夷照会，稍有迁就，亦不可滥及穷黎，致生枝节。朕调汝闽督，欲资整饬，勿效刘韵珂之消弭，亦不必过为见好，沽虚誉而无济于实。总之，公事以公心办，毋存一己之私。志之。

咸丰元年七月戊子

谕内阁：裕泰奏福建省现办保甲章程参酌变通开单呈览一折。

保甲为弭盗良法，闽省山海交错，民贫地瘠，盗贼滋多。现在漳、泉会匪甫经惩治，尤宜力行保甲，以消奸宄而安善良。惟立法尤贵得人，若地方官不能实力办理，该管上司又不能实力稽查，必致良法徒托空言，且易起胥吏扰累等弊。着季芝昌、王懿德于到任后，按照原拟章程，督饬所属，认真妥办，务期渐收实效，不至仍前废弛。傥或始勤终怠，日久视为具文，即着指名严参惩办。

咸丰二年正月丁丑

谕内阁：季芝昌等奏台湾匪徒聚众谋逆，业经擒获首伙各犯一折。

此案匪首洪纪等，在台湾嘉义交界之附近内山地方，歃血结盟，竖旗肆抢。纠约林漏等多人，伪称元帅先锋，分为四大股首，各用红布为记，辗转裹胁，先后在官佃等庄及溪底各处屯聚。经台湾镇、道叶绍春、徐宗幹等督饬文武员弁，并力攻剿，叠次歼毙贼匪多名，生擒伪副元帅李兆基，伪先锋林罩、顾耀，并将首逆洪纪、要犯林漏、伪军师胡枝拇、伪副元帅吴仰，一并拿获正法。该逆等甫经蠢动，事起仓猝，该管文武各官，即能先行访闻，率兵分剿。未及一旬，已将首要各犯悉数就擒，伙党亦获犯过半。办理尚为妥速。

惟该犯等纠邀党与，究有若干？溃散余匪，未经全获，难保不潜相勾结，更起事端。着季芝昌、王懿德严饬该镇、道等督率所属，遍行搜捕，务期有犯必惩，毋任一名漏网。续办情形及在事出力获犯最多各员，着该镇、道等查明，据实具奏。

咸丰三年正月戊午

谕军机大臣等：前据季芝昌、王懿德奏参福建水师提督郑高祥督剿艇匪畏葸不前，当降旨照部议革职，仍责令戴罪出洋剿捕，以观后效。

朕现闻闽省洋面，广艇匪徒愈肆滋扰，台湾米船间被抢掠，以致台米不能渡海，闽浙粮价增昂。郑高祥不能乘坐海船，每遇巡洋，往往藏匿海汊，逾时捏报欺饰。似此怯懦无能，无怪匪徒日肆。且江浙二省，现办海运，设使洋面稍有疏虞，所关非细。着怡良、王懿德迅即确查郑高祥，如有前项情节，不胜水师之任，即行据实参奏，另派妥员暂署。一面奏请简放，务饬署任之员，将艇匪悉数歼除，毋得再有贻误。

陆路提督炳文，前据季芝昌等奏署游击王熤申文内夹有匿名揭帖，声诉炳文有调操扣饷各情。该提督平日声名究竟若何？着一并查明具奏，并着闽浙督抚于水师各营总兵内，留心访察。如有堪胜水师提督之任者，据实保奏。

咸丰三年二月己亥

又谕：怡良、王懿德奏陈闽省缉匪情形，恳恩宽免失察处分一折。

匪犯纠结滋扰，亟应严拿惩办。惟地方官失察处分綦重，往往因一犯经历数县，一县牵连数官。虑被辗转纠参，累及通省。并有自经访获，复因另犯潜住数日，不能免议，以致上司各官，相率回护，养痈贻患。所奏自系实在情形。

此时查办匪犯，正当吃紧之际，若非破其痼疾，断难专以责成，着王懿德即行严饬所属文武各员，认真查拿。一有匪徒结会惑众，敛钱传习滋事，如能随时觉察，立即掩捕破案，并将传染之犯悉数擒拿惩办，或将外来奸细侦探弋获，俾免勾结，均准将该地方官应得失察处分，悉予宽免。四川惩办匪徒，有就地正法之案。闽省山海错处，奸匪易滋，即可仿照办理，以儆凶顽。傥地方官仍有纵匪不办，或讳饰消弭者，该督抚即行据实严参，不得巧为开脱，转滋流弊。

以福建巡抚王懿德兼署闽浙总督，以福州副都统东纯暂署福州将军。

咸丰三年五月戊申

谕军机大臣等：王懿德奏福建海澄等县会匪聚众滋事一折。

据称，接据署厦防同知王江等禀报，风闻漳州府属之海澄县有小刀会匪千余人，入城攻抢及焚毁衙署，夺犯戕官之事。此外石码、龙溪、漳浦、平和、诏安各厅县，与泉州府属之同安县，亦各有会匪潜伏窥伺，欲图响应，并有攻扰厦门之谣等情。该匪徒伙党究有若干？如何入城攻抢？所夺何犯？所戕何官？以及焚毁系何衙署？尚未据该管各官详晰禀报。该署督现委文武大员，带兵前往查办，着即严饬确查，将首要各犯，悉数歼擒。其应如何解散党与，安抚善良之处，务当相机筹办，迅速扫除，勿令滋蔓，以靖地方。

将此由四百里谕令知之。

咸丰三年五月壬子

谕内阁：王懿德奏漳、泉会匪滋事一折。

此次漳、泉会匪，胆敢恃乌合之众，攻扑衙署，窜扰城池，并有戕官劫犯重情，不法已极。业经该署督派令漳州镇总兵郭仁布、盐法道瑞瑸，督带提镇各标弁兵驰往，会同该地方官，合力兜围。着即严饬该镇、道等督率文武，将首要各犯，迅速歼擒，毋任窜逸。所有该厅县失守情形，及该匪抢劫起衅根由，是否系地方官办理不善，激成事端，着该署督迅即查明具奏。

该省向有红钱、闹公、小刀、江湖等会，首伙积匪，不过数人，余皆随声附和，或族姓孤单，虑遭欺侮；或善良富户，希冀保全，畏祸入党，并非甘心从贼。乡愚无知，实堪悯恻。着该署督剀切晓谕，除首匪要犯罪不容诛、严拿惩办外，其余孱弱老幼，致被胁从者，查明悉予免罪。并传旨饬令各该府绅民人等，团练保卫，协同官兵缉捕，庶贼匪立就歼除，而良善不致扰累也。

谕军机大臣等：前据王懿德奏海澄等县会匪滋事，当降旨令该署督妥速查办，毋令蔓延。本日据奏，同安、厦门均已失守，安溪亦被贼进城毁抢，请调兵协剿一折，并片奏请解散胁从等语。

闽省会匪，名目不一，若地方官随时访查，认真拿办，何至聚集一万余人，肆行攻抢，连陷城池，并有戕官劫犯重情？可见因循废弛，养痈已久，实堪痛恨。现经该署督派委镇、道大员，驰往各该处，会同防剿。着即严饬带兵员弁，迅速掩捕，务将首要各犯，悉数歼擒。如须该署督亲往督办，亦即相机筹度，毋失事机。其上游之延平等府，与下游之漳州等府，仍着扼要设防，勿致勾结为患。

闽省兵力不敷，本日已谕令叶名琛等，挑备惠、潮各镇协精兵二三千名，由潮州赴闽会剿。至调往浙江之防兵一千名，该省堵御，正当吃紧之际，若遽行撤归，恐往返徒延时日，而两省调遣，转致延误。

漳州镇总兵郭仁布，前经向荣奏称，带兵不能得力，现在统兵前往剿办。该员是否足资策应，并着随时察看，勿任贻误。候选知府王朝纶，前由京赴台湾采办米石，着该署督即传旨，饬令迅赴厦门一带，随同办理剿堵事宜。其在籍之前任甘肃知府候补道庄俊元、兵部员外郎庄志谦等，并此外漳、泉各属公正绅士，着一并剀切晓谕。如能劝谕团练，剿匪立功，即由该署督于事竣后，核实保奏，候朕施恩。

另片请速拨军饷，已谕户部速议具奏。近来筹饷之难，封疆大吏谅已深悉。地方设有缓急，惟当就近筹画，以应急需。若专恃拨款，岂不虑辗转迟误耶？已革安徽按察使张熙宇，前在闽省缉拿盗案，颇有声威。现已谕令周天爵等，即饬该革员迅速赴闽，交该署督差遣委用矣。

将此由五百里谕令知之。

又谕：本日据王懿德奏闽省土匪滋事，同安、厦门均已失守，请饬广东省调兵赴援一折。

广东惠、潮二府，距闽省漳、泉较近。着叶名琛、柏贵迅即于潮州、惠州各镇协内，抽调精兵二三千名，配带军火器械，派委镇将大员统领，即由潮州一路，取道星速赴闽，确探贼踪，协同闽省官兵，合力夹攻，毋稍延误。

将此由五百里谕令知之。

咸丰三年五月丙辰

又谕：王懿德奏据报漳州镇、道被贼戕害，永安、沙县先后失守一折。

览奏曷胜焦急，该省会匪虽时有蠢动，半系乌合，何至府、县城池，连次失陷？该省地方官毫无准备，实堪痛恨。厦门距省不过六百里，永安、沙县亦在五百里以内。该署督两次奏报，均据探禀之词，并无确实见闻。

朕久闻该省驿站废弛，即此已可概见。究竟漳州府城是否失陷？该管镇、道如何被戕？永安、沙县各文武如何下落？即着迅速查明具奏。闽省除水师外，陆路兵额四万有余，为数不少，泉州驻兵尤多，何至一闻警报，即须调兵邻省？现在江西、浙江皆当防堵之际，兵力恐亦难分。该署督所请饬调两省官兵，已谕令张芾、黄宗汉酌量调拨。但恐缓不济急，该署督仍当与提督炳文会商，就本省所有之兵，迅速调拨剿办，万不可坐待援兵，致滋延蔓。炳文是否已赴永安、沙县等处剿捕贼匪？该署督应统兵前往何处督剿？均着迅速筹办，勿误事机。

本日据御史蔡征藩奏，剿捕匪徒，全恃绅士练勇，无须大费兵力等语。

朕前此曾降谕旨，饬令庄俊元、庄志谦、王朝纶等，劝谕团练，原以地方绅士之力，保卫乡闾。该署督等如果抚驭得宜，自可收指臂之效。即如该署督所奏，同安县民克复城池，漳州义民攻杀贼匪数千，可见民心足恃。即着剀切晓谕，认真筹办。至该御史奏请暂停采买台米一折，并着该署督体察情形，奏明办理。原折片着钞给阅看。

将此由六百里谕令知之。

又谕：前据王懿德奏，会匪叠陷厦门、同安、安溪。本日又据奏，收复同安、安溪。查探漳州府城被扰，镇、道闻俱被戕。延平府属之永安、沙县，先后失守，请调江西、浙江官兵各二千名会剿各折。浙江现在筹防江南贼匪吃紧之际，江西严防贼艘回窜，并湖南、广东各土匪，亦关紧要，兵力自难多分。惟闽省与江西、浙江地界毗连，专守本境，不如协剿邻疆，庶期早净贼氛，则本省之藩离自固。着黄宗汉、张芾酌度情形，迅调官兵，派委镇将大员，相机赴援。仍严密防守，毋任贼匪窜入。

将此由五百里各谕令知之。

咸丰三年六月戊午

又谕：前有旨令叶名琛等雇募红单船，派南澳镇游击黄开广管领，由海入江，听向荣调遣。现在福建漳、泉会匪滋事，厦门失陷，黄开广统带师船，必道经福建。如厦门海面有贼船游驶，即着协同该省水师，并力攻剿，仍行前赴江省。

再朕闻署潮州府知府佛冈同知吴均，管带潮勇，素著恩威，前办惠州盗贼，已有成效。前任澄海鮀浦司巡检章坤，人颇强干，能驭枭桀。现寄籍广东，为吴均所识。潮州毗连漳、泉，着叶名琛等即饬吴均与章坤带领得力兵勇，驰往会剿。现在漳、泉会匪初起，出其不意，迅速掩捕，尚可及早扑灭。否则滋蔓难图矣。

将此由五百里谕令知之。

咸丰三年五月癸亥

谕军机大臣等：据御史陈庆镛奏漳、泉会匪滋事，请饬调干员以资剿办一折。

台湾道徐宗幹，着即饬令酌带弁兵，内渡赴漳、泉等处，协同剿办。所有台湾道印务，即着该府护理，以便徐宗幹交卸，迅速启程。该署督仍于通省道员内，遴选派往署理。其所称已革知府王光锷、降调知县吴金华二员，是否现在闽省？堪资委用，着查明酌量差遣。丁拱辰系晋江大族，即可派令办理团练，以助兵力。

将此由五百里谕令知之。

咸丰三年六月乙亥

又谕：前据王懿德奏，会匪滋事，漳州镇、道被戕，及延平府属之永安、沙县先后被扰。当经降旨，令将失事情形，查明具奏。并饬调拨兵勇，激励绅民，迅速剿办。

兹据奏称，四月初十日夜间，突有会匪数千攻扑漳州，复于城内潜伏纵火，以致府城失陷。该署镇曹三祝、该道文秀骂贼不屈，同时遇害。旋于十二日午刻，经近城乡民及在城绅士，密相邀约，会合游击饶廷选所带官兵，奋勇追击，杀毙贼匪千余名，生擒贼匪谢厚、伪军师陈金斗并匪党数百名，即行正法。余匪逃窜，府城收复。

又延平府城于四月二十九日，亦有贼匪率众攻扑。经署副将李寿春、护道胡应泰等，先后击毙二百数十名。

又大田、德化两县，均有匪徒阑入肆抢。经大田绅士雇勇联乡，杀毙贼首黄有及匪党数百名。永春州官绅，擒获伪军师林仁德等二名，当即正法。

又另股匪首林俊，窜入永春州城。经署游击恩需、守备欧阳斌等与在城官绅，并力剿杀，毙贼一百余名，夺获器械无数。生擒首逆林俊之兄林伦及伙党十五名，即时正法。贼匪纷窜，当将州城克复等语。

此项会匪土匪，本系乌合之徒，总由地方文武守御无方，以致贼至即陷。该省士民深明大义，协力剿擒，克复城池，实属忠义可嘉。即着该督先行传旨奖励，并查明出力人员，据实保奏。一面仍遵前旨，剀切晓谕，乘此剿办得力之时，认真团练，自相保卫，协助官兵。并严饬带兵及地方文武，合力兜拿，迅将首逆歼擒，胁从解散，以期一律肃清，毋留余孽。至厦门匪徒，经提督施得高调集兵船追击，擒毙多名。该署督并饬漳州镇总兵郭仁布、盐法道瑞瑸等，定期水陆并进。着将攻剿情形，迅速具奏。

谕军机大臣等：王懿德奏，漳州失守，镇、道被戕，旋即克复。并永春被陷，旋亦收复各折片。

该匪叠陷城池，殊堪痛恨，漳郡克复，是否因该道之子恩志杀贼复仇，该处绅民激于公愤，不邀而集，抑实由海澄县知县汪世清等，出城邀结绅民，密图克复？着该署督确查具奏。至于乡民之出力，绅士之内应，具见民心忠义，守御堪资，该署督谕令团练，并示以杀贼立功，从优奏奖，自应如此办理。现在江西用兵，征调已多。福建僻在一隅，邻省兵力亦俱不足，不如激励绅民，自相保卫，较为切近而易图。况闻该省民情，甚为可用，果能众志成城，可助兵力之不逮。

前调广东兵二三千名，浙江兵二千名，本日已催令该督抚星速调拨来闽应援。至江西现在设防紧急，未能再行调拨，所需饷银，准其将解往贵州兵粮银四万两，一并截留备用。该署督又请饬部拨银三十万两，已令户部速议具奏矣。

将此由六百里加紧谕令知之。

又谕：前因福建会匪滋事，当经谕令黄宗汉酌调官兵，相机赴援。

本日又据王懿德奏称，延平、大田等府县续有匪徒窜扰，请速催前调官兵，协同防剿。浙、闽唇齿相依，衢州与延、建毗连，拨兵进剿，较为便捷。现当闽省待援紧急之时，着该抚接奉此旨后，迅即于衢州等镇属，挑选精兵二千名，配带军装器械，遴委得力员弁，星速管带前往，以资攻剿，毋稍迁延。仍当加意防守本境，勿令匪踪阑入。

将此由六百里加紧谕令知之。

又谕：前因福建会匪滋事，谕令叶名琛等，于惠、潮各镇协内，抽调精兵二三千名，派员管带，就近赴闽协剿，并谕迅饬佛冈同知吴均、前澄海鮀浦司巡检、现在寄籍广东之章坤，带领得力兵勇，驰往剿办。谅已遵旨办理。

兹据王懿德奏，闽省待援紧急，请催调官兵会剿。着叶名琛等迅即挑选精兵二三千名，拣派得力员弁，星速管带前进，并饬令吴均、章坤二员，一并带勇迅速赴闽，会合剿洗。毋得稍有延误，更滋蔓延。

将此由六百里加紧谕令知之。

署闽浙总督王懿德奏，设立军需总局。

得旨：撙节办理。

命福州将军有凤兼署闽浙总督，杭州副都统巴彦岱署将军。

以福建闽安协副将钟宝三为金门镇总兵官。

予福建漳州殉难总兵官曹三祝、道员文秀祭葬世职。厦门阵亡守备郑振缨，祭葬世职如游击例。

咸丰三年六月甲申

又谕：王懿德奏，请将带兵迁延并防堵不力之游击、都司革职留营，戴罪自效各等语。

建宁镇标右营游击恒寿，经提督炳文派往剿贼，乃敢任意迁延，实属心存畏葸。署泉州城守营安海汛都司提标守备李瑞安，于所辖大盈汛房，被贼拆毁，实属庸懦无能。恒寿、李瑞安均着即行革职，暂留军营，责令戴罪自效。傥再不知奋勉，即着从严治罪。

又谕：王懿德奏剿捕土匪情形一折。

福建漳、泉等府及上游延平、永春各属土匪滋事，经该署督调派官兵，及各属乡民义勇，奋力剿杀，将被扰城池，陆续收复。兹据奏称，漳州收复之后，复于四月二十八等日，杀毙攻城逆贼多名，并擒获伪大将军吴魁、伪军师僧碧云、伪公姚添贺等三名。

又延平攻扰之贼，经提督炳文督率文武迎击，斩获甚多。五月初三、十一等日，迭次获胜，毙贼六七百名，夺获器械无算，城围已解。其同安县贼首黄露业、蔡懋昭等十一名，永春、大田等州县贼首林伦等十六名，均经该州县纠集丁壮，会同营员，收复城池，拿获正法。安溪县城贼匪，亦经该代理县陈凤音集勇杀退，歼毙多名等语。此股匪徒，旋起旋灭，本省兵民，本已足敷剿办。现在广东等省官兵，不日即可到闽会剿。兵力愈厚，乌合之众，当不致再有蔓延。

又据奏，台湾凤山等县，均有匪徒戕官情事。已饬副将吕大升前往接应，并由台湾镇总兵恒裕督兵分路进剿，着即严催速办，务期悉数歼除。台湾民情素悍，竖旗滋事之案，本所时有，该镇、道等果能协力和衷，何至匪徒日肆。乃据王懿德奏，该道徐宗幹与该镇恒裕，意见不合，单衔密禀，意欲因病引退，非惟取巧，亦甚属无耻。当此剿匪吃紧之际，岂宜各挟偏私，致有贻误。恒裕未能先事豫防，亦断难辞咎。恒裕、徐宗幹均着先行交部议处，仍责令该镇、道督率文武，迅将滋事各犯，按名拿获。傥再推诿，即行严参。其捕贼被戕之台湾县知县高鸿飞、凤山县典史张树春，着交部照例议恤。

又谕：王懿德奏台湾南路匪徒滋扰，并现办内地土匪情形一折。

据奏，台属匪徒滋事抗官，台湾县知县高鸿飞追捕被害。台地民情浮动，居民皆非土著，向有漳、泉各府之人，往来寄寓。现在内地上下游土匪未靖，台郡为闽省屏障，若不迅图扑灭，恐勾结潜滋，为患更大。

据称，台湾北路协副将吕大升，籍隶泉州，自愿回籍募勇渡台，会同彰化县在籍京官王云鼎，添雇备调。着即饬令该副将等，迅速召募飞渡，交该处镇、道调拨，以助兵力。至台湾镇总兵恒裕、台湾道徐宗幹，身膺重寄，不思和衷共济，靖此海疆，乃竟意见不合。该道辄藉词称病，试问台匪稍有蔓延，该镇、道等岂能幸逃罪戾？前令徐宗幹内渡会剿，现在台属匪徒滋扰，着无庸驰赴漳州，仍责成该道会同该镇，剿办台湾匪徒，以赎前愆。

至漳、泉、永春所属各州县，虽渐次收复，延平府城亦连经获胜。惟贼踪涣散，亟应悉数歼除。该署督所请催兵协剿，本日又飞饬广东督抚，将前调兵三千名，迅催赴闽矣。闽省绅练，素谙大义，前次同安等县义民杀贼，并此次之副将吕大升等自愿募勇渡台，是其明验。该署督务当严饬文武官弁，激励士气，联络绅民，灭此群丑。其本年应解台湾饷银，着照所拟，慎重起解，毋稍疏虞。

将此由六百里谕令知之。

咸丰三年六月癸巳

又谕：王懿德奏闽省上下两路剿贼获胜，并收复县城一折。

据称，署延建邵道胡应泰、署参将李煌带兵六百名、乡勇三百名，五月十九日，行至沙县镇头地方，即有永安逆匪二千余人，设伏拦截。该护道等督兵剿杀二三百名，直抵城下。城中先已探知，典史江宿海商同绅士，纠集义勇，杀贼开城，迎接我兵进城。已溃之贼，复聚攻城。署参将李煌歼毙红袍贼首一名，执旗舞刀贼目十一名，余贼三百余名。生擒贼目姚兴等五名，就地正法。夺回印信二颗，旗帜、枪炮、器械不计其数，我兵并无伤损。

又护兴泉永道来锡蕃、署参将韩嘉谟与总兵郭仁布，在同安县会剿。贼众绕路直犯县城，该镇出城攻剿，共毙贼目二名，余匪二百余名，贼始败退。其厦门之贼，经来锡蕃知会水师提督施得高、护金门镇总兵孙鼎鳌，各领师船，至浔尾地方，击沉大号匪船二只、小船一只，夺获三桅大船一只，毙贼三百余名，受伤溺毙者二百余名。生擒伪军师陈金一名、余匪十名，搜获伪印一颗，大炮、铜炮、旗帜多件。

至永春州所属大田、德化二县，先后失守。大田先经收复，知县李文照患病，该匪乘虚复扰。两次占城，该县被戕。经教谕邹鸿镛等纠众杀贼，收回县城。该署州崔洲亦同陆路游击恩需，各领兵勇，驱除德化县逆匪，将城收复等语。

福建延平府属沙县、永安二县汛，先后失守，该地方文武员弁，均有应得之咎。惟念该员弁等搜拿贼党，连获胜仗，立将沙县、永安县同时收复，功过尚足相抵。所有护延建邵道胡应泰、署延平协副将李寿春、署延平府知府毛健失察处分，均着加恩宽免。

此外在事出力人员，着该署督据实保奏。其失守员弁，并即查明参办。

又谕：王懿德奏剿办贼匪获胜并收复县城各情一折。

现在沙县、永安虽经收复，而贼首尚未就擒。厦门、漳州亦尚有贼众盘踞，且与台湾一水可通，台湾现亦不靖。若使各匪互为勾结，更将滋蔓难图。该署督务当督饬在事文武，分投剿捕，水陆合击，将内地匪徒克期殄灭。仍一面严饬台湾镇将，及策应之副将吕大升等，迅将该处戕官攻城匪众，设法剿除净尽，无令与内地各匪勾结为患。

所请筹拨军饷银两，已由户部筹款，分别拨解。现在库款支绌万分，前由户部密陈情形，业经分寄各省。该署督亦当代为焦急，搏节动用，设法筹画也。

将此由六百里谕令知之。

又谕：……本日据王懿德奏，剿办闽省会匪，请饬催粤兵驰往援应，并着叶名琛即饬前调官兵，迅速趱行。由漳州一路进发，听候王懿德调遣，毋得延缓贻误。

将此由六百里谕令知之。

咸丰三年七月庚戌

又谕：御史蔡征藩奏风闻台湾府城被围，请简员解散一折。

据称，此次匪徒滋事，该镇并不亲行，仅委县令会同守备孟浪前驱，以致被贼戕害。现在直扑府城，凤山县属亦被贼围等语。

前据王懿德奏，台湾道徐宗幹与该镇恒裕意见不合，当将该员等交部议处。仍责令该镇、道，迅将滋事各犯拿获。现在如何办理，尚未接据奏报。台地械斗之案，所在时有，地方文武各官，果能和衷共济，消患未萌，何至酿成巨案？着该署督即饬令澎湖协副将邵连科前往台湾，会同恒裕等相机妥办，或督兵进剿，或设法解散，总期迅速蒇功，毋令蔓延为患。

现在漳、泉二属，虽渐收复，而会匪盘踞厦门，亟宜扑灭。兴泉永道赵霖才具是否胜任？并着该署督察看，据实具奏。

咸丰三年七月己未

又谕：御史陈庆镛奏福建贼匪情形一折。

据称，福建下游贼匪，始由海澄发难，所至地方，文武逃遁，致贼得以占踞空城。其贼船攻犯厦门，由官兵之素预小刀会者与为内应。同安县知县李湘洲有走匿情事，现在同安西界多半从贼。厦门为全省精华，急须选择绅士，召募马巷义民三四千人。一从刘五店径渡五通，一从同安前往官浔，到处设法解散。即以绅耆为向导，并知会水师兵船，驶入厦港，贼必闻风逃回海澄各处。仍令绅士劝谕，使之互相疑忌，自当迎刃而解。

其上游贼匪，大都起于邵武、建阳、顺昌、崇安、将乐、沙县等处。其贼匪有衣扣、发辫各暗号,并有烧纸坐台大小会,及铁板令、草鞋令、过江龙各名目。其汀州之江湖会匪,亦略如坐台之会。闻有著名会目廖彦如充当县役等事。其在邵武入会者,与江西宁都贼众,啸聚于长汀、瑞金交界之黄竹岭地方,尤虞勾结等语。至台湾土匪,前据御史蔡徵藩奏称,已有围攻府城之语。

兹据该御史奏,贼于五月十二日攻台湾府城,经商人等登城拒守,并合民勇杀贼五六百名。知府裕铎自出家财助饷,其在台之商郊各帮与现赴天津之台商各船,均各踊跃捐饷,以备军需。现在凤山县有游击曾玉明守住火药局,被贼围困,救兵莫达。贼目有林、许为渠魁,吴、王二姓为主谋。该御史籍隶闽省,所奏自系实在情形。

闽省以台湾为膏腴,厦港为门户,延、建则地据上游,为省垣之屏蔽,处处皆关紧要,必应及早歼除。前有旨令有凤驰往福州署理总督篆务,此时如已抵闽,即着王懿德与有凤按照该御史所奏,查明各地方滋事情形,应如何解散贼党,掩捕贼踪,迅速妥办。

该御史又称,台湾在籍前任礼部员外郎郑用锡、候补主事施琼芳、候补道林国华、道职林占梅,均堪办理团练,劝捐事宜。着该署督等谕令该绅士等,或捐资助饷,或出力督团。但使地方肃清,必当优加奖励。

总之,以本地之捐项作本地之军需,以本地之义勇捕本地之盗贼,较之转饷调兵,事半功倍,谅该署督必能妥筹办理也。至该御史前保晋江监生丁拱辰,现寓广东,着该署督咨催迅速回闽,以备调遣。其所刻则克录等书,即由该署督附折呈进,以备采择。原折着钞给阅看。

将此由五百里谕令知之。

咸丰三年七月乙丑

又谕:王懿德奏剿办闽省上下游两处贼匪获胜情形一折。

据称，六月初八日，尤溪县被贼窜扰，署知县金琳力战受伤，投水遇救。商同卸署知县萧作霖，密图收复。十四日，适先经延建邵道胡应泰派委带兵策应之，署都司顾飞熊等兵抵该处，与贼接仗，毙贼二百余名。逆首林俊踞七口桥，抗拒官兵。该县金琳等带勇前来会剿，贼锋大挫。林俊被枪倒地，贼众拥去。生擒伪将军萧虎及伪军师僧人阿金二名，杀毙贼匪并夺获枪械无算。余贼窜至黄新口地方，复被带兵接应之署参将李煌等歼毙数百名。县城当即收复，金琳旋因伤殒命，其妻女家属均各骂贼遇害。逆首林俊窜伏二十四都一带，现仍派员搜捕。

至下游各匪，前经饬令署总兵怀塔布商同已革提督李廷钰、副将吕大升协同剿贼。六月十二日，该匪攻扑金门。水师提督施得高带兵救护，适陆路员弁将匪击退。该匪由水路直犯师船，施得高会同护金门镇孙鼎鳌并盐法道瑞璸、护兴泉永道来锡蕃等所雇勇船堵截，轰沉贼船八只，夺获三只，杀贼三百余名，生擒七十九名，并获贼目林沙、林桂二名，起获炮械、药弹多件。

此次上下游两路剿办，业已得手。即着王懿德督饬带兵文武，实力进剿，悉数歼除，勿稍延缓。伤亡之署尤溪县知县金琳，着照例赐恤。该员家属着查明旌表，以昭激劝。

又谕：据王懿德奏剿办闽省上下游两处贼匪情形一折。

尤溪县城已经收复，而逆首林俊现尚窜伏该县二十四都一带，与永福、闽清、古田等附省县分毗连，难保该逆不潜图煽诱，再来肆扰。着该署督等即督饬文武员弁等，管带兵勇认真搜捕，勿留余孽。

下游金门一带，剿办现亦得手。着仍知会水师提督施得高，会督水陆两路带兵镇将，合力堵拿，勿令稍存大意。现在有凤计可抵任，兼署总督。省城有大员驻劄，人心谅可藉以镇定。该抚王懿德即可出省，亲赴泉、漳一带，督率文武员弁，迅将贼匪扫荡，以靖地方，毋任厦门贼匪日久盘踞勾结为患。

至台湾匪徒滋事，现在剿办若何？该抚亦当设法侦探，派兵应援，勿稍延缓。

将此由六百里谕令知之。

咸丰三年八月辛卯

又谕：前据王懿德奏，福建海澄、同安、厦门、安溪等厅县，会匪滋扰，戕官劫犯，失守城池，自请治罪。

有旨令查明失事情节具奏后，再降谕旨。嗣据该署督先后奏报，所有失事地方，均经次第收复，惟厦门尚在攻剿。该署督未能先事豫防，咎有应得，王懿德着交部照例议处。寻部议降二级留任，从之。

又谕：王懿德奏请将浮开乡勇名数之知县革职严办一折。

福建同安县知县李湘洲，先因该处会匪攻城，不能固守，致有失事。迨收复后，禀报所雇乡勇，自一二千名逐增至八千余名。其为虚报冒销，情弊显然。该员失守城池，本有应得之罪，兹复于雇勇任意浮冒，更属贪污。李湘洲着革职拿问，交有凤、王懿德查明冒滥情节，追赔严办。

谕军机大臣等：王懿德奏请饬已革臬司张熙宇迅赴闽省等语。

前有旨令张熙宇赴闽差委，嗣经李嘉端等以皖省紧要，奏请将该革员暂留效力，业已降旨允行。此时安徽和州巢县一带，时有贼匪窜扰。张熙宇剿办尚属得力，着仍留安徽，俟该省防剿事竣，再行饬赴福建。

又，昨据该抚奏，广东红单船行抵闽洋，现令协同水师，攻剿厦门贼匪。此项船只，专为江南剿贼，远道调来，冀其迅速赶到，肃清江面。现在金陵、扬州、镇江尚未克复，匪船南北窜驶，肆行无忌，较之厦门洋面，情形更为紧要。所有此项红单船只，着即饬令迅赴江南会剿，毋庸再留闽洋。至所带军装、炮械、铅药，均由广东备办齐全。现既在闽剿匪，不免动缺，所带盘费，亦恐不敷。

着该抚一并照数配足，毋任短绌，以利遄行。并着知照浙江、江苏各海口，一体催趱入江。

将此由五百里谕令知之。

署闽浙总督王懿德奏，请于省标余丁内，选补标缺，以资调遣。下部议行。

咸丰三年八月己亥

以福建厦门、永安、沙、德化各厅县被贼窜陷，革同知王江、知县信和来，署知县邵莘、申逢吉职，均逮问。

咸丰三年九月戊申

以福建厦门剿匪出力，赏已革提督李廷钰二品顶带，命协同办理同安厦门剿匪事宜。

咸丰三年九月辛亥

又谕：恒裕奏击退贼匪，克复县城，并台北获胜情形一折。

台湾府属南、北、中三路匪徒，同时勾结滋事。该总兵恒裕督令将备，联络庄董，防剿兼施。澎湖游击王国忠等所调兵丁，与台湾道徐宗幹所派义勇屯丁，水陆合剿，毙贼不计其数。其中路大股首匪张佑、南路大股首匪黄再基等，中路股首林义等，北路股首王乌番并伪总军师等，共十四名。

又股首黄义暨伙匪蔡南等一百八十余名，一并擒获正法。现在山海道路已通，全台渐就肃清。着恒裕会同徐宗幹，严饬地方文武各官与绅民人等，搜捕余匪务获，悉数惩办，毋任一名漏网，以安地面而净根株。

咸丰三年九月甲寅

又谕：有凤奏闽省瘠困情形一折。

福建同安厦门贼匪，现经李廷钰、怀塔布等相机剿办，已可得手。王懿德现驻泉州，永春、大田之匪，亦可次第进剿。惟各属兵力较单，不敷分拨，前调粤兵三千名，是否行抵闽省？着即飞催前进，并督饬文武员弁，迅将该逆林俊、黄有使等，按名悉获。首逆既擒，余党自易解散。

至于军饷支绌，自系实在情形，惟部库既无可拨之款，而各省藩关各库，罗掘殆尽，所有该省应需饷银，仍着咨商浙江巡抚及广东督抚设法通融，以资接济。至以本地之团练，捕本地之盗贼，最为切要。虽各处人心不齐，要在经理得宜，自可渐臻实效。总之，调兵筹饷之艰，不独福建为然，全在该督抚等悉心筹画，不可畏难自阻也。

将此由五百里谕令知之。

咸丰三年九月己未

又谕：据有凤、王懿德奏剿匪事宜，并捐输团练各情形一折。

现在征调纷繁，库款支绌。闽省会匪滋事，若不借助于捐输团练，势必兵饷两绌，更将何从措手。该督等既经选派绅士，协同委员，分别劝谕，即着实力妥办，不得徒以棘手为词，听其涣散。前据御史陈庆镛奏保绅士林国华等，办理捐输团练事宜，现在若何设法劝谕，即着迅速办理。

至会匪踪迹，详阅所奏，以厦门为最要，同安次之。其九龙山及邵武、汀州防堵。又当俟同安、厦门剿办竣事之后，再行筹及。自系通筹全局，着即照所议，次第剿办，不可稍有迁延。广东红单船，系专为江南协剿之用，该抚奏请暂留十五日，刻期合剿，依限收复，自系为剿办得手起见。惟自该省发报之日，至今已越两旬。此项船只，必已及早开行。着将何时开出闽洋之处，据实奏闻，不准再请截留，致误江南军务。

将此由六百里谕令知之。

命陕西道御史陈庆镛回福建本籍,办理团练各事宜。

拨广东银二十万两,解赴福建,以备军需。

咸丰三年九月壬戌

又谕:有凤奏县城失守,贼势猖獗,请添兵拨饷一折。

福建贼匪攻陷仙游县城,兴化去仙游数十里,且逼近省垣。土匪四处勾结,尤宜严密设防。该署督已飞咨提督炳文,饬令总兵钟宝三带兵赶赴兴化一带,实力攻剿,并派文武各员分防江口及永福县等处地方。复经王懿德由泉州派令署游击耿元兴等,带兵迎剿,合力围攻,当可不致蔓延。江西贼匪已顺流东窜,所有防堵该省之兵,亦可分别调回应用。

现在征调纷繁,经费支绌,该署督等亦所深悉。前次漳州府及沙县等城,被匪攻陷。该处绅民,激于公忿,旋即收复。可见士民忠义,守御堪资。为今之计,仍当拣派贤员,劝谕团练,保卫地方,协助兵力。至于需用饷银,着仍遵前旨,即就本省地方,酌量情形,妥为筹画。或劝谕捐输,或试行钞票,搭放大钱,惟在经理得人,自可试行有效。该署督等谅能统筹全局,仰体朕意也。

将此由六百里谕令知之。

咸丰三年十月庚辰

谕内阁:王懿德奏剿匪迟延,自请严议一折。

福建土匪,窜扰厦门,数月未能收复,实属延缓。福建巡抚王懿德、水师提督施得高,均着交部严加议处。原任浙江提督李廷钰,前经赏给二品顶带,饬令协同剿匪,耽延时日,咎无可辞。念系在籍人员,着先行交部议处,以示薄惩。该员曾任提督,傥能奋勉立功,保卫乡里,尚可重邀恩赏。如仍不知愧奋,定当从严惩办。

谕军机大臣等:王懿德奏督剿土匪情形,并请严定限期及酌留艇船各折片，已降旨将该抚等，分别严议议处矣。

闽匪滋扰漳、泉各郡，已逾数月。厦岛尚未收复，仙游复被占踞。该抚现驻泉州，亟应督同绅士，并饬水陆将弁，克期剿灭，以靖地方。李廷钰因其系在籍人员，是以仅予薄惩，仍着该抚加以激励。傥能奋勉图功，尚可重邀恩奖，若始终瞻徇取巧，即行严参惩办。并着严饬提督施得高，督率水师镇将，并力攻剿，迅扫贼氛，毋稍延玩。

前调广东红单船只，本为江南剿贼之用，岂可久留闽省，致滋贻误。着王懿德即将吴全美所带二帮艇船十四只，饬令迅速驶赴江南，毋再稽缓。捐输一事，着随时设法，劝谕该省绅民。果能量力输赀，保卫乡井，朕必破格奖赏。绅士林国芳已赏加盐运使衔，并赏戴花翎，以示鼓励。该抚仍当剀切宣谕地方官绅，合力同心，迅除丑类，以慰厪怀。

将此由六百里加紧谕令知之。

又谕：寄谕钦差大臣向荣，前因王懿德奏请暂留红单船，帮剿厦门土匪，当经谕令不准截留。本日据该抚奏，已饬都司陈国泰，管带头帮船二十只，迅速开驶。计期此时已可入江。其后帮船十四只，亦经谕令不准再留，计日亦可驶抵江南矣。

咸丰三年十月壬午

又谕：据有凤奏贼匪围攻兴化，仍退踞仙游枫亭等处，请拨兵筹饷一折。

贼匪盘踞枫亭、仙游，尚未收复，攻扑兴化府城之贼，经提督炳文、总兵钟宝三等，会同守城兵勇夹击败退。该将军复调郭仁布等，前往合剿，谅可得手。惟该处距省甚近，且该逆又欲来永福，窥伺省垣，亟宜设法派兵防御，毋稍疏虞。江西省城虽已解围，而湖北、安徽贼踪纷扰，仍须防其北窜。本日已谕令张芾酌量情形，抽拨援应闽省。但恐江西兵力未能兼顾，该署督等惟有督饬所属，认真劝谕团练，保卫地方，并严饬官兵，相机剿办，不可坐待援兵，致失机会。

至另片奏，据王懿德咨称，进剿仙游，阵亡受伤兵弁不少等语。乡勇勾通贼匪，情节可恶，必当痛加剿办。已革游击周兆麟是否阵亡？并着该抚查明具奏。

将此由六百里谕令知之。

又谕：本日据有凤奏，贼匪窜扰兴化，盘踞仙游，请添兵筹饷等语。

前因福建会匪滋扰，先后谕令叶名琛等，调拨精兵二三千名，并筹拨兵饷三十万两，解赴闽省以资接济。谅已遵照办理矣。

兹据有凤奏称，广东仅拨兵五百名，粤饷亦仅解到二万两等语。闽省攻剿，正当吃紧之际，兵饷在所急需。现在邻近省分，无兵可拨，着叶名琛、柏贵，迅速挑选精兵二千名，派委得力将弁赴闽协剿。仍着该督等，先行筹拨饷银十余万两，委员速解闽省以济要需。

将此由六百里谕令知之。

又谕：寄谕江西巡抚张芾。据有凤奏贼匪盘踞仙游，省垣吃重，请将江西裁撤之兵，酌拨协剿一折。

福建厦门等处，既未收复，而枫亭、仙游一带，复有匪徒窜踞。闽省兵力不敷分拨，情形危急，自应添兵救援，以资接应。现在湖北贼匪纷扰，急须江西拨兵援应。而闽省与江西毗连，亦不能不兼顾。着该抚酌量情形，如有可分之兵，迅即选派得力将弁，管带赴闽，会同协剿。

将此由六百里谕令知之。

咸丰三年十月丙申

又谕：王懿德奏厦门获胜，并广东艇船尚须修补开行各折片。

厦门逆匪，既被围穷蹙，亟应迅速进攻。此次进剿，以陆路分道围城,以水师严扼海口,布置尚为妥协。至广东红单船,前经叠降严旨,不准再留。据该抚奏称,船多损坏,必须修补完固,方资驾驶。是现在此项船只,仍未由闽前赴江境,实属耽延。

江南水陆攻剿情形,较之闽洋,尤关紧要,若仍藉词延宕,必致贻误事机。所有游击吴全美、署都司陈国泰两起艇船,着王懿德懔遵前旨,饬令迅即开行,即小有修理,亦着赶紧督办,不准稍缓。

至孙鼎鳌督带水师,能否得力?现当剿匪吃紧之际,着该督抚仍须察看。该提督施得高如病体稍痊,即饬令赶紧督兵进剿,并饬李延钰、王朝纶等合力进攻,迅图克复,毋稍迟误。

将此由六百里谕令知之。

以福建厦门厅被贼窜陷,革参将游硕云、署守备陈昊、把总蔡等贤职,均逮问。

以兵勇溃散,革福建都司陈光标、从九品吴廷枫职,均逮问。

予福建仙游县殉节游击周兆麟、知县黄曾惠、黄际虞,县丞李子馥祭葬世职。

咸丰三年十月戊戌

又谕:前因福建会匪滋事,叠经谕令黄宗汉,迅调官兵,相机赴援。本日据有凤奏,闽省兵力单弱,请饬调浙江精兵,来闽协剿等语。

闽省贼匪,纠党分扰,胆敢围扑兴化郡城。经该督飞调各兵,驰往会剿。其上游贼匪,叠经剿洗,仍应严密防守。兵力实形单薄。闽浙唇齿相依,拨兵进剿,较为便捷。现在江西逆匪窜散,浙省防兵,当可就近赴援。着该抚即于衢州、金华、严州、镇协各属,挑选精兵各五百名,配带军装、器械,遴委得力将弁,星速管带赴闽,以资协剿。并着该署督迅速催调,以期早净贼氛,毋致蔓延。

将此由六百里各谕令知之。

咸丰三年十一月丙午

又谕：王懿德奏官兵克复厦门一折。

福建厦门自本年四月被匪占踞，王懿德驰赴泉州，督同剿办。节经施得高、李廷钰督率护金门镇总兵孙鼎鳌、副将吕大升，暨候选知府王朝纶等，设法据险进攻，分路夹击，于十月十一日克复全岛。

前因匪徒占踞厦门、同安，我兵未能兼顾，以致仙游等处，日肆鸱张。经此次大兵进剿，克复坚城，办理尚合机宜。其三都、石码、海澄等处余匪，着王懿德督饬带兵各员，乘此声威，迅速剿办，并将仙游等处匪徒，一律肃清，毋再延缓。逆贼黄德美、黄位是否被擒？仍着确查具奏。并着查明系何人首先入城，及在事出力文武员弁，分别保奏，候朕施恩，毋许冒滥。

咸丰三年十一月丙寅

福建水师提督施得高因病解任，以前任浙江提督李廷钰为福建水师提督。

以克复福建厦门，巡抚王懿德下部优叙。

以福建厦门、同安失守，革参将雅尔杭阿、都司李允辉、守备陈团春、陆振绶、通判谢世成、知县刘廷皋、张振鹭、巡检严承铎、邹宝藜，典史俞学成职，并逮问。

咸丰三年十二月辛巳

谕内阁：王懿德奏克复仙游县城一折。

福建逆匪林俊于本年八月窜踞仙游，该县土匪乘乱蜂起，与该逆互为声援。经该抚谕令在籍武进士刘逢泰亲诣各乡，密约乡耆，约束解散。该逆势孤，潜有遁志，当饬副将吕大升从间道疾趋。

探闻林逆先已逃至晋江、南安交界之云峰等乡，并有黑白旗匪党，在中途设伏，欲图拦截官兵。吕大升挥众直前，乘夜掩杀，毙贼无算，即于十一月十七日，将仙游县城克复，办理尚属迅速。除副将吕大升本日另行降旨加恩外，王懿德前因剿匪迁延，交部严加议处，并将李廷钰交部议处。此次督办有方，均着加恩开复处分。

署海坛镇总兵钟宝三，经该抚派令与吕大升会合夹攻，乃竟迟疑观望，致令首逆林俊乘间脱逃，实难辞咎，着先行摘去顶带。责令会同吕大升，迅速带兵，直捣贼巢，将该逆首从各犯，悉数歼擒，以赎前愆。倘再贻误，即着从严惩办。

以克复福建厦门出力，赏副将吕大升巴图鲁名号。道员瑞璸、知府王朝纶、崇福，员外郎吴葆晃、参将韩嘉谟、游击舒隆阿，都司陈上国、陈国泰等花翎，守备陈士英等蓝翎，余升叙有差。

以福建仙游、大田县城被贼窜陷，革都司李呈瑞、知县张衡钧、典史何保钧、训导陈际升、把总温良恭职，与已革游击陆振绥，并逮问。

咸丰四年春正月辛丑

福建巡抚王懿德奏克复德化县城。

得旨：出力各员弁，酌量保奏。林俊一犯，严拿务获，勿任兔脱。

咸丰四年三月癸丑

谕内阁：有凤、王懿德奏，请宽免藩、臬两司处分等语。

闽省匪徒滋事，失守城池，及奸民结会，该管司道均有应得之咎。据称福建藩司庆端，于上年逆匪滋事，办理军需，讲求备御劝捐等事，不辞劳怨；代办臬司史渭纶，甫经到任，即值仙游失守，破获奸匪，搜拿逆党，悉心调度，功过尚足相抵。所有庆端、史渭纶应得处分，均着加恩宽免。

附录　咸丰年间福建会党起事录

又谕：有凤奏参巡洋不力之水师将领一折。

福建洋面辽阔，防剿均关紧要，经该署督派委署闽安协副将铜山营参将赖信扬、署烽火门参将福宁镇标左营水师游击王超，前往巡哨防缉。乃该署副将等一味因循，不知振作，以致海坛、闽安两营叠劫盗案。至十九起之多，日久并无一案破获，实属懈弛已极。赖信扬着革职留任，王超着摘去顶带，均勒限两个月，务将各案盗匪悉数弋获。如敢仍前玩延，即着严参惩办。

以防守福建省城出力，赏副将赵殿元、参将贾开泰、同知保泰、娄浩，在籍御史郑元璧花翎。教谕陈枬等蓝翎，余升叙有差。

以福建漳浦、海澄、安溪、龙溪四县城被贼窜陷，革知县周培、汪世清、代理知县陈凤音、县丞陈宗克、巡检吴炳鸿、典史杨明远、胡嘉斌，从九品黄煾职。

咸丰四年三月甲寅

谕内阁：前因台湾道徐宗幹与该总兵恒裕办理土匪，意见不合，徐宗幹藉词称病。当将该镇、道交部议处，并着有凤、王懿德密查具奏。

兹据奏称台湾镇总兵恒裕办事竭蹶，性情偏执，台湾道徐宗幹藉词引退，不免推诿，均未便再留本任，致滋贻误。恒裕着送部引见，徐宗幹已升福建按察使，着即撤任。仍交王懿德察看具奏。

咸丰四年五月甲子

闽浙总督王懿德奏，漳州剿匪渐有头绪，拟撤粤兵归伍。报闻。

咸丰七年四月庚戌

又谕：王懿德奏，逆匪连陷县城，并建宁府城被围，请饬调兵助剿各等语。

江右逆匪阑入闽疆，自攻陷光泽、邵武后，建宁府属之崇安、建阳，邵武府属之泰宁、建宁四县城池相继失守。逆氛猖獗，复敢围攻建宁府城。贼众兵单，该督请催饶廷选，仍统原带福建兵勇一千名，折回浦城。并令钟宝三统带温、台精兵五百名，由温州、福宁一带，趋赴延平。

披览所奏情形，实属万分紧急。王懿德由省赴延督剿，所带兵数，仅有福宁兵五百名，省标兵二百名。当此寇氛四逼，非厚集精锐，难资堵遏。昨据晏端书奏，已调温台兵七百余名，由钟宝三带，从福宁取道邵武；金处兵三百余名，饬吉祥带往福宁。着晏端书饬令迅速趱入闽境，毋稍稽延。饶廷选一军，因三衢防务吃重，未能折回闽省。

惟该抚昨奏，派往三衢防堵，有宁国彪勇八百余名；派往仙霞岭驻剳，亦有操练兵五百余名，楚勇六百余名。原以固浙省藩篱，与其在仙霞等处株守待贼，不如越境追剿，与闽兵合力，速解建郡之围。着晏端书即饬堵剿仙霞将弁，拔队前进。再由三衢防堵兵勇内酌拨千名，一并前赴建宁，归王懿德调度，以期迅扫贼氛。所有浙省派往兵勇，并着晏端书接济军饷，俾免缺乏。一面飞咨钟宝三兼程援救邵武，毋再迟延。王懿德业已出省，前赴延平。着即亲督各兵，相机调度，以期歼灭群丑，毋令再有蔓延。

将此由六百里各谕令知之。

咸丰七年五月癸亥

又谕：庆瑞奏汀州府及属县相继失守等语。

江西逆匪窜入闽省地方，邵武失陷，建宁被围。近又窜陷汀州府城暨宁化县城。会匪连陷清流、归化，而泉州府城亦被匪徒乘机攻扑。下游骚动，各处蔓延情形，深为可虑。前已谕令叶名琛拨兵二千名赴闽，本日又令添拨一千，或数百名一并星驰助剿。惟汀、泉二府相距窎远，泉州与福州省城较近，自应先援泉州，或分兵援应汀州。已令叶名琛酌量办理，着王懿德察看情形，飞咨广东，先其所急，无误事机。

闽省各路匪徒蜂起，已成燎原之势。援兵未到之先，应如何调兵分布？王懿德已赴延平，居中调度。庆端驻守省垣，务须严扼要隘，以待调齐兵勇，分路进剿。所有浙省援兵是否已到？建郡自击退贼匪之后，能否拨兵固守、堵御邵武贼踪？至汀州等属失守，该抚仅据各路禀报，并着查明详细情形，及文武各员下落，一并具奏。

将此由六百里谕令知之。

又谕：闽省贼势蔓延，兵单饷缺。王懿德现往延平，居中调度。若无邻省重兵救援，恐成瓦解之势。前谕叶名琛调拨广东兵二千名，并接济口粮。谅已遵照办理。惟彼时止为援应邵武一府起见，今汀州失陷，泉州被围，恐兵力尚属不敷。着叶名琛再行酌量添调，或一千名，或数百名，派委得力大员一并统带，星驰赴闽。其经由道路，泉州逼近省城，自应先援泉州，次及邵武。汀州虽与广东接壤，其距泉州尚远，能否分兵协剿之处，并着叶名琛斟酌办理，无误事机。

咸丰七年五月戊辰

谕军机大臣等：王懿德奏，闽省军情紧急，饷需匮乏，请饬广东、浙江省，各拨现银十万两等语。

现在福建上下游各路防剿，各属地丁等款已无可征收，兵饷万分支绌。若因欠给过多，致兵勇纷纷哗溃，关系非细。惟粤、浙两省，现亦需饷浩繁，拨解恐难如数。着叶名琛、晏端书于无可筹拨之中，先各拨现银数万两，迅速解闽，以济该省目前之急，毋稍迟误。

又据奏称，闽省郡县叠陷，兵力单薄。已飞咨江苏省，饬令前上海道吴健彰就近召募广勇五百名，管带赴闽助剿等语。吴健彰现在丹阳军营，能否即带勇赴闽？着何桂清、赵德辙斟酌办理。

又谕：王懿德奏驰抵延郡，统筹军情一折。

前据庆端奏，逆匪攻陷建、泰二县后，复窜宁化县城，并勾结千刀会匪，连破汀州、清流、归化府县城池。此次王懿德奏报，仅及建宁府剿贼，并宁化县被扰等语。

自因文报梗阻，未能遽知汀郡情形。汀州所属，多与江、广两省壤地相接，并与上游之延平，下游之龙岩、漳州处处毗连，贼势蔓延，亟应杜其旁窜之路。现在建郡城围未解，该逆已于鸡公岭筑堡安炮，阻我进兵之道。钟宝三援师能由福宁直达建宁，即可令与赵印川所统兵勇上下兜剿，以分贼势。

建阳逆踪未退，则顺昌扼守宜严。延平虽系三面受敌之地，王懿德既已抵郡驻师，正可居中策应，兼顾建、汀两路，以为省垣屏蔽。惟林俊率党复在泉州围扑府城，着饬署提督张广信悉数歼除，俾下游早就肃清，庶上游不致牵掣。前曾谕令叶名琛于前拨精兵二千名外，再酌添一千名，或数百名，一并赴闽助剿。王懿德惟当先就现有兵力，周密布置，以剿为防，不得专待客兵，致滋贻误。

将此由六百里谕令知之。

予福建建安县剿匪阵亡知县何镇之祭葬世职，如知府例。并于殉难地方及河南原籍，建立专祠，子监生守纯赏恤如例，并附祀。

咸丰七年五月戊寅

又谕：王懿德奏，江西逆匪窜入闽境，邵武等处相继失守，请与巡抚一并严议等语。王懿德、庆端均着加恩改为交部议处。

又谕：王懿德奏官军剿贼大胜，建宁郡城解围一折。署建宁府知府刘翊宸会同文武固守，深得民心。该绅民等屡助官军杀贼，共保危城，均堪嘉尚。所有此次出力文武员弁、兵勇、绅民，准其择尤保奏。仍着督饬在事文武，迅将匪徒乘势剿灭，克复邵武等处城池，毋任延蔓。

咸丰七年闰五月甲申

谕内阁：前据王懿德奏，逆匪窜入福建，邵武、光泽等处城池相继失守，督粮道王训等力竭被害，业经降旨议恤。

此外失守各员，尚未查明下落，难保无先期逃避情事。地方文武均有守土之责，若闻警辄逃，何以为斯民御灾捍患？偷生无耻，实堪痛恨。着王懿德查明被扰地方，如有先期逃避者，即着以军法从事，毋稍姑容。

再自用兵以来，各省殉难人员，经统兵大臣及各督抚奏请奖恤者，无不立沛恩施。该员等见危授命，大节懔然，急应随时查办。乃近来多有外省漏未请恤，致各员家属，纷纷呈请者，非所以慰忠魂。嗣后遇有捐躯尽节人员，着各路统兵大臣，并各督抚等，迅速查明请恤，无稍稽延。

咸丰七年闰五月乙未

以婴城固守，并援剿出力，赏福建建宁府知府刘翊宸、知县赵人同、参将梁进亭、守备吴鸿源、惠寿，同知陈维汉花翎；县丞程梦龄等蓝翎。加知府赵印川，按察使衔，余擢补有差。

以福建邵武等城防剿不力，革总兵官富勒兴阿、参将舒隆阿、游击文祥、高士浚，守备薛长安、董长洲职。责令富勒兴阿戴罪效力。

咸丰七年闰五月癸卯

谕内阁：王懿德奏收复府县城池，并连城获胜一折。

江西逆匪窜踞福建光泽县城。五月十四日，经各乡联甲壮丁，纠集万余人，攻入城内，杀毙逆匪无数，余匪纷纷窜逸。当将城池克复。现经护理延建邵道王肇谦督催将弁，由大干一带剿洗，直抵邵武。

其汀州府城被匪攻陷后，知县庞立忠招集田兵，先后剿杀贼匪九百余名。绅士丁捷芳率壮丁助剿，歼贼百余名。田兵愈聚愈多。该逆于四月初四日，窜往上杭。沿途复追杀百余名，遂即克复府城。

该府所属之连城县，于是月二十三日，被匪攻扑。知县延栋会同将弁、绅勇，登陴守御，轰毙贼匪二十余人。西门勇力较单，被该逆阑入。适文亨里各乡绅士罗彤书等率带壮勇助剿，击毙逆匪数百人，余匪四散。又分路追杀二百余人，割取首级数十颗，民心效顺，军威大振。着王懿德督饬各路文武官绅、兵勇，将邵武府城并泰宁等县，以次攻克，尽歼丑类。

此次出力官绅、兵勇，着该督分别奏请奖励；殉难各员，着即详查请恤。

咸丰七年六月癸丑

谕内阁：王懿德奏官军克复邵武府城一折。

福建汀州、光泽等城池克复以后，经王懿德饬令代理臬司赵印川、保升参将毕定邦等统率官军，进攻邵武，师次麻沙地方。逆众数千人，由沙溪、黄塘等处来拒。官军会合西乡团练，奋勇进剿，歼毙贼匪无数。城内之贼，闻风胆落，纷纷逃窜。经毕定邦等分投截剿，歼毙数百名，城外贼巢，悉行焚毁。即于闰五月初九日，将邵武府城收复，零匪搜捕净尽。

所有在事文武员弁、绅勇，实属奋勉出力，着王懿德查明保奏。

咸丰七年六月癸酉

又谕：王懿德奏官军克复泰宁县城一折。

闰五月二十一等日，福建提督钟宝三统带兵勇，进攻泰宁县贼匪。该逆胆敢出扑，我军枪炮齐施，毙贼一百七十余名，生擒张得仔等十一名正法。余匪尚敢抗拒，钟宝三督率各军，长驱直进，即于二十二日将泰宁县城收复。此次钟宝三亲督各军进剿，办理尚为迅速。着即乘胜进攻，并将建宁县城克复。

所有在事出力员弁，着该督查明保奏，候朕施恩。

咸丰七年六月甲戌

又谕：王懿德奏官军克复建宁县城一折。

闰五月二十六等日，福建提督钟宝三统带官兵，进攻建宁县贼匪。该逆纷扑抗拒，守备陈韶舞手刃执旗贼目一名，把总汪士忠矛刺悍贼数名。各军枪炮齐施，歼毙逆匪数十名。该逆纷纷退逃，自相践踏。余匪奔窜入城，兵勇奋力围攻，轰毙城上贼匪多名。

大军继进，毙贼一百余名，生擒李长奎等八名正法，夺获大炮、火药、器械甚多。当将县城收复。余匪由北门窜逃，经联甲壮丁穷追，斩馘不计其数。副将林策勋等分路搜捕，均有斩获。现在邵武府属各县，均已一律肃清，剿办尚为迅速。着钟宝三乘此声威，会攻宁化县城，克期收复，尽歼丑类，毋留余孽。

其在事出力员弁、兵勇，着该督查明汇案保奏。

咸丰七年八月壬子

谕内阁：王懿德、庆端奏官军攻克宁化县城，福建被扰方，一律收复一折。

江西逆匪窜扰福建汀州、邵武各郡县，经官军节次攻克，收复城池。惟宁化一县，尚为贼踞。经该督派委汀龙漳道英朴等，带兵驰抵该处，守备潘继文等督兵会合攻击，该匪登城抗拒。该道激励兵勇，乘夜急攻，将西、北两门窜出之贼，歼擒殆尽。其东门之贼，凫水过河纷窜者，复被我军截杀无数，即将宁化县城克复。此次福建省剿办江西窜匪，三月之内，将失陷城池次第克复，地方一律肃清，办理尚为妥速。

所有在事尤为出力之文武员弁、绅士，着该督等查明奏请奖叙。其伤亡兵勇，并着查明咨部请恤。

咸丰七年八月壬戌

蠲缓福建长汀、宁化、清流、归化、武平、建宁、泰宁、崇安、大田、建安、连城、永定、上杭、晋江、宁洋、尤溪、永安、永春、德化、南安、惠安、莆田、仙游二十三州县，及兴粮厅、罗溪、麻沙、峰市、泉上、迪口县丞所属被扰地方，节年丁耗银米。

咸丰八年二月己未

谕军机大臣等：前据王懿德奏，访闻官钱局职员，舞弊渔利，请旨从严革审。当经批谕，必有串通委员情事，着从严讯究矣。

兹据御史陈浚奏，闽省钱法壅滞，物价昂贵，民生日蹙。推原其故，皆由官钱局委员，于银价则高下任心，票根则有无莫辨。虚出虚入，买空卖空，以及亏短侵那。种种弊端，不可究诘。其南台官钱局管事人程松藻，亏空败露，至四十万贯之多，并有牵涉委员钟峻等亲幕。通同牟利各情，请饬严行查办等语。

是该省官钱局舞弊，果有通同委员情事，若不从严究办，何以惩奸蠹而重度支。着派东纯，会同王懿德、庆端，将此案人证，亲提严讯，彻底清查，严行惩办。知府钟峻系该督抚保举之员，又据该御史奏称，系庆端幕友。兹既被参舞毙营私，王懿德等身任大员，谅不敢心存回护，自取咎戾。着与东纯秉公会讯，定拟具奏。王澍系王懿德幕友，现在官声若何？并着该督明白具奏，原折着钞给阅看。

将此谕令知之。

咸丰八年五月壬辰

又谕：王懿德等奏官军剿匪获胜，克复县城一折。

江西逆匪窜踞福建光泽县城，经护理参将顾飞熊、副将贾开泰等，督率员弁、兵勇，订期围剿。都司武明良，由南门督勇先登，毙贼一百余名；已革署参将禧禄，由西门进攻，毙贼百余名。其西南贼匪，被兵勇杀毙无数，将县城克复。其窜踞邵武之贼，亦经顾飞熊督兵驰往攻剿，歼毙甚众。剿办尚为得手，着该督等督饬将弁，乘胜进兵，规复邵武府城，尽歼丑类。

咸丰八年六月癸丑

谕内阁：王懿德等奏请将纪律不严之提督，并退缩纵勇之守备分别革讯一折。

福建土匪由归化窜扰沙县，守备胡廷升力阻武弁翁汉章等开放枪炮，以致翁汉章等阵亡。胡廷升当即退走，所带各勇，并未开枪击贼，且有与贼匪饮酒情事。暂革提督钟宝三，当贼匪窜扰，不允发兵，并任令兵勇缒城逃避，实属玩误。钟宝三前因剿匪迁延，业经降旨革职。胡廷升着一并革职，均交王懿德等严行审讯，按律惩办。胡廷升如有通贼情事，着即行正法，以肃军令。代理沙县知县黄开先未能妥为抚辑，并于土匪窜入之时，辄行避匿，殊为荒谬。着一并提省质讯，按律定拟具奏。

谕军机大臣等：王懿德等奏福建军情紧急，请饬调兵援剿一折。

据称，浦城、松溪、政和等县被贼踞守，邵武逆匪勾结土匪，时图下窜。建宁县城失守，贼援踵至，情形万分吃紧。江西、浙江毗连该省，自应不分畛域，实力兜剿。张运兰、萧启江各军，前已谕令赴浙江助剿，现在别无可调之兵。福兴由玉山至衢州，屡失事机，本日已有旨，令其来京另候简用。所有该将军带往玉山兵勇，着即交耆龄，会同周天受，酌派得力将领统带，驰赴浦城等处援剿，将失守各属，力图攻克。不可稍有迟延，致误事机。

将此由六百里各谕令知之。

咸丰八年六月己未

蠲缓福建浦城、松溪、政和、邵武、光泽、顺昌、崇安、建阳、归化、武平、泰宁、建宁、将乐、南平、莆田、晋江、南安、惠安、沙〈县〉、尤溪、永安、平和、诏安、仙游、龙溪、南靖、永春、德化、宁洋、邵军、马巷三十一厅、州、县，暨仁寿、麻沙、罗溪、峡阳四县丞所属被扰地方，新旧额赋有差。

咸丰八年六月丁卯

谕军机大臣等：王懿德、庆端奏统兵大员剿匪阵亡，现筹援剿一折。

前据该督等奏，福建军情紧急，请饬张运兰、萧启江各军赴援。当因张运兰等已调往浙江，谕令福兴将所带兵勇二千五百名，交耆龄会同周天受酌派得力将领，带赴浦城等处，协同攻剿。现在浦城、政和各路尚未克复，赵印川复因堵御麻沙逆匪，力战阵亡。不特建阳危急，即建宁府城，亦甚吃紧，而浙省衢城解围。本日复据何桂清奏，探闻常山、开化、江山等县，均已克复。则浙省情形稍松，自应分兵策应闽省。

福兴即日来京，其所留兵勇，是否已赴闽境？着王懿德等飞咨晏端书、周天受等，务即催提迅往浦城等处，与闽兵两路夹击，庶可渐次扫除。如果江山已复，则衢防不必多兵，李定太所带兵勇，亦可酌拨前往闽境，协同攻剿。

赵印川带兵，素称得力，遽因军挫阵亡，殊堪悯惜。着将被害情形，查明请恤。王懿德现因患病，赏假两月调理。惟军情紧急，所有调度机宜，仍着庆端与该督，随时商办，以期早靖贼氛。

又谕：本日据王懿德等奏，赵印川在麻沙力战阵亡，建阳危急，建宁府城贼氛逼近等语。

闽省将寡兵单，且与浙江、江西接壤。江西抚建各属，渐就肃清。其败窜之贼,势必阑入闽境。现据何桂清奏,探闻江山、常山、开化三县,先后克复。周天培一军,复攻克武义、永康二县。金华、绍兴解严,是浙江军情已松。所有福兴兵勇,着晏端书、耆龄、周天受等,迅即派员统带赴闽,毋再延缓。

李定太一军,叠经克捷,衢州与浦城相距甚近,能令该总兵由江山移剿浦城,与闽兵夹击,当可得力。着晏端书、周天受就近妥筹调拨。此外,江西各军如可酌调,并着耆龄察看情形,毋分畛域,调往协剿。

将此由六百里各谕令知之。

咸丰八年六月戊辰
以福建巡抚庆端暂署闽浙总督,布政使瑞璸护巡抚。

咸丰八年七月丁丑
又谕:庆端奏请将在籍绅士带往军营等语。

福建在籍御史郑元璧、候选员外郎杨叔怿、浙江候补同知郭式昌,均着准其带往延平军营,随同该署督办理防剿事务。

又谕:庆端奏出力乡团,请准随时酌保等语。

自军兴以来,叠经降旨,凡有乡团民勇保卫乡间、杀贼立功者,准各省督抚奏请优奖。近年各路带兵大臣及督抚等,陆续奏请奖励,均经立沛恩施。即如福建省上年被贼窜扰,各属团勇战守出力,经王懿德保奏,业经给予奖叙。特恐其中不无遗漏之人,除此次庆端等补行请奖外,如尚有漏未请奖之员,着即查明补给奖励。至现在建宁一带,贼踪逼近,该绅民等有能团练杀贼、保卫地方者,着该署督随时奏奖,毋稍稽延,并即出示晓谕,俾绅民人等,同心敌忾,以收众志成城之效。

谕军机大臣等:浙江处州府城已复,而松阳、云和等处,尚未肃清。江山、遂昌各路,须防回窜,且恐其窜入温郡,与闽省贼匪通连，尤难收拾。晏端书惟当会同李定太，严饬各军，分路截剿，肃清浙境，不可专顾一处，致令再有延蔓。

至福兴所部兵在衢州者，尚有二千五百名，屡谕晏端书等派员管带，赴闽援剿。现在建阳又陷，建郡危急，而本日据晏端书奏，此项官兵已饬回驻玉山，暂归李元度管领。或留江西，或援闽省，仍由江西巡抚酌办。如周天受接奉谕旨，业已派员统带赴闽，应毋庸议等语。

闽省需兵甚急，着耆龄迅即查明福兴原带兵勇。如果尚未赴闽，即派得力大员统带前往，毋再延缓。

又谕：据庆端等奏闽省上游贼势鸱张、兵力单薄，请添调楚省官兵一折。

福建省频年用兵，已成积疲之势。近日江西窜往之贼，愈见蔓延。得力大员如赵印川等又复先后阵亡，诚非生力劲军不能制胜。该署督指调之副将衔参将石清吉、游击张万禄、守备田联升，及其所部兵勇，是否现在湖北？着官文、胡林翼查明该员等，倘可抽拨，即饬该员等各带劲旅，迅速赴闽交庆端调度，毋稍迟延。

将此由六百里谕令知之。

又谕：庆端奏贼势猖獗，出省督剿并请调楚兵楚饷各折片。

建阳县城失守，建宁危急，该署督即经亲往延平督剿，自当迅筹进取。先杜其分窜之路，方能力固藩篱。现在浙江处州，已报克复，前调福兴所带现在衢州之官兵二千五百名，饬令赴援闽省。业经晏端书饬令先回玉山，本日已谕知耆龄与李定太，就近商派得力将弁统带赴闽。倘能由浦城一路转战而前，即可与闽兵前后夹击。

该署督所带兵勇无多，前调之漳州云霄等兵，即着飞催，务当严明赏罚，统带得人，不可任其延玩。所请调湖北官兵，并参将石清吉等，已有旨，谕令官文、胡林翼酌量派拨其所请饷银。湖北省现在供支东征水陆各军，每月尚须邻省协拨，势不能分解二十万两之多，已令户部速筹，有着之款，指省拨解协济矣。建阳县文武下落，并着查明具奏。

将此由六百里谕令知之。

以福建建宁办理善后并团练出力，赏知府刘翊宸及团首生员江鉴心等加衔升叙有差。

咸丰八年七月甲申

以剿办福建土匪出力，赏防御长庆等蓝翎，在籍御史陈庆镛等升叙有差。

咸丰八年七月丁酉

谕内阁：庆端奏建阳、光泽二县城先后克复，并顺昌城围已解一折。

据称，江右逆匪复窜建阳，本年六月间，业经联甲击败，收复县城。围攻顺昌之贼，亦经我军屡次击退，保固危城，毙匪五百余名，生擒二十余名。着该署督即饬带兵文武员弁，将窜逃各匪，迅速剿除，以次收复政和等县，毋令蔓延。

另片奏，请将署建阳县知县杨治生革职拿问等语。杨治生失陷城池，罪无可逭，着即行革职，拿交该署督讯明办理。如查有闻警潜逃情事，再行从严惩办。

咸丰八年八月甲辰

谕内阁：庆端奏官军联丁连日克复二县城池一折。

福建松溪、政和二县，被逆窜踞。六月二十九等日，候选知府陈维汉等激励兵勇，进攻松溪。该逆出城抵御，均被击败。兵勇四面围攻，登陴进城，毙贼三百余人。贼势穷蹙，向东门逃逸。我军穷追十余里，复杀贼四百余人。当将县城克复。

又二十六七等日，游击袁艮、政和县知县杨国荣督率兵勇，攻剿政和逆匪。设伏诱贼，引至山后，各军一齐杀出，该逆溃乱，退入城中。我军乘胜进攻，烧毁贼营十余座。政和县城亦于七月初一日克复，剿办尚属得力。着即督饬文武，乘胜追捕，毋留余孽。所有此次打仗出力员弁、兵勇、联甲人等，准该署督择尤请奖，毋许冒滥。

咸丰八年八月己未
谕内阁：庆端奏官军攻剿克复宁化县城一折。

福建宁化县城被贼占踞，前代理汀州府知府雷瑞光等分三路进攻，贼众婴城死守。代理宁化县知县刘润田挑选壮勇，假称匪党，前往援应，赚开南门。雷瑞光亦即督同文武员弁，由下东等门攻入，贼匪被歼无算。于七月初六日，将县城收复。所有在事出力，及被害官兵等，着庆端查明，分别奏请奖恤。该匪现窜中沙等处，并着饬令各该地方文武，实力防剿，毋任延蔓。

咸丰八年八月辛未
又谕：庆端奏建郡堵剿情形，并请饬曾国藩由河口入闽等语。

曾国藩奉命督兵援闽，昨已据奏，于八月初八日行抵河口。拟由铅山入分水关，直捣崇安。谅能确探贼踪，相机截击。现在松溪、政和县境肃清，其窜并浦城之匪，亦经周天培等进攻得手，收复城池。惟浦、崇窜匪，现扑建郡，情形甚为猖獗。

该省兵力不敷，恃有由浙调援之师，得顾北路。若曾国藩所统劲旅，由崇安入关扼剿，会合闽、浙两省兵勇，当可四面聚歼。着该侍郎迅速前进，督饬张运兰各军，扫荡逆氛，毋稍延误。

咸丰八年九月癸酉朔
署闽浙总督庆端奏援军克复福建浦城县城。报闻。

咸丰八年九月庚辰
闽浙总督庆端奏收复建阳县城。报闻。

后　　记

　　《舌击编》是沈储入幕泉州府等处时所作文移、禀牍和代拟稿的汇编。它以案牍文书的形式，详细地记载了清咸丰年间泉州府为剿灭闽南小刀会起义和林俊起义所实行的策略和部署，是研究闽南小刀会和林俊起义的难得史料，也是研究中国近代民间秘密结社的珍贵史料。多年来，《舌击编》一直为文史研究者所青睐，不管是会党史研究还是闽南史研究，专家、学者们多有参考征引。

　　《舌击编》初刻于清咸丰九年（1859年），今尚存世的大概只有中国国家图书馆、福建省图书馆和中国科学院图书馆等几处的藏本。《四库未收书辑刊》所收的《舌击编》，即影印自咸丰刻本。清光绪四年（1878年），厦门文德堂曾重刊《舌击编》。然存世也不多，厦门市图书馆收藏的文德堂刻本仅余三卷。此外，福建师范大学图书馆藏有旧抄本。由于存世稀少，这些藏本多藏之秘阁，不便利用。为了研究的需要，1957年，厦门市图书馆以福建师范大学图书馆馆藏旧抄本影印，制成油印本，提供研究者使用。而今已五十多年过去了，似乎留下来的也没有多少。1993年，洪卜仁先生主编的《闽南小刀会起义史料选编》，曾选择了十余篇文移、禀牍，点校收入书中。然所选的篇数不过是其中部分内容，未能展现是书全貌。

　　有鉴于此，《厦门文献丛刊》将《舌击编》列为点校对象，一则解决古籍文献特别是珍善本文献的藏用矛盾，为文史研究者提供使用之便利；二则让史料性极强的地方文献走出"深闺"，面向广大读者，以促进地方古籍文献的普及。

此次《舌击编》的点校，以《四库未收书辑刊》中的《舌击编》影印本为底本，以清光绪四年（1878年）厦门文德堂刻本为参校本。前者影印自清咸丰九年刻本，乃刊刻时间最早、内容最完整的全本，准确性较高。此外，个别字句参考了厦门市图书馆收藏的1957年的油印本。而文字点校与注释仍沿袭《厦门文献丛刊》的校注原则。原稿中，作者有意将涉及围剿小刀会与林俊起义的清廷官员与地方士绅的姓名隐去，故原文均用"□"标识。其数量甚多，且官阶大多不高，今难以一一考证。为了让读者对当时事件背景与相关人物能有所了解，故节录《清实录·文宗实录》中有关小刀会与林俊起义的记载，附于正文之后，以便互考。

　　感谢厦门大学出版社薛鹏志主任精心把关，令点校稿蓬荜生辉。然限于编者水平有限，本书之疏漏在所难免，尚望诸位读者批评指教。

编　者
2014年5月

图书在版编目(CIP)数据

舌击编/(清)沈储撰,(清)吴辉煌校注.—厦门:厦门大学出版社,
2014.10

(厦门文献丛刊)
ISBN 978-7-5615-5262-9

Ⅰ.①舌… Ⅱ.①沈…②吴… Ⅲ.①农民起义-史料-中国-清代
Ⅳ.①K249.201

中国版本图书馆 CIP 数据核字(2014)第 235986 号

厦门大学出版社出版发行

(地址:厦门市软件园二期望海路 39 号 邮编:361008)
http://www.xmupress.com
xmup@xmupress.com

厦门市明亮彩印有限公司印刷

2014 年 10 月第 1 版 2014 年 10 月第 1 次印刷
开本:889×1194 1/32 印张:7 插页:2
字数:200 千字 印数:1~2 800 册
定价:30.00 元

本书如有印装质量问题请直接寄承印厂调换